Diccionario de los SUEÑOS

Albor Libros

C/ Albasanz, 67, 1º, of.26
Tfno.: 91 571 60 01
28037 Madrid

Edición MMXIV
2ª Reimpresión

Albor Libros es una marca registrada de Alba libros, S.L.

I.S.B.N.: 84-96617-34-3
Depósito Legal: M-12293-2014

Printed in Spain
Impreso por: Taograf

"¿Qué es la vida?
Un frenesí.
¿Qué es la vida?
Una ilusión,
una sombra, una ficción.
Que el mayor bien
es pequeño.
Que toda la vida es sueño,
Y los sueños, sueños son."

Pedro Calderón de la Barca
La vida es sueño

"Soñé, soñé, soñé,
soñé que la nieve ardía.
Y por soñar imposibles,
soñé,
soñé que tú me querías."

Cantar Popular

Introducción

Desde la más remota antigüedad, el hombre se ha preguntado por esa vida que se desarrolla durante el sueño... en esa etapa de descanso para el cuerpo pero, durante la cual, la mente parece vivir en otra dimensión. Al despertar, las imágenes aparecidas durante el sueño han intrigado al ser humano, preguntándose si son reflejo de experiencias pasadas o de premoniciones futuras. Un breve repaso a la historia, nos dará una idea de la importancia que todas las civilizaciones han concedido al mundo onírico.

En la Grecia Clásica, los enfermos que no encontraban curación en los saberes médicos de la época, recurrían a Asclepio, dios de la medicina, que, posteriormente, los romanos y con ellos todo Occidente, conocerían como Esculapio. Marchaban hacia su templo y durante tres noches pernoctaban allí. Se suponía que el dios, cuando el enfermo se dormía, le transmitía la receta para recuperar la salud. Si al despertar se le presentaba alguna duda, los sacerdotes eran los encargados de dar una interpretación entendible de los mensajes soñados.

Calpurnia, la mujer de César, soñó que veía el cuerpo de su esposo cosido a puñaladas mientras una multitud de romanos sonrientes bañaban sus manos en la sangre del prócer muerto. Aunque advirtió a César cuando éste estaba punto de salir en el que sería el último día de su vida, los conjurados supieron dar la vuelta al significado del sueño y, confiado en esta última interpretación, acabaría por morir asesinado a las puertas del Capitolio.

Antes de que la Iglesia oficial comenzara a ver herejías, influencias maléficas o inspiraciones diabólicas por todas partes, también los sueños tuvieron una gran significación y gozaron de gran respeto dentro de la Biblia y del cristianismo. Baste recordar las interpretaciones que José hizo de los sueños del faraón al que servía. En el sueño veía, el monarca egipcio, siete vacas gordas y siete vacas flacas, simbolizando siete años de abundancia y otros tantos de necesidades y escasez que se abatirían sobre el país del Nilo, como así fue. En el Antiguo

Testamento hay abundantes referencias a los sueños y, especialmente conocido es el de Jacob, que ha servido de inspiración para numerosas obras artísticas. En este sueño, Jacob veía una escalera que, desde la tierra, llegaba hasta el cielo. Por ella subían y bajaban ángeles y espíritus divinos. En lo alto de la escalera, Dios habló al durmiente Jacob diciéndole que era el Dios de sus padres, que le sería dada la tierra en la que se hallaba y que sus descendientes serían tantos como las arenas de los mares y las estrellas del cielo.

El mismo San José recibió en sueños el aviso de que su esposa María había concebido por obra del Espíritu Santo, no por intervención de varón, por lo que no debía repudiarla. Asimismo, en otro sueño, un ángel advirtió al patriarca para que cogiera a María y a Jesús y huyera a Egipto y escapar así de la matanza de los Inocentes. Previamente, los Reyes Magos, siguiendo la estrella que señalaba el nacimiento del Salvador, habían llegado a Jerusalén e interrogado a Herodes sobre dónde hallarían al rey de los judíos. El monarca hebreo se documentó con los sumos sacerdotes y les dijo que, cuando volvieran de adorar al Niño, le informasen para hacerlo él también, bajo el deseo oculto de librarse del que consideraba su competidor en el trono. Pero advertidos en sueños, los Magos regresaron a sus países por caminos distintos, sin pasar por Jerusalén.

La mujer de Poncio Pilatos, durante el proceso que condujo a Cristo al patíbulo, tuvo un sueño que la llenó de pavor y advirtió al gobernador romano que no se manchase las manos con la sangre del Justo. Parece que en esta ocasión Poncio Pilatos sí hizo caso a la advertencia de su esposa. No quiso condenar, explícitamente, a Jesús, aunque por omisión permitiera la cruel crucifixión.

El emperador Constantino, antes de la batalla de Puente Milvio, soñó que veía un estandarte en el que aparecía el anagrama del nombre de Cristo, mientras oyó una voz que decía: "Con esta señal vencerás". Ganó la batalla y aquel sueño profético se plasmó en que Constantino promulgó el Edicto de Milán por el que se otorgaba la libertad de culto a los cristianos, religión que, más tarde, adoptaría el propio Constantino y su madre santa Elena.

Con el paso de los siglos, el misterio sobre el significado de los sueños se siguió manteniendo e intrigando al ser humano. A la ciencia que los interpretaba o que intentaba descifrarlos, se la llamó oniromancia. Pero, la asociación de la noche con la brujería, lo oculto y lo perverso, hizo que el temor se apoderase de las gentes y se volviesen extremadamente cautas al preguntar, e incluso, preguntarse qué podían representar o qué querían decir las imágenes y situaciones recibidas y vividas durante el sueño. No faltaban hechiceras ni brujos prontos a dar una explicación y un simbolismo a lo soñado, aunque todo ello, bajo la capa de un ocultismo que no trascendiera de forma pública. Tal vez aquellos "interpretadores de sueños", conservaban, todavía, algo de la sabiduría ancestral capaz de descifrar el complejo mundo vivido durante la noche, pero el temor a ser considerados siervos del Maligno, les hacía callar en muchas ocasiones.

La Inquisición, en España, veía objeto de proceso y condena en cualquier materia que tuviera que ver con los saberes antiguos, considerando paganos y heréticos a la cartomancia, la oniromancia, la alquimia medieval o la preparación de filtros, en lo que no era más que una química incipiente.

Fueron siglos oscuros también para Europa, en los que las simples sospechas podían conducir a cualquiera a la hoguera. La interpretación de los sueños pasó a ser una materia sumamente peligrosa considerada heterodoxa y, por lo tanto, digna de ser reprimida y castigada.

Y llegó el Siglo de las Luces, el período de la Ilustración en el que la razón se impuso como método de análisis e investigación. Pero, este imperativo racional que parecía fuera a arramblar con todos los conocimientos que no se atuvieran a él, hizo que se desarrollasen aplicaciones prácticamente inéditas hasta el momento, como fueron la pedagogía, la sociología y la psicología. Y sería precisamente un psiquiatra el que pusiera, otra vez, sobre la mesa, la interpretación de los sueños. Fue Sigmund Freud, el neurólogo austríaco, inventor del psicoanálisis que, entre finales del siglo XIX y principios del XX, escribiría una de sus obras más interesantes: La interpretación de los sueños.

Freud veía en las imágenes y situaciones soñadas por el individuo durante la noche, una relación más o menos directa, con los sucesos diurnos. El subconsciente guardaba detalles, momentos, situaciones, que se hacían presentes durante el sueño ligadas entre sí, como si se fueran encajando las piezas de un rompecabezas.

La vieja oniromancia volvía a interesar, si bien nunca había dejado de hacerlo de manera, más o menos, velada al gran público. En nuestros días conoce un nuevo resurgimiento, al igual que ha sucedido con otras ciencias cuyo origen se pierde en el tiempo, como es la cartomancia, la adivinación a través de los posos del té o del café o el estudio y desciframiento de la Cábala. Y es lógico que el hombre de hoy sienta esa curiosidad, que ya experimentaron sus antepasados, por ese mundo que se extiende más allá de la consciencia, cuando cerramos los ojos, pero parece que nuestra mente y nuestro espíritu permanecen en estado de vigilia. Si los sueños fueron tan determinantes y su interpretación tan respetada en el transcurso de los siglos, ¿por qué no iba a serlo en la actualidad?

En el transcurso del tiempo, el concepto y la definición del sueño, no han hecho más que cobrar importancia para el hombre. La propia palabra "sueño" viene a significar proyectos, deseos, esperanza e ilusiones, no siempre fáciles de llevar a buen término, pero que inundan su imaginación, anhelando perspectivas más felices. ¿Quién no recuerda la famosa frase de Martin Luther King, el líder negro americano de los años 60 del siglo XX: "Ayer tuve un sueño..." referida a la igualdad racial en Estados Unidos?

En ésta, nuestra obra, pretendemos poner al alcance de todos, interesados, curiosos, neófitos en esta ciencia y también para aquellos que ya han hecho sus primeras armas en este tema, los significados más conocidos y, generalmente, aceptados de aquellos elementos que suelen presentarse durante el sueño, detallados de la A a la Z. Tal vez conocerlos nos ayudará a vivir mejor la realidad del día con las indicaciones que hemos recibido durante la noche. Encajarlos a la manera de Freud, o dejar volar la imaginación y la ilusión es algo que corresponde a cada uno de nosotros, porque no hay nada más personal e intransferible que los sueños de cada uno, ¡bien soñemos dormidos o bien soñemos despiertos

A

Ábaco: Soñar que usamos este instrumento nos indica que realizaremos muchos esfuerzos en el terreno laboral para obtener pocos resultados. Sin duda tiene un claro antecedente en este sistema de contar, antiquísimo, y que requiere el trabajo de pasar y repasar las cuentas que lo componen.

Abad o abadesa: Los sueños en los que intervienen sacerdotes, sean de la religión que sean, indican nuestra necesidad de confiar nuestros problemas a alguien que nos comprenda y nos ayude a solucionarlo. Todo depende de la actitud del sacerdote.

Abadía: Lo podemos aplicar a cualquier templo religioso. Verla en sueños significa inquietudes espirituales, morales o intelectuales. Si rezamos en su interior, es señal de felicidad.

Abanderado: Próxima promoción profesional, pero tendrás dificultades para lograr dicho ascenso. Algunos lo interpretan, no como los problemas para conseguir un proyecto, sino como que el puesto que nos proponen es de gran responsabilidad, pero lo coronaremos con éxito.

Abandono: Si la persona abandonada somos nosotros y nos deja gente poderosa o nuestro amante, indica la posibilidad de liberarnos de su dominio. Si nos abandona nuestra madre, tendremos aprietos materiales. Si es el padre, indica nuestra falta de voluntad para realizar nuestros proyectos. Cuando se trata de nuestro cónyuge, nos muestra que se están produciendo problemas materiales por nuestra causa. Si eres tú quien abandona: lo que abandonemos en este sueño nos indicará qué o quién es lo que nos atormenta y lo que debemos modificar o de lo que debemos liberarnos. Otra interpretación nos dice que si abandonas a una persona cercana, representa que no se puede hacer frente a los conflictos. En todos los demás casos, siempre, habrá problemas y dificultades. En cualquier caso existen sueños como éste, en los que nuestro inconsciente nos indica que algo no va bien en nuestro interior sin responder a ningún sufrimiento externo, entonces acudiremos al médico que nos aclarará si estamos enfermos sin saberlo.

Abanico: Indica que se disfrazan las verdaderas intenciones. Es un símbolo de coquetería. Quien maneja el abanico es quien lleva la iniciativa en el mundo real pero con falta de franqueza, deslealtad e intriga. En el caso de utilizar el abanico para dar aire significa que se tienen deseos de hacer nuevos planes, iniciar una nueva actividad.

Abatimiento: Indica una extrema debilidad de carácter, pesimismo. Ante un problema acuciante no sabemos cómo acometerlo.

Abdicar: Nos indica que somos muy autoritarios con los que dependen de nosotros. También nos puede avisar de pérdidas económicas.

Abdomen: Si engordamos, indica riqueza y honores profesionales. Si adelgazamos indica pobreza. Si vemos el abdomen de otra persona, te avisa que alguien te quiere traicionar o mentir.

Abecedario: Tus deseos y aspiraciones encontrarán nuevas posibilidades. En lo sentimental y en lo material tendremos una segunda oportunidad.

Abedul: Cuando este árbol parece en nuestro sueño, es un símbolo positivo en todas las situaciones. Suerte y felicidad en todos los aspectos. Beneficios financieros ante un proyecto en ciernes.

Abeja: Es un símbolo de trabajo, de éxito laboral, en general, positivismo, pero hay algunas excepciones. Verlas en libertad es un presagio feliz. Si revolotean de flor en flor, indica un amor naciente. Si te pica una abeja, existe un peligro para tu reputación. Si están enfurecidas o nos atacan, indica problemas con los asociados o dejadez en el trabajo con la consiguiente ruina. Matarlas señala que la ruina es inevitable y está próxima. Destruir la colmena significa que somos antisociales e inadaptados con el entorno.

Abejón: Traición, personas conocidas pueden darte la espalda en un proyecto en el que necesites su ayuda. No te debes fiar de las buenas palabras.

Abejorro: Indica que alguien intenta perjudicarnos. En el caso de que lo matemos durante el sueño, descubriremos sus trampas.

Abertura: Una puerta, un armario, cualquier otro elemento susceptible de estar abierto, y que lo veamos así, es señal de esperanza. Los problemas sentimentales o económicos se solucionarán en un breve espacio de tiempo.

Abeto: Indica que tenemos o tendremos un amigo sincero que no debemos descuidar. Felicidad, paz, amistad. Buenos augurios inesperados.

Abismo: El abismo representa un peligro. Si caemos en él, nos avisa de un final desastroso de cualquier índole. Si caemos, pero podemos salir, es que existe una posibilidad de apartarnos con muchas dificultades del desastre, aunque hay quien afirma que es augurio de felicidad. Lo mismo ocurre si pasamos sobre el abismo por un frágil puente. Si lo vemos pero no caemos en él, estamos a tiempo de evitar los males.

Abjurar: Deberemos hacer frente a una gran decepción. Una persona que creíamos nuestro amigo o un miembro de nuestra familia nos va a decepcionar por su actuación.

Ablandamiento: Indica que puede producirse un éxito importante. Triunfo en cualquier aspecto de nuestra vida que estemos buscando desde hace tiempo.

Abluciones: Con agua limpia, significan vitalidad y alegría, buen momento para encaminar una nueva relación, un negocio o cualquier otro tipo de actividad. Con agua sucia, indican decepción, no debemos empezar ningún proyecto. Cuidado con la salud.

Abogado: Si tú eres el abogado, serás responsable de las dificultades de otra persona. Si vemos un abogado, seremos nosotros los que tendremos las dificultades. A pesar de todo, en general representa la resolución de conflictos, es decir, la dificultad se puede tornar en un buen augurio.

Abono: Esperanza y fortuna en el trabajo y en la casa. Si tenemos algún problema en cualquiera de las dos facetas, se resolverá con prontitud.

Abordar: Este sueño nos indica la necesidad de cambiar. Si somos nosotros los abordados, es que deseamos un cambio profundo pero no encontramos la forma de hacerlo. En el caso de que abordemos nosotros, el sueño nos indica que ha llegado el momento de intentar ese cambio. En caso de no salir triunfadores del abordaje, deberemos posponer el cambio para un momento más propicio.

Aborto: Augura que algo no llegará a feliz término. Si vemos o participamos en el aborto, corremos el peligro de que nos alcance una enfermedad. Mal presentimiento en cualquier contexto en el que se nos manifieste. Inseguridad de la persona que lo sueña.

Abrazar: Suelen indicar la partida de un amigo y es un aviso de que no todas las muestras de afecto son sinceras. Otros autores afirman que es símbolo de protección, deseo de proteger a otra persona.

Abrevadero: Es señal de tranquilidad. Si está lleno de agua limpia, indica éxito en tus proyectos. Si está vacío, pérdidas de poca importancia. Si bebes en él, te estás equivocando en el camino hacia tu felicidad, debes buscar un nuevo manantial.

Abrigo: En cualquier caso es símbolo de protección. Si eres tú el que lo vistes, escondes tu verdadera personalidad. Si el que lo lleva es otra persona, esconde intenciones egoístas, aunque si lleva un abrigo tuyo, indica apoyo en tus proyectos.

Absceso: Si somos nosotros los que lo padecemos, tendremos una época desgraciada en nuestra vida. Si es otro quien lo sufre, indica que padeceremos problemas emocionales con otra persona que no tiene por qué ser la del sueño. Puede representar, también, un presagio de dificultades pero que podremos subsanar.

Absolución: Recibida por nosotros es un augurio afortunado, puede ser un cambio pero siempre positivo. Si es otra persona la que la recibe, tenemos un gran sentido de la amistad.

Absurdo: Indica que queremos hacer cosas imposibles de llevar a cabo en la realidad. Un ejemplo es intentar navegar con un gran barco por la ciudad.

Abuelos: En general hace referencia al pasado. Sentirse incapaz de realizar proyectos de futuro, miedo a los cambios. Si tus abuelos viven, es un presagio favorable, éxito en tus proyectos. Si aparecen con reproches, te alertan de que podrías cometer errores, escucha los consejos que te dan en el sueño. Si están muertos, puedes recibir noticias tristes. Si están enfermos, auguran preocupaciones y dificultades.

Abundancia: Nos indica que vivimos en una seguridad efímera y que se aproxima una situación en la que pueden menguarse nuestros recursos. Siempre es un sueño referente al ámbito económico.

Aburrirse: Dificultades. Aquellos que compiten contigo por un mismo objetivo lo tendrán fácil. Estás sólo para defender tu causa.

Acacia: Una posible desgracia te amenaza. No te dejes abatir. Soñar con una acacia significa tristeza, pena por algo que ya se espera.

Academia: Sufrirás desdichas y dificultades, en el caso de que sueñes ser miembro de una. También nos puede avisar de un buen momento para el aprendizaje y la recepción de consejos. Atención a todo lo que nos proponen.

Acantilado: Si vemos un acantilado en sueños nos indica, en caso de caída o deslizamiento, que tendremos dificultades; en caso de llegar a la cima, buen augurio para emprender nuestras empresas.

Acanto: Si esta planta aparece en nuestro sueño, o vemos en él columnas decoradas con sus hojas, simbolizan la posibilidad de cambio de casa o de compra de una nueva vivienda. También indica, en el caso de que tengamos dudas sobre qué estudios emprender, que nos decantaremos por alguna carrera que tenga que ver con la decoración o las bellas artes.

Acaparamiento: No concedas mucha importancia a las promesas que te hagan. Las promesas se quedarán sólo en eso, promesas. No te dejes llevar por otras personas y desprecia esa idea de atesorar sin un fin determinado.

Acariciar: Indica buenos sentimientos, nobleza y posibles alegrías. Siempre que nosotros aparezcamos acariciando a alguna persona es símbolo de felicidad, de ternura.

Accidente: Representa el miedo a tomar una decisión importante. Puede indicar que en nuestro camino surgirá un gran obstáculo, pero si escapamos del accidente, nuestra pericia o prudencia nos librará de una situación comprometida. Si únicamente lo vemos, tendremos alguna dificultad de la que saldremos sin consecuencias.

Acedera: Esta planta, tan apreciada en el antiguo Egipto y empleada desde la Edad Media como depurativo y balsámico, si soñamos con ella fresca, significa situación social ventajosa. También hay interpretaciones que nos avisan de que debemos tener paciencia en el campo de nuestros objetivos personales.

Acechar: Si somos nosotros los acechados, es que nuestros intereses se verán en peligro. Si el acechado es otra persona, este sueño indica temores y angustias por una situación que no puede controlar, que se escapa de nuestras posibilidades de hacerle frente.

Aceite: Éxito y prosperidad, sobre todo si nos lo vierten sobre la cabeza. Si se rompe un recipiente lleno de aceite, indica desgracia. La interpretación de este sueño debe su significado a la importancia del aceite en nuestra civilización. Con aceite se ungía a los sacerdotes y a los reyes, y también con él, la Iglesia despedía a los moribundos con la esperanza de la vida eterna. Como un alimento preciado, si se perdía, era un auténtico desastre.

Aceitunas: Verlas en el árbol es un presagio feliz porque simbolizan unas buenas cosechas, además de significar un aumento de nuestra autoestima. Si están en el suelo, presagia problemas sentimentales o de familia. Si nos vemos comiendo aceitunas, indica apego a las tradiciones de familia y fidelidad a nuestros amigos.

Acelerador: Cuidado con nuestro temperamento en cuestiones emocionales. Los problemas con la pareja deben ser solventados con tranquilidad, si no corremos el peligro de tener una crisis sentimental que acabará de la peor manera.

Acelga: Problemas económicos. Esta verdura, que tradicionalmente ha sido utilizada por la gente humilde, simboliza la falta de riqueza o la pérdida de potencial crematístico. También se asocia, a veces, con la debilidad o la tristeza.

Acento: Hablar o escuchar hablar con algún acento que no estamos acostumbrados a oír, nos indica que recibiremos pronto buenas noticias, o nuevas de alguien del que no sabemos desde hace tiempo.

Acera: Si durante el sueño nos subimos a la acera, hemos alcanzado cierta seguridad en la vida, pero debemos consolidar nuestra situación. Si paseamos por ella, nos sentimos seguros de nuestra posición. Bajarnos de la acera, indica que podemos perder esta situación que nos da seguridad.

Acero: Señala éxitos profesionales gracias a tu voluntad, firmeza, solidez y decisión. Todo lo que nos proponemos lo podremos conseguir con nuestra personalidad y nuestras ganas de triunfar, tomadas como bases para llevar a cabo nuestros objetivos.

Achaques: Si se acompaña de sensación placentera, es decir que comienza el sueño con problemas físicos y acaba reponiéndonos de tales dificultades, indica éxito económico. Si no es así, comienza y termina mal, nos previene de problemas médicos.

Achicoria: Hipocresía por parte de las personas que te rodean. Nos anuncia que debemos tener cuidado con los que te muestran su apoyo, puede que sea únicamente por interés. También se interpreta como espera constante y paciente. Posiblemente esta significación tenga su punto de partida en la leyenda que dice que una hermosa joven, se puso a esperar el regreso de su amado que marchó a las cruzadas. Todavía hoy se mantiene allí, al borde del camino, convertida en achicoria, con la ilusión de que, algún día vuelva su amor de aquellas lejanas aventuras.

Acicalarse: Si aparecen personas muy maquilladas o somos nosotros mismos los maquillados, el sueño nos está indicando falsedad en las relaciones de amistad. Deseos de enmascarar una situación que nos resulta molesta o dolorosa.

Aclamar: Soñar que somos aclamados señala peligro. No te dejes arrastrar por las bajas pasiones, necesitas respaldo para hacer cosas en las que no crees. Tampoco conviene fiarse de personas que nos rodean y que nos adulan con más hipocresía que con un deseo sincero de ensalzar nuestras virtudes.

Acoger: Si acogemos a alguien, nos veremos protegidos y apoyado en nuestras actividades por la misma persona. Señala, también, la necesidad de afecto, de sentirnos acompañados y de tener cerca alguien en quien confiar. Si rechazamos a una persona en sueños, indica la cercanía de una amenaza de traición.

Acomodador: Según las circunstancias del sueño significará que nos quieren situar en un buen o mal puesto en lo profesional, también significa el conformarte con el puesto que te dan, puesto que existe la posibilidad de encontrarte todavía peor.

Acompañar: Si en el sueño nos encontramos acompañando a alguna persona, es posible que tengamos una visita inesperada que nos alegrará, una persona que no vemos desde hace tiempo nos visita.

Acordeón: Si nos vemos tocar el acordeón, indica felicidad en nuestra familia. Si es otra persona la que toca este instrumento musical, también significa dicha compartida, pero en el seno de una familia conocida, pero no la nuestra directamente.

Acostarse: Si estás acostado solo, presagia un período de incertidumbre. Acostados a la intemperie es, solamente, una incomodidad transitoria. En el caso de estar acostado con una persona del mismo sexo, sentiremos tormento por lo que dirán los demás. Con una persona de otro sexo indica que nuestros problemas han finalizado. Si son otras personas que conocemos, las que están acostadas, no podremos contar con su ayuda en el momento que les necesitemos.

Acrimonia: En general significa, enfrentamientos de cualquier tipo. Esta palabra que nos hace referencia a la aspereza de las cosas, en un sueño significa roces y asperezas, pero en el trato con los demás.

Acreedor: Si vemos en el sueño un acreedor que viene a cobrarnos significa un mal augurio, malas noticias sentimentales o materiales.

Carencia de bienes, deudas que no hemos podido satisfacer en su momento, sensaciones de acoso y angustia.

Acróbata: Si nosotros somos los que realizamos la acrobacia y además con éxito, saldremos fortalecidos de la situación actual en la que vivimos. Si realizamos el espectáculo sin éxito, fracasaremos o tendremos pérdidas económicas.

Actores: Verlos significa placeres frívolos y serlo, éxito. Otros autores opinan que soñar que eres actor simboliza que ocultas tu rostro, tu personalidad ante los demás, por miedo o vergüenza. En el caso de ser otra persona el actor, nos indica que es él quien esconde su personalidad, nos quiere engañar sobre sus principales motivos de actuación, o sobre sus verdaderas intenciones.

Acuarela: Tranquilidad en un período agitado de la vida. Problemas que sabremos solventar pacíficamente. Viviremos una época sosegada después muchos altibajos anímicos, bien motivados por causas sentimentales o económicas.

Acuario: Ver los peces nadando en tal habitáculo es una señal de tranquilidad y felicidad. Si el acuario está vacío, no tiene agua ni peces, es posible que tengamos problemas afectivos. Sensación de vacío, de ausencia de lo que deseamos, especialmente en el terreno de los sentimientos.

Acueducto: Si esta construcción se encuentra en buen estado, señala abundancia, felicidad, prosperidad. Posibilidad de un tránsito fácil desde situaciones penosas hacia otras placenteras. En el caso de estar viejo, en malas condiciones, deteriorado y abandonado, indicará pobreza, precariedad, tanto personal como crematística.

Acuerdo: Si soñamos con un acuerdo entre personas y una de ellas somos nosotros, siempre nos indicará éxito en los negocios, buen momento para comenzar proyectos. Buenas relaciones familiares, sociales. Resolución de pleitos a nuestro favor.

Acumular: Tratándose de dinero debemos tener cuidado pues nos amenaza una posible pérdida. Si se trata de objetos, alguien puede ir en contra de nosotros. Egoísmo, falta de generosidad hacia nosotros y hacia los demás.

Acusar: Si el acusado eres tú, es un presagio de alegría. Si el acusado es otra persona presagia inquietudes de todas clases. En otras interpretaciones se nos dice que soñar que somos acusados indica arrepentimiento sobre algún hecho que nos atormenta. Deseo inconsciente de purgar alguna culpa pretérita que, tal vez, sólo nosotros conocemos y que el paso del tiempo no nos ha hecho olvidar.

Adán y Eva: Si aparecen estos dos seres míticos, nos augura un próximo nacimiento en nuestra familia o en la de una persona cercana. En general también se interpreta este sueño con éxito afectivo y profesional. Buena relación con los padres y abuelos. Deseos de verlos si hace tiempo que están ausentes de nuestra vida.

Adelantarse: Llegar a algún sitio antes de la hora, o bien adelantando a alguna persona indica que el soñador tiene unas ambiciones excesivas en el campo material. Impaciencia por alcanzar alguna meta, profesional o espiritual. Temer que la persona amada no cubra las esperanzas que hemos puesto en ella.

Adelgazar: Si en el sueño aparecemos nosotros bastante más delgados de lo que verdaderamente somos, es un aviso para que cuidemos nuestra salud, nuestros hábitos alimenticios nos puede jugar una mala pasada. Deseo excesivo de perfeccionismo, gusto también excesivo por destacar o por sentirse diferente.

Adiós: En el caso de ser alguien el que se despide de nosotros, abandonaremos algo que no nos beneficia. Si somos nosotros los que nos despedimos de una persona conocida, indica que pronto volveremos a verla. Si en la despedida lloramos nos espera una gran felicidad. Otras interpretaciones atribuyen al gesto del adiós el temor de perder algo o a alguien que apreciamos de corazón.

Adivinar: Soñar que consultamos cualquier medio de adivinación presagia angustias. Si somos nosotros los que predecimos la suerte a otras personas, si nos convertimos en los adivinadores, indica que estas personas que aparecen en el sueño nos serán de utilidad. Necesidad de controlar el futuro, y deseo imperioso de conocer algún tema que nos preocupa.

Administración: Si se nos muestra algún suceso relacionado con la administración del dinero, significa mala suerte, los proyectos que tenemos entre manos no se realizarán por muchos esfuerzos que empleemos en ello. Hay que regularizar los gastos y pensar en inversiones racionales.

Admirar: Soñar que halagamos o admiramos a una persona o un conjunto de ellas, nos avisa de la aparición de amigos que te pueden traicionar. Alerta ante nuevas amistades que se acercan a nosotros sin causa aparente.

Adolescente: Este sueño señala ideales imposibles. Búsqueda de una pareja demasiado perfecta. Nos indica que estamos viviendo en un sueño, no en la realidad que nos corresponde. Falta de madurez en un proyecto o en una obra que deseamos llevar a cabo y que hace tiempo nos ronda por la cabeza.

Adoptar: Si en la realidad nos sucede que no podemos tener hijos, el sueño indica que desearíamos tenerlos. En el caso de ya tenerlos, significa que cargamos con responsabilidades que no nos corresponden, pudiendo ser causa tanto de admiración como de obstáculos. Otros autores nos alertan proponiendo que esta toma de responsabilidades deben ser estudiadas, la equivocación tiene muchas posibilidades de producirse.

Adorar: A Dios o a la Virgen es un indicio de alegrías y paz. El adorar a una persona, conocida o desconocida, augura pequeños problemas sentimentales que podremos resolver sin consecuencias, si somos diligentes. Necesidad de encontrar afectos y de entregar amor a nuestros semejantes.

Adormecerse: Si nosotros nos mostramos cansados, cerrando los ojos, nos indica contrariedades, en nuestras relaciones familiares, tendremos alguna dificultad. También señala apatía ante los problemas, tanto laborales, como afectivos. Debilidad ante las dificultades.

Adormidera: decepción sentimental y también indiferencia hacia alguien o algo. Los romanos y griegos además de la interpretación de resurrección y abundancia, representaban al sueño en general, con este tipo de planta, por estar asociada a Démeter, la diosa de la tierra y la fertilidad y a Perséfone, que cada seis meses regresaba del infierno del Hades.

Adornos: Soñar con adornos en una ciudad o en nuestra propia casa, en alguna habitación significa que a nosotros nos espera algún premio, dignidad, triunfo, etc. Otra interpretación nos previene del deseo de ocultar defectos bajo los adornos.

Adquisición: Si en el sueño soñamos con alguna compra, sea del carácter que sea, nos anuncia suerte en los negocios que llevemos a cabo. Etapa propicia para iniciar nuevos proyectos, no tenemos que dejar pasar este momento.

Aduana: En general significa cambios de situación, nuevos proyectos, tanto sentimentales como profesionales. Verla o detenerse ante ella significa obstáculos en dichos proyectos. Pasar la aduana sin ningún impedimento nos indica un progreso favorable. Pero no poderla pasar pronostica mala suerte, problemas en nuestras nuevas actividades.

Adular: Si nosotros somos los adulados debemos desconfiar de la persona que refleja el sueño. Si somos nosotros los que adulamos, obtendremos lo que deseamos en el caso de hacerlo con sinceridad, pero si adulamos falsamente, nos veremos humillados en la realidad.

Adulterio: Seamos nosotros o nuestra pareja la que cometa adulterio durante un sueño, representa la disconformidad con el comportamiento de nuestra pareja, pero que por falta de confianza no nos atrevemos a comunicárselo. Indica, también, la inseguridad de nuestros sentimientos con respecto a la persona con la que compartimos la vida, temor a perderla o deseo vehemente de abandonarla por alguien nuevo al que hemos conocido hace poco.

Adversario: Al contrario que en la vida real, si salimos vencedores, es posible que tengamos contratiempos, pero si nos vencen, conseguiremos un triunfo importante en la realidad. Creencia de que nuestros enemigos son numerosos, o que lo son algunos a los que consideramos amigos.

Adversidad: Éxito inesperado. En el caso de tener entre manos un proyecto debemos esperar un tiempo prudencial para realizarlo, no precipitarnos.

Aeropuerto: La espera antes de iniciar un viaje simboliza nuestras dudas. Todo lo que suceda en el aeropuerto será una premonición de lo que nos espera. Si el avión se retrasa o no llega al lugar deseado, tendremos impedimentos para tomar un nuevo rumbo en nuestra vida. Si todo transcurre felizmente, los presagios son de felicidad y triunfo.

Afecto: Sentir afecto por alguien, indica honores y distinción para nosotros. Importantes ganancias de dinero en negocios que no preveíamos. Otros autores lo interpretan al contrario, significando problemas, pero que se resolverán sin consecuencias en un corto período de tiempo.

Afeitar: Si sueñas que tu pareja se deja bigote es posible que te engañe o tenga esa intención; sin embargo, si se lo afeita quiere decir que es totalmente sincero, o que si en algún momento te fue infiel ya acabó la aventura. En el caso de aparecer afeitándonos nosotros mismos la barba indica pérdida de la virilidad. Señala los deseos de desembarazarnos de algo que nos preocupa y que desearíamos eliminar de forma rápida y contundente.

Afilar: Si somos nosotros los que afilamos, señala que en nuestro interior existen sentimientos agresivos. Si quien afila es otra persona, es de temer que desee perjudicarnos. Estar a la defensiva ante personas, cosas o situaciones.

Afinar: La acción de afinar un instrumento nos indica que debemos reconciliarnos con quien hemos soñado. Anhelos de recobrar la armonía en relaciones rotas, bien sentimentales o de negocios. Desear poner la vida en orden, retornar a la rutina después de un período turbulento.

Aflicción: Presagio feliz. Como en otros muchos sueños, tiene una interpretación totalmente contrapuesta a su significación auténtica. Tal vez, en este caso concreto, porque la aflicción que se sufre en un momento dado, es preludio de tiempos mejores al superarla.

Afluencia: Anuncia la llegada de negocios no muy afortunados. No debemos aventurarnos en proyectos por favorables que parezcan. Temor a que a otros intervengan en nuestros asuntos, o se entrometan en nuestra vida personal o familiar.

Afonía: Es una amenaza para nuestra independencia, tanto desde el lado sentimental como material. Podemos sentirnos agobiados por otra persona en lo que nosotros creemos de nuestra propiedad, por ejemplo la vivienda o simplemente nuestros sentimientos. Sensación de impotencia, y miedo a manifestarnos.

Afrenta: Si se sufre, anuncia un éxito inesperado. Si se hace a otra persona indica problemas y desavenencias familiares o profesionales. Dudas sobre si somos aceptados socialmente, desconfianza ante la buena acogida de nuestras ideas o proyectos por parte de los demás.

Ágatas: Simbolizan la buena suerte. Según el color pueden tener diversas significaciones. Si es un ágata negra, resultaremos victoriosos sobre nuestros adversarios. Si presenta varios colores, indica que nuestra familia vivirá momentos felices, y si el que lo sueña es deportista, augura el éxito en las competiciones. Buena salud o pronta curación si se está enfermo.

Agenda: Si aparece una agenda en el sueño, aunque no sea nuestra, debemos prepararnos para rechazar una cita que no querríamos abandonar, en el caso de que deseemos que, en nuestro hogar, las cosas marchen bien y no haya un problema de difícil solución. Necesidad de organizar bien nuestro tiempo, de cumplir con los compromisos laborales o familiares asumidos con anterioridad. Temor a llegar tarde a un encuentro de cualquier índole.

Agente-Detective: Si tenemos alguna dificultad, algún problema, lo podremos resolver con toda autoridad. En poco tiempo se solucionará el conflicto. Confianza en que otros pueden ayudarnos en la resolución de lo que nos preocupa.

Agitación: Un sueño que representa un ambiente alborotado, sea producido por la causa que sea, augura dificultades próximas, que puede que nos lleve a una larga etapa de soledad y tristeza. Dudas constantes sobre qué determinación tomar, inseguridad personal, relaciones laborales tumultuosas.

Agonía: Augura un cambio radical en nuestra vida. Si nos mostramos enfermos en el sueño, significa que sanaremos pronto. En el caso de estar sanos, previene de un problema en nuestra salud, alerta ante cualquier pequeño problema físico. Angustia ante lo desconocido, temor infundado a no saber actuar como se espera de nosotros.

Agotamiento: Si en el sueño aparecemos agotados físicamente, anuncia un fracaso financiero, debemos tener cuidado con las gestiones que vamos a llevar a cabo, los nuevos proyectos que nos proponen tenemos que estudiarlos con detenimiento. Abandonarse ante las dificultades, perder las ganas de luchar.

Agradecimiento: Relaciones favorables con los demás. Amistades nuevas que te ayudarán a tener un buen momento. Confianza en las personas que nos rodean, sensación de placidez y de sentirse bien con uno mismo.

Agresión: Si somos nosotros los que recibimos la agresión, significa que recibiremos una ayuda inesperada que, además, necesitamos. Si agredimos nosotros, nuestros proyectos profesionales no se conseguirán realizar por una excesiva precipitación.

Agricultura: En general, soñar con cualquier aspecto agrícola, es signo de felicidad. Si el campo está bien cuidado indica felicidad floreciente, en corto tiempo y de larga duración. Si el campo está descuidado es la felicidad del conformista, que no desea más que lo que ya tiene. Amor por la tierra, deseos de volver al lugar donde nacimos, aunque sea un espacio urbano, o de descansar lejos de los problemas cotidianos.

Agua: El agua en el lenguaje de los sueños es uno de los elementos más significativos. De forma general, simboliza la vida, los sentimientos, la vida interior de las personas. Cuando el agua es clara y limpia anuncia una vida larga y feliz. El agua mineral simboliza convalecencia para el soñador, pero mejoría de la salud. Si el agua es bendecida se refiere a buena salud física y espiritual. En el caso de estar el agua sucia o estancada, pronostica desgracias de carácter sentimental, también puede indicarnos pérdida de libertad. Si el agua se presenta amarga o turbia, anuncia una posible enfermedad.

Si está negruzca, indica un matrimonio mal avenido. Si recibimos agua en un recipiente, significa buena salud. Recibir agua y guardarla sin beberla, indica avaricia. Si nosotros llevamos agua a otra casa recibiendo dinero, se interpreta como que estamos vendiendo nuestra propia honradez. Si la llevamos sin cobrar, demuestra piedad y religiosidad. El agua de lluvia pronostica abundante cosecha salvo que empape la tierra y desaparezca rápidamente, entonces indica pérdida de bienes y humillaciones. Si caen goteras en una casa sin que esté lloviendo anuncia tristeza en esa casa. Si sólo es una gotera, lo que anuncia son sufrimientos y peligros para el soñador. Ver manar una fuente de agua dentro de una propiedad del soñador anuncia gran prosperidad material acompañada de buenos sentimientos. Caminar sobre el agua nos dice que estamos atravesando un período peligroso en nuestra vida. Si nos hundimos, corremos grave peligro. Si el agua es apacible y tranquila significa felicidad. Si nos miramos en el agua y nos reflejamos claramente, indica que conseguiremos la riqueza y si nos refleja más bellos de lo que somos en la realidad, encontraremos amor en los demás. Beber agua fría presagia una vida saludable. Bañarse en agua fría presagia incomprensión. Templada, felicidad y muy caliente separación o divorcio.

Aguacate: Si aparecemos comiendo esta fruta o, simplemente si aparece en el sueño, significa aprecio por tus amigos y reciprocidad por parte de ellos.

Aguacero: Soñar con una lluvia copiosa nos indica suerte, éxito financiero, buen momento para comenzar proyectos nuevos. También implica un renacimiento interior, una renovación de los deseos por hacer cosas, por lanzarse a proyectos atrevidos en la seguridad de que han de llegar a buen término.

Aguamarina: Poseer esta piedra preciosa significa alegría y entendimiento con nuestra pareja. Es el símbolo de la confianza en uno mismo, la inteligencia y la perseverancia. Si la perdemos, indica desilusión amorosa, no conseguiremos nuestras intenciones sentimentales.

Aguardiente: Placeres sentimentales o sexuales, pero de corta duración. Esta bebida va ligada con el placer momentáneo.

Águila: Soñar con un águila representa dominio y triunfo cuando nos identificamos con ella, y angustia si nos infunde temor o dolor. Si la vemos volando tranquila, en la vida real, estamos a punto de sacrificarlo todo por un ideal. Si te ataca, indica que te ves incapaz de asumir la responsabilidad de un amor verdadero. Verla ascendiendo al cielo, señala que alcanzaremos nuestros objetivos. Si vuela lento o interrumpidamente, indica retrasos. Si está inmóvil o cae, no lograremos el fin propuesto. Si la vemos volando con su presa, deberemos tener cuidado con nuestros enemigos. Si se abalanza sobre nosotros o nos hiere, correremos peligro. Ver el águila enjaulada, augura humillación.

Aguinaldo: Si pedimos dinero como aguinaldo por navidad a otra persona es símbolo de ingratitud, no nos agradecen nuestras acciones. Necesidad de obtener recursos como sea y, sin embargo, estar seguros de que no contaremos con la ayuda de los demás.

Agujas: Las agujas de coser si están con hilo son un buen augurio. Sin hilo, rotas o nos pinchamos con ellas, son mal augurio. Nos acechan pequeños peligros, pero no por pequeños menos incómodos y difíciles de resolver.

Agujerear: Si en el sueño aparecemos agujereando cualquier cosa (prenda, mueble, papel...) nos previene de que nuestros familiares no están conformes con nuestra actitud. Insistencia en fines que no son afortunados. También puede indicar una pérdida económica que se producirá sin que sepamos muy bien a qué es debida.

Agujero: Indica peligro para tu reputación. Si desde el borde quieres examinar el fondo, tu situación mejorará. Si caes al fondo, tendrás grandes dificultades. Merma de beneficios, pérdida de afectos que se nos escapan sin que podamos hacer nada para retenerlos.

Ahijado/a: Si soñamos con un ahijado nuestro o que apadrinamos a alguna persona, indica que un amigo nos ayudará en breve, podemos confiar en él. No nos importará sacrificarnos por los demás, y estaremos prontos a socorrer a aquellos que nos necesiten, especialmente a los más jóvenes de la familia o de los amigos.

Ahogado: Ver un ahogo de otra persona indica un buen augurio. Anuncia una herencia o el ascenso en el trabajo. Ahogarse indica contrariedades en cualquier ámbito salvo que estemos agotados en la vida real que entonces indica que necesitamos unas vacaciones. Sentir agobio o falta de fuerzas.

Ahorcado: Verlo indica pérdida de dinero, debemos cuidarnos de prestarlo o gastarlo sin pensar. Si nosotros somos los ahorcados, presagia la recuperación de algún objeto perdido. Temor a vernos involucrados en algún problema de tipo legal.

Aire: Si el aire es una suave brisa, nos espera una época tranquila y si es perfumado, aún mejor. Si está agitado augura peligro cercano y si es frío, indica la pérdida de un amigo sincero. Si es brumoso, nos dice que seamos prudentes.

Ajedrez: En general significa calcular, precisar, meditar, etc. Confianza para llevar a cabo un proyecto, saldrá todo según nuestros cálculos, no fallará nada. Inteligencia, cautela, preparación adecuada.

Ajenjo: Temor a las influencias mágicas y extrañas en nuestra vida. Soñar con esta hierba, conocida desde tiempos inmemoriales, representa amarguras, como el propio sabor de esta planta a la que la Biblia alude como significativa de las aflicciones de la vida y su nombre en griego quiere decir "privado de dulzura".

Ajo: Este alimento significa un anuncio para prevenirnos de alguna discusión con uno o varios parientes. Debemos estar atentos para no provocar nosotros, en este caso puede que salgamos perdiendo. También simboliza los secretos no revelados. Verse en el sueño comiéndolo, es claro anuncio de que estaremos protegidos ante la enfermedad. Si los llevamos colgando, es síntoma de que estamos a salvo de influencias malignas y de las insidias de los demás.

Ajuar: Sobre todo si es de boda, siempre augura un largo período de felicidad. Buen momento sentimental, laboral y financiero.

Alabanzas: Si nos alaban a nosotros, también en la vida real las recibiremos, pero no debemos confiar en ellas. Precaución ante amistades excesivamente complacientes muy dadas a los halagos.

Alambre: En cualquier caso que aparezca este elemento, nos indica relaciones sentimentales difíciles. Mal momento para comenzar una nueva relación. Si el alambre es muy fino, temor ante situaciones inesperadas en el terreno afectivo; si es grueso peligro inminente de una ruptura.

Álamo: Si aparece este árbol en nuestros sueños anuncia ganancias financieras. Debemos emprender todos los proyectos que nos ofrezcan. En el caso de ver un álamo blanco nos anuncia que debemos esperar, sin prisas, a los buenos tiempos; si es negro, indica que hemos de tener el valor de enfrentarnos a situaciones económicas arriesgadas.

Alarma: Si oímos sonar una alarma en nuestro sueño nos avisa de un cambio de situación sentimental o profesional. El cambio será con alguna contrariedad, no por acuerdo. Sensaciones de inestabilidad en nuestra vida, aviso de algo no anda bien, tanto en el terreno referido a las emociones como en el laboral.

Alas: Son el signo de la victoria, pero para conseguirla debes ser un poco lanzado, de esta manera podrás ver un cambio en tu situación, sobre todo sentimental. Deseos de alcanzar alguna meta soñada, deseos de una renovación espiritual, confianza en elevarse por encimas de la rutina diaria.

Alba: Renovación, cambio, nueva situación en tu vida. Anuncia el comienzo de un período dichoso. Si está pasando un momento de depresión o de falta de expectativas, al igual que con el nacimiento del día, nos sentimos optimistas y con fuerzas e ilusiones que vuelven a llenar nuestra vida.

Albacea: Si aparece este personaje en nuestro sueño, nos previene de que debemos poner en orden algún asunto familiar que nos está dando problemas. Si lo atajamos, pronto saldrá todo bien.

Albahaca: Esta hierba aromática, siempre que se nos muestra en el sueño, es presagio de amargura, malos augurios, período de penas. Sin embargo, si en el sueño aparece una maceta con albahaca que tengamos colocada en una ventana, se interpreta como que se mantendrán alejados de nosotros posibles enemigos o molestas visitas.

Albañil: Si uno o varios albañiles aparecen haciendo obras, significa un buen augurio. Indica que todos nuestros proyectos se realizarán. Debemos ser emprendedores, no echarnos atrás. Interés por rehacer facetas de nuestras vida que consideramos están pendientes o incompletas.

Albaricoque: Si el árbol está en flor, es un buen augurio para nuestras esperanzas. Si está lleno de albaricoques, tendremos, en nuestra vida, nuevas oportunidades. Si está seco, debemos prestar más atención a nuestros asuntos financieros para evitar engaños.

Albatros: El ave en cuestión, el albatros, siempre previene al soñador que parientes o amigos necesitan nuestra ayuda. Otras interpretaciones dicen que, en general, anuncia novedades próximas dentro de nuestro círculo familiar o de amistades.

Albayalde: Envenenamiento o posibilidad de caer en una trampa peligrosa. Rencillas que pueden dañar gravemente relaciones de amistad o de familia. Puede interpretarse también, como una ocultación de situaciones o sentimientos, en clara alusión a este elemento, carbonato de plomo, que durante muchos siglos se utilizó como maquillaje, a pesar de que es altamente tóxico.

Albergue: Si el local está lleno, anuncia un próximo reposo, descanso o convalecencia por alguna pequeña enfermedad. En el caso de estar vacío significa una desgracia en nuestra familia. Necesidad de sentirnos protegidos, añoranza de nuestra casa o de nuestra patria.

Albino: En sintonía con el encanecimiento del cabello, ver alguna persona albina presagia una vejez anticipada por alguna enfermedad o simplemente por el mal cuidado de nuestra persona. Atonía en nuestra vida, falta de emociones; existencia gris, sin grandes penas y sin grandes alegrías.

Albóndigas: Esta comida si aparece en nuestro sueño, augura curación, si estamos enfermos o conocemos alguien enfermo. Si no, indica situación estable, ningún cambio en nuestra vida, aunque lo esperemos.

Albornoz: Si nos mostramos con esta prenda indica descanso, si estamos cansados por algún problema, se resolverá, en el caso no tener problemas a corto plazo, significa que nos tomaremos un período de vacaciones.

Alboroto: Personas hablando a la vez o haciendo mucho ruido siempre nos previene de malos augurios. Cuidado con el dinero que gastamos o prestamos, este sueño también puede anunciar pérdidas a corto plazo.

Álbum: Si nosotros u otra persona, hojeamos un álbum de fotografías, indica recuerdos felices. Otros autores opinan que este sueño marca el fin de una época de nuestra vida, comenzamos nuevos rumbos.

Alcachofa: Este alimento nos previene de que para alcanzar el amor que deseamos, debemos tener paciencia y persistir con ternura, si actuamos así conseguiremos nuestros fines. Necesidad de ser constantes, de preservar nuestra intimidad sentimental.

Alcalde: Si un personaje de nuestro sueño se muestra como el máximo representante de un lugar, pueblo o ciudad, significa que en un problema profesional habrá personas con influencia que intervendrán en nuestro favor.

Alcantarilla: En un sueño que aparezcan varias veces, o sea protagonista de la historia, las alcantarillas siempre nos previenen de peleas violentas en nuestro alrededor. Situaciones poco claras en nuestro entorno; ocultación de datos en el terreno profesional.

Alcaparras: Cuando este alimento es el protagonista de un sueño significa que recibiremos malas noticias. Tenemos que estar preparados para una noticia inesperada.

Alcázar: Permanecer fuera indica que tus ambiciones se verán frustradas. Encontrarse en su interior augura la realización de tus esperanzas y suerte. También puede interpretarse como una dificultad a vencer, como una protección deseada, especialmente, en materia laboral.

Alce: Si van en manada, indica prosperidad y éxitos cercanos en el campo profesional. Si el animal acaba muriéndose por ser cazado, significa que todos los proyectos que tenemos en mente serán frustrados, no los conseguiremos llevar a buen puerto.

Alcohol: Señala la deslealtad y falsedad de quienes te rodean. No debemos fiarnos de algunos que dicen ser nuestros amigos. Inseguridad en nuestras relaciones, deseos de vencer nuestra timidez.

Alcornoque: Su corteza (el corcho) simboliza que nos sentimos como adolescentes, y si lo somos, nos embarga la alegría de vivir.

Aldea: Si es agradable y soleada, augura una vida serena. Si es triste y abandonada, indica un cambio en su manera de vivir. Si es pequeña, se avecinan sucesos muy agradables. Deseos de huir del agobio de la gran ciudad; necesidad de un descanso o de unas vacaciones, por cortas que sean.

Alegato: Si nosotros u otra persona salimos pronunciando un discurso a modo de alegato, sea sobre el tema que sea, o incluso si no nos acordemos del tema, significa que tendremos preocupaciones relacionadas con organismos oficiales.

Alegría: Si el sueño nos produce un sentimiento alegre, indica que estamos viviendo la realidad como un sueño, debemos enfrentarnos a ella sin miedo. Las inquietudes que podamos tener no hay que darles la espalda.

Alentar: Riesgo de ser engañado. Debemos tener cuidado con las personas que nos quieren echar una mano o animar en algún proyecto que nosotros no vemos claro. Es mejor hacer caso a nuestras propias convicciones y no dejarse llevar por las sugerencias e indicaciones de los demás.

Alergia: Mostrarse alguien con síntomas alérgicos nos previene de una etapa de mala suerte en todos los aspectos. Rechazo a las situaciones conflictivas que parece que aproximan a nuestra existencia.

Alerta: Cambios importantes en nuestra vida. El transcurso del sueño quizá pueda indicarle como finalizará tal cambio.

Aleta: Buenos augurios. Tomarás decisiones importantes que siempre serán para bien. Forma racional y sensata de conducir los problemas de la vida diaria. Si la aleta está rota, indica falsas esperanzas en los cambios que tenemos en mente.

Alfabeto: Las letras, si aparecen ordenadas significa que tendremos que hacer numerosos sacrificios para llevar adelante nuestra familia, trabajo, amigos, etc. Si las letras se muestran desordenadas, señalan la necesidad de poner orden en el ámbito social, laboral y también afectivo.

Alfalfa: Ambiente familiar feliz. Buen momento para plantearnos aumentar de familia. En general, positivismo y fuerza para nuestra vida. Ausencia de problemas económicos, bienestar asegurado en la satisfacción de las necesidades de la familia.

Alfiler: En general es un mal presagio. Anuncia discordias familiares, pérdidas económicas, decepciones causadas por los amigos. Si soñamos que encontramos un alfiler con la punta hacia nosotros, es símbolo de mala suerte, pero si es la cabeza la que aparece hacia nuestra persona, indica buena suerte.

Alhelí: Honestidad. Signo de juventud de alma y cuerpo, así como de belleza que mantendremos durante una larga época. Simboliza, asimismo, el amor puro, aunque no siempre con final feliz.

Amapola: Esta flor asociada al sueño, significa también la resurrección y la fertilidad. Su color rojo indica la fuerza de la vida. Recuperación de ánimos para emprender nuevas tareas, tomar nuevo impulso para hacer frente a trabajos que, hasta el momento, no nos habíamos atrevido a comenzar.

Ámbar: Soñar con ámbar, con que llevamos algún objeto o joya de esta resina fósil, se interpreta como que estamos protegidos contra todo tipo de males. Si lo regalamos nosotros a una persona de nuestro mismo sexo, es porque deseamos ayudarla y ponerla a salvo de malos presagios; si lo obsequiamos a alguien del sexo contrario, queremos indicar que estamos interesados en él o ella, en el terreno sentimental.

Anémona: Si en nuestro sueño vemos esta bonita flor, significa que tendremos amores contrariados, celos, pero también, comprensión y aceptación de las decepciones en el terreno sentimental.

Angélica: Indica fortaleza y larga vida. Esta planta, que se creía procedía del cielo y que había sido traída a la tierra por el arcángel san Gabriel, tiene muchas propiedades curativas, entre las que figura la de ser un reconstituyente general.

Anochecer: Contemplar un anochecer en sueños o estar en lugar determinado y sentir como anochece, indica nuestro deseo de dar por terminado un asunto que nos preocupa, o creer que no vamos a tener tiempo suficiente para poner fin a nuestras tareas laborales o personales, aunque no será así.

Anteojo: Soñar que miramos por un anteojo, es una clara muestra de nuestra ansiedad por un futuro que consideramos incierto. También puede interpretarse por sentir un gran deseo de adquirir conocimientos fuera de lo común o estar expectantes ante un gran acontecimiento que se aproxima a nuestras vidas.

Anticuario: Encontrarnos dentro de un anticuario o estar rodeados de cosas antiguas, simboliza los recuerdos placenteros de un pasado ya lejano. Posibilidad de que nos ofrezcan una oportunidad, en el terreno profesional, que ya dábamos por perdida.

Anudar: Si durante el sueño nos vemos realizando esta acción, es porque deseamos que nada se escape a nuestro control, especialmente en los asuntos profesionales. Si son otros los que aparecen anudando lazos, cuerdas o sogas, hay que tener cuidado con los que nos rodean y mantienen con nosotros una relación estrecha, pues nos quieren controlar en demasía, coartando nuestra libertad de acción.

Anzuelo: Si nosotros echamos el anzuelo expresamos, durante el sueño, que estamos dispuestos a no desperdiciar ninguna opción que se nos presente en la vida, bien sea en el campo profesional o en el campo de los sentimientos. Ansiedad por conseguir un fin concreto. Si vemos que otras personas son las que tienen en sus manos o están echando el anzuelo, temor a que nos quiten oportunidades de prosperar.

Apostar: Indica rivalidad entre dos personas. Temor a perder en aquello en lo que hemos situado nuestras esperanzas, de forma concreta, en asuntos materiales.

Apuntar: Tiene dos vertientes interpretativas bien diferenciadas. Si se trata de que estamos apuntando un arma, muestra nuestra intención de acabar con un tema que hace tiempo que nos ocupa toda nuestra fuerza y nuestra voluntad. Si, estamos apuntando algo en un cuaderno o en un papel, simboliza que estamos deseando poner orden en nuestros asuntos al tiempo que queremos tener presentes citas y negocios que no nos conviene olvidar.

Araña: Nos aguarda, en un futuro no muy lejano, un trabajo que va a requerir, por nuestra parte, mucho esfuerzo y laboriosidad. No conviene hacer caso de oportunidades que, a simple vista, parecen más sencillas y placenteras pues, a la larga, nos envolverían en situaciones complicadas y de difícil salida. Si en el sueño vemos telas de arañas en las paredes de nuestra casa o en las de nuestro puesto de trabajo, se interpreta como que nuestro hogar o nuestra empresa nunca caerán, siempre gozarán de buena salud.

Árbitro: La aparición de este personaje durante el sueño, puede interpretarse como un deseo inconsciente de que alguien nos ayude a salir de una encrucijada en la que nos encontramos y en la que no vemos la solución. Algunos autores, consideran que si somos nosotros los que arbitramos, expresa nuestro deseo de destacar, de ser el referente entre un grupo de amigos o de alcanzar un puesto de jefatura en el trabajo.

Árbol: Si lo vemos en todo su esplendor, significa nuestra confianza en la vida, la seguridad en nuestra familia y amigos y el arraigo en nuestra ocupación. Si se muestra mortecino o seco, simboliza las ilusiones perdidas, la falta de expectativas, el desánimo. Un árbol talado, nos indica que, de golpe, nos han cercenado aquellas ideas y esperanzas de futuro.

Arca: Si en nuestro sueño la vemos cerrada, señala que estamos intrigados y deseosos de conocer un secreto en el ámbito familiar. También es un indicio de que, nosotros mismos, deseamos mantener fuera de la luz pública, algunos sucesos y acontecimientos de nuestra vida pasada. Si el arca aparece abierta, denota que no tenemos nada que esconder. También es símbolo de que recibiremos un dinero que no esperábamos.

Arcilla: Es posible que nos veamos, durante el sueño, manejando esta materia y entonces es que deseamos optar a un trabajo más creativo que el que desempeñamos en la actualidad. Si son otros los que trabajan con arcilla o nos ofrecen algún objeto o recipiente de arcilla, significa que debemos tener cuidado con ofertas laborales que, de aceptarlas, no llegarían a satisfacernos.

Arco: Pasear bajo construcciones con arcos, o guarecernos bajo ellos, simboliza nuestra necesidad de amparo y protección. También, en el caso de que estemos dudando sobre qué estudios o carrera elegir, indican que nos decidiremos por alguna de carácter técnico y tal vez por arquitectura.

Ardilla: Este vivaracho animalillo, si aparece sobre un árbol, quiere indicarnos que nos sentimos en plena forma, ágiles y fuertes. Si la vemos correteando por el suelo, o alimentándose, se interpreta como que estamos pensando en ahorrar para algún fin determinado.

Arma: De cualquier tipo que sea, indica siempre la posibilidad de peleas, de dificultades que no serán fáciles de resolver en cualquier campo. Sin embargo, algunos autores consideran, también, que si somos nosotros los que blandimos el arma, expresa un deseo de justicia que no nos ha sido otorgado.

Arpa: Si soñamos que tocamos un arpa es porque ansiamos poner armonía y serenidad en nuestra vida, alterada con conflictos que no hemos generado nosotros, pero que nos complican el día a día. Cuando otras personas están tocando este instrumento, o asistimos como oyentes a un concierto de arpa, es que esperamos la ayuda de amigos o conocidos sensatos y equilibrados para resolver los asuntos que nos afligen.

Arrabal: Soñar que nos encontramos en algún barrio extremo o desconocido de nuestra ciudad, señala que estamos desorientados, que no sabemos qué dirección tomar, tanto en los asuntos personales como en la realización de algunas compras que hace tiempo nos rondan por la cabeza, quizás de tipo inmobiliario y nos aconseja meditar con calma antes de tomar ninguna resolución.

Arrastrar: La acción de arrastrar, un mueble, a otra persona, o incluso tirar de una cuerda sin ver que hay al final de ella, simboliza que nos sentimos agobiados por las muchas responsabilidades que llevamos sobre los hombros, familiares y laborales. Si la cuerda se rompe, significa que conseguiremos liberarnos de parte de ellas, pero de forma un tanto traumática.

Arrestar o arresto: Si somos nosotros los que apresamos a alguien, nos indica que, por fin, encontraremos al causante de nuestros problemas, y con esta acción acabarán por solventarse aquellos asuntos que parecía que no iban a resolverse jamás. Si nos arrestan, muestra nuestro miedo a no caer bien en el entorno que nos rodea, especialmente en el terreno laboral.

Arrodillarse: Esta señal de sumisión, de adoración, simboliza que, al fin, hemos encontrado la persona, el trabajo o la relación, por la que suspirábamos hace tiempo.

Arroyo: Encontrar, en el sueño, un arroyo en el curso de un paseo, incluso de una huida, significa que se nos presentará un problema, pero que lo superaremos con facilidad. Algunas veces, es indicio de que nos encontramos faltos de ideas, aunque la presencia del arroyo augura que pronto nos afluirán a la mente con soltura.

Asamblea: Si participamos en ella, como oyentes o ponentes, es símbolo de que deseamos el concurso de los demás para tomar una decisión que nos asusta hacerlo en solitario. Buena relación con los compañeros de trabajo; acuerdo cercano en cuestiones de pleitos o resolución de algún asunto judicial.

Asfixia: Tener esta sensación, en el sueño, puede deberse tanto a una situación física, como estar demasiado abrigados en la cama, como a un agobio inconsciente. Pero si es sólo una imagen onírica, indica el temor a no poder superar situaciones que nos sobrepasan, o el miedo a que nos pongan la zancadilla en el campo laboral.

Asiento: Vernos sentados es símbolo de tranquilidad, de reposo de haber conseguido lo que deseábamos. Si es asiento no es una simple silla, sino que es un trono, señala que ese puesto al que queríamos ascender, lo lograremos en un plazo breve. Si nos viéramos sentados en el banquillo de los acusados, miedo a sufrir una injusticia y se estamos sobre un taburete, reposo pasajero, temor a perder la bonanza que se disfruta en estos momentos.

Asno: Si nos acompaña esta animal en nuestro sueño, es señal de que obtendremos la ayuda abnegada de todos aquellos nos quieren. Si aparecen varios asnos o un rebaño de ellos, es un indicio claro de que debemos desechar las dudas en cuanto a la comprensión, hacia nosotros y nuestros actos, por parte de los demás.

Astro: La aparición de cualquier tipo de astro en nuestras ensoñaciones nocturnas, es un deseo de pureza, de integridad, de huir de las miserias cotidianas para elevarnos hacia fines más íntegros y desinteresados. Deseos, también, de lograr una mejor situación en la vida, no siempre fácil de lograr. Amores que se consideran inalcanzables.

Atacar o ataque: Ansiedad por acabar con los que consideramos nuestros contrincantes, pero también, posibilidad de ascender a un puesto, dentro de nuestro trabajo, muy competitivo y disputado. Si somos nosotros los atacados es porque nos sentimos menospreciados en la vida real, pero contamos con nuestras propias fuerzas para hacer frente a los que de forma, más o menos velada, nos combaten.

Atascar o atasco: Si nosotros atascamos algo, un conducto, una cañería, significa que estamos deseando cerrar capítulos de nuestra vida que no deseamos recordar. Si nos encontramos en un atasco, en el coche o a pie, entre la multitud, el sueño nos quiere indicar que necesitamos reflexión, que nos conviene apresurar decisiones pendientes.

Atizar: Cuando nos vemos atizando un fuego, es señal de que queremos ofrecer y disfrutar del calor de la amistad, de la compañía relajada de los otros. Pero si aparecemos blandiendo un atizador, indica que somos demasiado belicosos y discutidores sin ninguna necesidad. Sería preciso que refrenásemos nuestro genio, especialmente, para mantener la paz en el hogar.

Atrio: Encontrarnos en el atrio de una iglesia o de un palacio, se interpreta como que queremos despejar nuestra mente de ideas penosas y de temores oscuros, a la vez que sentimos cercana la protección de agentes importantes que pueden ayudarnos a concretar nuestras esperanzas.

Atrezzo: Puede ser que en el sueño nos veamos dentro de una habitación rodeados por los elementos propios de las funciones teatrales: vestidos, disfraces, máscaras, decorados... Señala confusión, miedo a ser engañados, o engañarnos nosotros mismos, pero, en otra versión, se dice que simboliza variedad de oportunidades y posibilidad de cambiar de vida.

Automóvil: Si lo conducimos nosotros, expresa seguridad y determinación en el seguimiento de un camino que consideramos idóneo para nuestros fines. Si es otro el que lo conduce y nosotros vamos como pasajeros, se interpreta como un deseo de comodidad, de confianza hacia los demás y de realizar un viaje.

Aves: Soñar con aves puede tener sentidos contradictorios, según del ave que se trate, aunque, en general, simboliza el amor a la libertad y al hogar. Si el ave está enjaulada, representa los amores excesivamente posesivos, los trabajos demasiado penosos y un ambiente familiar asfixiante.

Avispa o avispero: Temor fundado a que surjan problemas en cualquier ámbito. Enredos no buscados que se presentan de improviso y ante los que uno no encuentra la solución. Por otro lado, puede interpretarse como agudeza de espíritu, actividad mental ágil, facilidad y clarividencia ante problemas importantes.

Azada: Como en otros muchos sueños, este instrumento de labranza, para excavar y remover la tierra, tiene dos interpretaciones. La primera, y si somos nosotros los que la manejamos, representa una labor dura, costosa, incluso física, pero que tendrá su recompensa. Si vemos cómo otros son los que trabajan con ella, es símbolo de que tendremos personas a nuestro cargo, que seremos sus jefes. La segunda versión es la que nos habla de que debemos dotarnos de los instrumentos necesarios para llevar a cabo aquello que nos proponemos, sin esperar a que otros lo hagan por nosotros.

Azafrán: Esta hermosa y delicada especia, indica el gusto por la comida y la cocina. Preocupación ante una recepción o un banquete que pensemos ofrecer en nuestro hogar. Si es una mujer la que sueña con el azafrán, señala coquetería y deseos de engalanarse. Señala, también, el deseo sexual pues esta planta está considerada como un potente afrodisíaco.

Azafata: Ver a una azafata de vuelo, de congresos, o a una mujer de uniforme, se interpreta como un deseo de cuidado y protección de tipo maternal. Confianza en las mujeres que nos rodean más que en los hombres. Deseos de que nuestro hogar esté organizado, que sea, realmente, un hogar de relax y descanso.

Azúcar: Tomar azúcar durante el sueño o darlo a otros, simboliza un deseo de apaciguar los ánimos alterados en el ambiente familiar. Necesidad, después de una época de problemas y amarguras, de recuperar la paz y la tranquilidad. Buenos augurios para nosotros y para los que queremos, expectativas de vida placentera, aunque también temor a "dormirse en los laureles".

Azucena: Tradicionalmente esta flor se asocia a la Virgen María, por su color blanco, símbolo de pureza y por su aroma delicioso y sutil. Si la vemos en el sueño se interpreta como el deseo de una vida sencilla, feliz, alejada de las conspiraciones y de los cotilleos. Si recibimos un ramo de azucenas, es que alguien, que nos quiere bien, va ayudarnos en nuestros propósitos encaminados hacia el ideal de armonía física y mental que perseguimos.

B

Babear: Engaños y abuso de confianza. Previene de alguna persona que nos pida ayuda, puede aprovecharse nuestra buena fe. En ocasiones indica sensación de deseo vehemente acerca de una persona o de una cosa.

Babero: Contrariedades que exigen una rápida resolución. Pequeños problemas que podemos solventar si lo hacemos con presteza. Necesidad de protegernos en las pequeñas cosas que nos incomodan.

Babosa: Nos advierte que existen personas a nuestro alrededor que nos pueden hacer daño. Problemas con amistades que nos defraudarán por sus comportamientos. Temor razonable a una traición.

Babuchas: Relaciones amistosas y familiares favorables. Buen momento en todos los aspectos de nuestra vida. Nos sentimos cómodos con nosotros mismos y con nuestras decisiones.

Bacalao: Si este pescado se nos muestra seco, anuncia preocupaciones familiares. Mal momento entre los que nos rodean, podemos ser nosotros la llave para arreglar estas dificultades, quizás no nos demos cuenta de ello.

Bacanal: Un sueño en el que nos veamos involucrados en una fiesta de carácter sexual nos previene de los excesos que podemos cometer en cualquier aspecto, desde el mismo sexo, hasta en las relaciones amistosas, en las comidas, etc.

Bacín o bacinilla: En ocasiones las sensaciones físicas que se experimentan durante el sueño, condicionan las imágenes soñadas. Es común soñar con un bacín, o bacinilla, que es un orinal, cuando sientes deseos de orinar. También puede indicar el deseo de desembarazarnos de algún problema que nos preocupa hace tiempo.

Báculo: Llevar uno en la mano, o ver como lo lleva otro, simboliza la autoridad moral, el emblema del hombre justo. Significa también el alivio y el consuelo, un punto de apoyo fiel cuando se presentan dificultades del tipo que sean.

Badajo: Nos advierte para que cambiemos nuestra actitud en algún aspecto que no vemos claro, en caso contrario nos podemos ver expuestos a un escándalo. Aviso de problemas cercanos que conviene tratar con discreción si no queremos ser la comidilla de todos.

Bahía: Soñar que entramos con un barco en una bahía o estar paseando por ella, se interpreta como un deseo de descanso y de abrigo en una época azarosa de nuestra existencia. Necesidad de sentirnos amparados.

Baile: En general, vernos bailando tiene connotaciones sentimentales. Si es de disfraces indica que para tener éxito con nuestra pareja debemos ser sinceros. Si bailamos con la persona amada, indica que es una unión sólida. Si el sueño resulta desagradable, denota temor en nuestra relación amorosa. En el caso de caernos, o tener un traspiés, deberemos tomarlo como una advertencia hacia actitudes equivocadas en nuestra relación.

Bajar: Si soñamos que bajamos de algún sitio indica que hemos terminado una etapa de nuestra vida. Si el descenso es forzado o incontrolado refleja una situación que no sabemos como hacerle frente.

Balada: Si el sueño, sea del carácter que sea, está ambientado con una melodía lenta que nos predispone a bailar con alguna persona que queremos, significa que tenemos que estar alerta sobre esa persona u otras cercanas a ella, muestran hipocresía en sus palabras.

Balanzas: Nuestro testimonio será requerido para aclarar un asunto confuso. Problemas que nos salpican sin ser nosotros ni querer serlo, los protagonistas de la trama. Búsqueda del equilibrio en un período azaroso.

Balar: Ovejas balando en un sueño anuncian problemas debido a las murmuraciones que pueden hacer de nosotros personas allegadas, que creíamos no nos iban a traicionar. Ver un rebaño pastando o andando, se interpreta como el deseo de pasar desapercibido, de no despertar el interés de los demás.

Balaustrada: Si está en buen estado y te apoyas en ella recibirás ayuda para resolver sus problemas. Si se encuentra deteriorada, indica que tendremos una decepción con nuestros amigos.

Balcón: Si nos encontramos solos presagia que serán reconocidos nuestros méritos. Si estamos con alguien del sexo opuesto indica que mejoraremos nuestra situación actual pero la gente murmurará de nosotros.

Balda: Los estantes de un armario o de una alacena, si aparecen en nuestro sueño, se interpretan como el deseo de guardar o de ordenar, ideas que con conturban, de aparcarlas durante un tiempo hasta que encontremos la solución que, de momento, no vemos o no encontramos.

Balde y Baldear: Tiene una identificación con el agua, con su transporte y con su uso para limpiar. Encubre un deseo reprimido de eliminar, de forma rápida, circunstancias y amistades que nos disgustan. Puede simbolizar que nos veremos libres de angustias familiares.

Baldosa: Bienestar familiar. Etapa buena de nuestra vida para comenzar nuevas relaciones afectivas. Es buen momento para iniciar obras en nuestra casa, e incluso para pensar en cambiar de residencia.

Ballena: Por lo general somos engullidos por ella. En estos sueños es muy importante darse cuenta de nuestra actitud dentro de la ballena, pues supone si somos capaces o no de enfrentarnos con la vida cotidiana, si nuestra actitud es activa o pasiva.

Ballesta: Es un presagio de avance importante en nuestra situación profesional, de éxito. Ascensos en nuestro trabajo o cambio para prosperar en nuestra carrera. Acertar en la elección de pareja, de trabajo, de amigos.

Ballet: Molestias y contrariedades. Un espectáculo de baile en un sueño previene, sobre todo, de algún problema físico. Cuidado con cualquier molestia, por pequeña que parezca, y en especial las referidas a huesos y músculos. Necesidad de hacer ejercicio de algún tipo y dejar de lado la vida totalmente sedentaria.

Balneario: Representa una necesidad de purificación. Demasiadas tensiones en todos los aspectos de nuestra vida, y el anhelo de calma y tranquilidad. El sosiego es lo que nos puede sacar de esta etapa en la que nos sentimos excesivamente presionados.

Balón: Sus triunfos están condicionados a la prudencia y al sacrificio. Si hacemos caso de nuestro instinto, podremos emprender cualquier proyecto, pero no con la facilidad que prevemos, costará pero al final conseguiremos nuestros objetivos.

Balsa: Indica un período de incertidumbre en el que debemos cuidar no caer en un negocio inseguro. Por otro lado, se puede interpretar como un asidero en un momento apurado, tanto económico como emocional.

Bálsamo: Nosotros podemos ser los sanadores para un enfermo. Desde un punto de vista más general representa que alguien necesita de nuestra ayuda para salir adelante, aunque no nos la pida directamente.

Bambú: Período de suerte y de prosperidad. Esta planta asiática siempre simboliza felicidad, aprovechar el momento en el que vivimos.

Banana: La banana es un símbolo sexual masculino. Quizás queramos tener relaciones con alguna persona que no está a nuestro alcance, o nos encontremos insatisfechos en el área del sexo.

Banca: Si guardamos dinero en un banco o joyas en una caja fuerte, indica una necesidad de protección de quien lo sueña. Si sacamos dinero indica que, a pesar de las dificultades, nos queda energía para afrontar los problemas. Si el banco nos niega el dinero, deberemos aceptar que nos encontramos en una situación comprometida. Únicamente el salir del banco con el dinero en la mano es un signo favorable.

Bancarrota: Una situación desfavorable para nosotros y que consideramos injusta, tendrá una solución feliz y a corto plazo. Dudas y temores con respecto a nuestra situación económica, pero siempre con un fondo de esperanza.

Banco: Si es de madera indica que una propuesta que nos han hecho es engañosa. Si es de piedra, la proposición debe ser tenida en cuenta. En el caso de ser de hierro, la proposición interesante irá unida a un regalo, pero tenemos que desconfiar. Si se trata del banco de una iglesia la propuesta será de matrimonio, confianza. Si es el banco de una escuela indica que todavía tenemos mucho que aprender.

Banda: Verla desfilar con alegría, con una melodía de fiesta, indica que recibiremos noticias felices. Buen momento en todos los aspectos de la vida. Integración y adaptación al entorno familiar, con los amigos y el trabajo.

Bandera: De manera general simboliza nuestras convicciones, las ideas por las que somos capaces de luchar. Si vemos ondear una bandera presagia riqueza y honor. Si la portamos nosotros, reconocimiento a nuestro valor. Si la perdemos o nos la quitan indica pérdida de poder y mando. En el caso que sea la de nuestro país, nuestros méritos serán reconocidos. Siendo de un país extranjero indica que sólo será reconocida nuestra valía en otro país. Si es la de un país imaginario es que nuestros sueños de grandeza no se cumplirán. Si la bandera es negra, lucharemos contra una enfermedad. Si es roja luchamos por defender sentimientos. Si es violeta, por la libertad. Amarilla, por la inteligencia. Marrón, por nuestros intereses materiales. Cuanto más rota esté la bandera mayores serán los reconocimientos a nuestros méritos y nuestro valor.

Banderilla: Si la usamos con éxito, representa que nuestra tenacidad sorprenderá a nuestros adversarios. Empresas que no creíamos fueran a llegar a buen puerto, al final conseguiremos sacarlas adelante.

Banderín: Anuncia que podremos obtener en un tiempo breve un dinero inesperado, premios, herencias o algo similar.

Bandidos: Si los bandidos nos atacan augura éxito y riqueza. Si se retiran sin atacarnos indica que perdemos la fortuna. Otros autores nos dicen que en cualquier caso representa mayor capacidad para salir de los problemas.

Banjo: Problemas de dinero. Si tocamos nosotros el banjo, nos afectan, directamente, los problemas monetarios; en el caso de que sean otros los que tocan el instrumento, será alguien cercano el que tendrá dichos problemas.

Banquero: En general soñar con este personaje es un mal augurio. Significa todo tipo de decepciones. Pérdidas económicas de toda índole.

Banquete: De manera general anuncia reuniones agradables con familiares o con amigos. Si formas parte de los invitados de una fiesta donde no conoces a nadie, en la vida real estamos entrando en un ambiente de apariencias y conveniencias falsas que no nos favorece.

Bañador: Si aparecemos nosotros en bañador nos anuncia la posibilidad de realizar un viaje de corta duración que no preveíamos. También señala la necesidad de unas vacaciones o de vivir de forma más relajada a como lo estamos haciendo.

Baño: Si el baño es agradable indica salud, tanto física como espiritual, prosperidad, en especial si el agua es clara y transparente. Si es turbia, demasiado caliente o demasiado fría, señala que algo no marcha bien, incomprensión. Si el sueño termina siendo agradable, obtendremos un beneficio económico. Si la bañera está vacía o no nos metemos en ella, indica ocasiones perdidas por nuestra falta de decisión.

Bar: La aparición de este establecimiento en un sueño nos previene de un problema en nuestras relaciones, tanto amistosas como familiares, nos pueden perjudicar aunque no lo creamos.

Barajar: Si somos nosotros los que barajamos, señala que dominamos la situación, que los demás están pendientes de nuestras decisiones. Se vemos a otros barajando, y estamos esperando que se nos repartan las cartas, deseamos que se nos brinde oportunidades a las que consideramos tenemos un derecho justificado. Simboliza, también, nuestra habilidad para sortear los peligros. Si vemos una baraja de cartas tiene una interpretación parecida, siempre supone la espera de algo.

Baranda: Si la barandilla soñada está en buen estado es signo de suerte y protección. Si forma parte de un lugar de espectáculos presagia amores fáciles y sin futuro. Si está rota, desilusiones y esperanzas frustradas. Puede también simbolizar nuestro deseo de estar protegidos ante situaciones que consideramos arriesgadas.

Baratija: Un elemento que, a nuestro parecer, sea en el argot lo que denominamos baratija significa que tendremos una etapa en la que gastaremos demasiado dinero inútilmente.

Baratillo: Debemos poner orden en nuestros razonamientos, existe falta de coherencia en nuestras ideas, sosiego y tranquilidad para resolver nuestros problemas. Sensación de caos en el hogar y en los negocios.

Barba: Si nos afeitamos la barba indica que es momento de empezar una acción enérgica y directa. Si quien se afeita es otra persona, la situación en que nos vemos requiere medidas tajantes y decididas. Si nos vemos con barba nos avisa para que moderemos nuestras ansias de poder y dinero. Si aparecen personas barbudas indica que, en lo que hacemos, debe primar la imaginación y el ingenio para alcanzar nuestros objetivos. Cuanto más hermosa y oscura, mayores son las posibilidades de éxito. Si es blanca, lo que ganaremos será prestigio y dignidad. Si es escasa o débil serán, también, escasas las posibilidades de éxito. Teñirse la barba, estaremos tentados de disimular. Lavársela, signo de ansiedad. Si aparece un barbero revela colaboración y ayuda de personas importantes.

Barbecho: En el caso de que en nuestro sueño veamos tierras de labor que no están cultivadas, se interpreta como que hemos perdido la ocasión de aprovechar buenas oportunidades, pero se mantienen las esperanzas de que, en un futuro, sepamos sacarles provecho. Si nos encontramos labrando esa tierra, significa que no nos importa emplearnos en tareas que, a juicio de los demás, parecen baldías, pero que, íntimamente, sabemos que nos van a dar fruto.

Barbilla: Si nos estamos acariciando la barbilla, indica falta de seguridad en nosotros mismos. Necesitamos sentirnos fuertes, físicamente, para asegurar nuestras posiciones laborales o afectivas. Si acariciamos la barbilla de otra persona, es señal de nuestro cariño hacia ella.

Barca/o: Indica el fin de una etapa y el inicio de otra nueva. De lo que ocurra en el viaje se deducirá cuál es el mensaje del sueño. Indica un cambio en nuestra vida, pero si no lo hacemos solos, sino rodeados de todos los que conocemos. Subir a un barco repleto de gente refleja la necesidad de relaciones con los demás. Si el barco está vacío señala nuestra timidez. Si cuando llega el barco, antes de que subamos al mismo, descienden pasajeros significa que este cambio de vida no es definitivo. Si sólo vemos el barco indica que recibiremos una proposición que puede cambiar nuestra vida, aunque, todavía no hemos decidido si la aceptaremos o no.

Barcaza: Se le presentarán otras perspectivas que te serán indicadas por la marcha de la navegación y el aspecto de la orilla opuesta. Deseos de pasar de una situación que no nos complace a otra en la que suponemos nos marcharán mejor las cosas.

Bardana: Soñar con esta planta augura protección contra las enfermedades de la piel. Se interpreta también como la posibilidad de salir de un medio adverso para remontarse a posiciones más favorables.

Barómetro: Verlo señalando mal tiempo indica peligro. Si anuncia buen tiempo es un augurio feliz. Romperlo representa que tus problemas cesarán pronto. Si lo soñamos colgado de una pared, anuncia variaciones importantes en nuestra vida.

Barquero: Ver una persona que maneja una barca en la que nosotros somos los tripulantes, nos anuncia la llegada de una empresa fácil y asequible, buen momento para emprender nuevos proyectos.

Barraca: Esta construcción típica del levante español, si se nos presenta en un sueño representa una etapa en nuestra vida de tristeza y soledad. Malos momentos sentimentales y afectivos. Nos sentiremos solos, como abandonados en medio de un campo, lejos de los nuestros.

Barranco: Si vemos el barranco y lo sorteamos significa que en la vida real sortearemos los peligros. Si caemos en él, difícilmente lograremos triunfar. Si hacemos esfuerzos por escalar, de nuevo, hasta la superficie, denota nuestras intenciones de salir de momentos peligrosos o angustiosos.

Barrendero: Es una advertencia de que estamos descuidando un asunto muy grave, que no le damos solución por la poca importancia que le concedemos. Ansiedad por eliminar de nuestro panorama vital a personajes que nos resultan incómodos.

Barreño: Si está lleno indica alegría familiar. Vacío, dificultades financieras. Lavarse en él, problemas sentimentales. Carencias en el terreno económico.

Barrer: En el caso de tener una mala etapa en nuestra vida, anuncia que resolveremos todas estas dificultades según nuestros deseos y en un período corto de tiempo. Ansiedad por eliminar, de forma rápida, las preocupaciones que nos embargan de forma continuada, así como la posibilidad de conseguirlo.

Barrera: Simboliza la dificultad de alcanzar un fin. Si aparecen barrotes cruzados, además de obstáculos, tendremos penas. Si los barrotes están rotos, en la barrera existen puertas o algo que permita franquear el obstáculo, es favorable pues tendremos medios para resolver nuestros problemas. Si la barrera ya estaba formada, los obstáculos nos vienen de fuera. Si la construimos nosotros mismos, los problemas también los generamos nosotros. Si la barrera se derriba, además de problemas, corremos peligro. Si conseguimos mantenernos sobre la barrera nuestro esfuerzo nos augura éxito final.

Barricada: Peleas a nuestro alrededor. Significa que la problemática en nuestro entorno no se debe a nosotros, pero sí podemos solucionar los problemas gracias a la confianza que tenemos en las partes afectadas. Necesidad de parapetarnos ante ataques que consideramos injustos.

Barriga: Nos indica que somos demasiado orgullosos. Tenemos que ceder ante las presiones de ciertas personas, en caso contrario, podemos salir mal parados. También significa abundancia en el terreno material, pero conseguida por medios poco lícitos o injustos.

Barril: Anuncia prosperidad y cuanto más vino contenga, mayor abundancia, éxito y riqueza. Si contiene agua, alcohol, petróleo o aceite, fracasaremos por ser ambiciosos. Si contiene arenques, presagia que no nos faltará nunca lo más indispensable.

Barrio: Vernos por las calles de nuestro barrio o contemplar edificios del mismo, expresa nuestro gusto por lo conocido y nuestro miedo a espacios extraños. Temor ante un posible traslado de residencia por motivos laborales. Nostalgia de aquellos espacios que conocimos en la niñez y necesidad de volver a ellos.

Barro: En caso de tratarse de barro para modelar indica que crearemos excelentes proyectos y triunfaremos. En caso de ser barro muy líquido, que sólo ensucia, presagia la caída en la inmoralidad aunque siempre es posible regenerarse.

Báscula: Un asunto turbio nos salpica sin haber intervenido en él. Es posible que nos requieran para dar nuestra versión en tal problema. Podemos ser la clave en decantar la solución a uno u otro lado.

Bastardo: Si aparecemos nosotros u otra persona como bastardos, significa que lograremos superar los problemas que nos rodean e imponer las ideas que creemos favorecer el buen entendimiento. Fuerza y decisión ante situaciones familiares adversas que conseguiremos volver en nuestro favor.

Bastión: Si estamos en él nos incita a ser prudentes. Si lo construimos indica que deseamos nuestra seguridad y la de nuestros bienes. Si presenciamos su demolición augura pérdidas por nuestra falta de prudencia.

Bastón: Utilizado como arma presagia separaciones y rupturas cuyo culpable será el agresor. Si sirve de sostén simboliza a nuestros amigos. Si está roto, la ayuda que nos prestan es ineficaz y fracasaremos.

Basura: Soñar con basura expresa que a nuestro alrededor existen malos sentimientos. No debemos confiar en las personas que nos rodean y nos quieren ofrecer consejos que nosotros no pedimos.

Basurero: Al igual que la basura, si soñamos con basureros tampoco augura buenas vibraciones. En general anuncia circunstancias desfavorables para nuestros intereses, en especial económicos.

Bata: Si aparecemos nosotros en bata durante todo el sueño, indica sentimientos renovados. Felicidad cercana. Relaciones agradables y gozosas en el hogar y con la familia. Buenos momentos para iniciar nuevas amistades.

Batalla: Señala injusticia hacia nosotros. Si vencemos a los enemigos presagia reconocimiento de nuestros derechos. Si perdemos sufriremos humillaciones. Si nos hieren nos previene de sufrimientos morales.

Bate o Batear: Manejar este palo para jugar al béisbol, bien en el acto del juego o, simplemente, tenerlo en la mano, se interpreta como estar a la defensiva y, también, como esperar el aplauso de los demás en algunas tareas que hemos emprendido hace poco tiempo y no estamos demasiado seguros de que las estamos desempeñando bien.

Batirse: Si aparecemos en un duelo luchando con otra persona, nos anuncia una situación difícil e incierta, que no sabemos cómo podrá acabar. Rivalidades en el terreno laboral. Temor a que nos arrebaten a la persona amada. Inseguridad sentimental.

Baúl: Si está desordenado, deberemos reordenar y actualizar nuestros conocimientos. Vacío, indica que no estamos capacitados para una situación que nos gustaría resolver por falta de conocimientos. Si lo soñamos lleno y ordenado y su contenido es de mala calidad, debemos actualizar nuestros conocimientos. Si aparece lleno de telas que son de buena calidad o si todo es ropa blanca, sufriremos alguna enfermedad o herida. Si está lleno de ropa de color anuncia que conseguiremos riqueza y bienestar gracias a nuestra formación y sabiduría.

Bautismo: Si lo presenciamos presagia que nuestros sentimientos hacia otra persona se purificarán y tendremos la necesidad de compartir nuestra vida con ella. Si el bautizo no es de un niño se tratará de algo emotivo y entrañable. Si somos nosotros los bautizados, saldremos de una situación embarazosa al contar con la ayuda de personas que nos quieren.

Bayoneta: Verla significa querellas. Si la usamos indica que prevaleceremos sobre nuestros adversarios. Si son otras personas la que la usan, previene de que sufriremos por causa de nuestros enemigos.

Bazar: Debemos poner orden en nuestros razonamientos, caos mental, existe falta de coherencia en nuestras ideas y nuestras acciones. En ocasiones expresa el deseo de poseer, de acumular, sin ton ni son.

Bebé: Es signo de felicidad en el hogar. Si nos vemos convertidos en bebé, indica que el soñador se sentía muy amado y atendido. Vuelta a la infancia, a los recuerdos felices con nuestros abuelos y otras personas de nuestra familia ya desaparecidas.

Beber: Si bebemos vino en un lugar agradable presagia que se aproximan tiempos felices. Si bebemos de un vaso lujoso la fortuna nos será propicia. Si lo que bebemos es amargo nos previene de una posible enfermedad. Si somos creyentes y soñamos con animales bebiendo en una vasija o fuente y principalmente en parejas, pronostica que pronto seremos capaces de asimilar la verdadera doctrina de Dios.

Beca: Soñar con que recibimos una beca simboliza que nos llegará un dinero inesperado, bien una herencia o un premio en un juego de azar. Si nosotros entregamos una beca, señala que ayudaremos económicamente a algún pariente o familiar que nos lo solicite.

Beduino: En un sueño que salgan estas personas siempre presagia soledad y desasosiego. El ambiente desértico donde habitan estos personajes nos hacen entender esta interpretación. Algunas veces indica también el deseo de viajar a lugares exóticos.

Belén: Si estamos montando nosotros el nacimiento, es porque añoramos tener a nuestro alrededor las personas queridas. Ausencia de los familiares y necesidad de sus consejos y ayuda. Si lo vemos ya montado o que lo hacen otros personajes ajenos a nosotros, o que nos resultan desconocidos, augura confusión, problemas, contratiempos.

Belladona: La aparición de esta planta en nuestro sueño, señala la posibilidad de un envenenamiento alimenticio, pero, también, calumnias y falsedades que se dirán sobre nosotros. Precaución antes nuevas amistades que no son tales.

Belleza: De manera explícita o etérea, si la belleza se muestra en un sueño, anuncia celos por parte de la persona que tiene dicho sueño hacia su pareja. Anhelos de perfección. Si es una mujer la que sueña, señala deseos de cambios en su aspecto personal.

Bellotas: Presagio de éxito y fortuna. Seguridad en que nunca careceremos de lo necesario para la vida diaria. En un plano espiritual simbolizan el poder del espíritu y la verdad.

Bendecir: Ser bendecido pronostica ayuda y protección. Bendecir a una persona indica penas. También se interpreta como solicitar el favor divino o humano. Esperar, con confianza, la llegada de bienes.

Benefactor: Si una persona aparece como benefactor, sea para nosotros o para otra persona desconocida, siempre nos previene de riesgos financieros en los proyectos que nos propongamos a corto plazo.

Beneficio: Darlos nosotros a los demás indica que se burlarán de nuestros buenos propósitos y de nuestra lealtad. Recibirlos, celos de sus relaciones personales.

Bengalas: Presagian peligros, aventuras peligrosas. Si se ven como fuegos artificiales, durante una fiesta, la interpretación es distinta, simbolizan la alegría de vivir, deseos expansivos de compartir la dicha personal.

Berenjena: Nos augura penas y sufrimientos a causa de algún secreto inconfesable. Antes del problema podemos atajarlo confesándolo nosotros mismos y procediendo, con claridad, a analizar de qué forma obrar con justeza y equidad.

Berros: Pronostican mejoría en cualquier faceta. En especial, si padecemos alguna enfermedad nos auguran una buena salud en un tiempo muy breve. Fortaleza de ánimo. Si los consumimos durante el sueño, señalan que no nos achantaremos ante nada ni ante nadie.

Besar: A una persona del sexo opuesto presagia infidelidad, salvo si se trata de nuestra pareja, en cuyo caso anuncia buena fortuna. Si se trata de una persona querida anuncia su partida. Si besamos a alguien del mismo sexo, sin afecto, nos beneficiaremos de ella. Si hacemos lo mismo pero con afecto, ella será la que se beneficie de nosotros. Besar la tierra presagia penas, pero también agradecimiento a lo que la vida nos ha concedido. A un muerto, próxima herencia, y nostalgia de las personas queridas que ya no están nosotros.

Bestia: Soñar con una bestia es un reflejo distorsionado de nuestra conciencia que nos acusa de alguna falta que nos atormenta. Si se trata de una bestia aterradora, este sueño nos revela que seguimos atados a los temores infantiles y a los complejos de culpabilidad. Si la bestia es tentadora, refleja desconfianza en nosotros mismos y temor ante nuestras debilidades. La bestia conciliadora y amistosa revela nuestra tendencia o nuestro deseo de disminuir la culpabilidad de nuestras faltas. Indulgencia para con nosotros mismos.

Betún: Malas intenciones en nuestros actos, avisa del problema que nos podemos encontrar en el caso de tomar determinadas decisiones que no estamos totalmente convencidos de ellas. Precaución y pensar antes de dar los pasos.

Biberón: Anuncia un alumbramiento en el seno de la familia del soñador, incluso puede ser de nosotros mismos. Además, todo se producirá felizmente, ningún contratiempo, buenos augurios para todos los que nos rodean.

Biblia: Leerla o poseerla indica necesidad de una etapa de soledad y de reflexión. Si la perdemos augura dificultades familiares. Si durante el sueño vemos a otra persona leyendo la Biblia, señala la necesidad de consuelo espiritual, búsqueda de descanso en el terreno anímico, conturbado por presiones interiores y exteriores.

Biblioteca: Si la biblioteca está vacía, nos advierte de que aún carecemos de suficientes conocimientos para acometer lo que nos proponemos. Si la soñamos llena de libros, nos garantiza el éxito en nuestros trabajos. Afán por conocer, por aprender materias que, tal vez, nos resulten crípticas o desconocidas. Si no hemos podido estudiar, deseo de aumentar nuestra cultura.

Bicicleta: Es nuestra propia vida la que se halla representada y todo depende de nosotros. Representa nuestra capacidad energética. Su aspecto, nuestro aspecto externo. El manillar, la capacidad de control. Los frenos, la voluntad. El cambio de marchas, la inteligencia. Las luces, nuestra capacidad de visión de los hechos. Si la bicicleta está en buen estado es que tenemos confianza en nosotros mismos. Si se halla en mal estado representa nuestros temores. Si nos vemos solos conduciendo la bicicleta indica deseos de independencia. Si viajamos acompañados, las actuaciones de los pasajeros, incluidos nosotros, nos revelará cuál es nuestra actitud con los que nos rodean. Si la conduce otra persona, significa que no nos sentimos dueños de nuestro destino.

Bienes: Adquirirlos indica alegría y felicidad. Si nos los roban, preocupaciones financieras. Verlos quemarse, pérdida de dinero. Necesidades que deseamos ver cubiertas. Posible herencia o dinero que nos llegará de manera inesperada. Juego de azar favorable para nuestros intereses.

Bifurcación: Deberemos escoger entre dos o más decisiones. Ante un problema que se nos presenta no tenemos clara qué postura tomar; en el caso de sí tenerla, puede anunciarnos el sueño que no es la correcta. Dudas, temores justificados sobre la resolución de problemas inmediatos.

Bigamia: A pesar de parecer todo lo contrario, como en muchos casos, soñar con la infidelidad, o con saltarse la norma establecida en la mayoría de las sociedades, es decir, la de casarse con más de una persona, significa que mantenemos una etapa de estupenda felicidad con nuestra pareja.

Bigote: Si es una mujer la que sueña que su marido se deja bigote y en realidad no lo tiene, existen sospechas de que la está engañando. Si somos nosotros los que nos vemos con bigote es que existe algo falso en nuestra vida. Si soñamos que lo afeitamos indica que ha llegado el momento de sincerarnos.

Bilingüe: Si soñamos que hablamos en una o más lenguas que no entendemos en la realidad, o que nos hablan en un lenguaje desconocido para nosotros y en dicho sueño sí lo reconocemos, anuncia una serie de encuentros interesantes para nuestro futuro, tanto desde el punto de vista personal como profesional. Deseos, quizás inconsciente, de viajar a lugares que desconocemos, tal vez a destinos exóticos.

Billar: Si nos vemos jugando al billar significa que en nuestra vida contamos más con el azar que con el trabajo y la responsabilidad. Si contemplamos a otros que juegan, se puede interpretar como que no queremos intervenir en problemas ajenos sobre los que nos han pedido opinión.

Billete: Todos los sueños de billetes tienen un significado similar. En esta vida una cosa son las capacidades y las cualidades que poseemos y otra, muy distinta, el papel que nos ha tocado desempeñar. Muchas veces nos vemos obligados a vivir muy por debajo o muy por encima de nuestras verdaderas capacidades. Necesidad de adaptarnos a los roles que nos ha presentado la vida y que no siempre son de nuestro agrado.

Billetero: Usarlo indica que somos minuciosos con nuestros asuntos. Perderlo, problemas financieros. Soñar que lo olvidamos y que nos damos cuenta cuando vamos a pagar, significa que estamos pendientes de un asunto importante y que tememos no vamos a poder resolver como desearíamos.

Biombo: Indica que existen verdades ocultas. Personas cercanas a nosotros temen decirnos la verdad por las consecuencias que puedan tener. Quizás debido a problemas sentimentales. Necesidad de aislarnos de la familia y de las relaciones sociales para vivir nuestra vida tal y como deseamos, sin interferencias externas.

Bisonte: En el caso de no ser dañados por el animal, mejora financiera siempre que decidamos correr los riesgos necesarios. Precaución económica en el caso de que en el sueño sí seamos agredidos. Fuerza y vigor en el terreno de la salud.

Bisturí: Cuando en sueños aparece un bisturí es que existe algo que ha llegado al punto en que es necesario tomar medidas drásticas para salir de esta situación. Deseos de cortar por lo sano amores o relaciones que nos causan más amarguras que satisfacciones.

Bizco: Si nosotros aparecemos en el sueño con esta peculiaridad física, significa que nos conviene reflexionar en nuestros asuntos profesionales, nuevos proyectos pueden perjudicarnos. Si vemos a un bizco, suele ser interpretado como señal de suerte adversa.

Bizcocho: Soñar con este alimento, bien si lo comemos o simplemente aparece, es un augurio de buena salud y pequeños beneficios monetarios. Ternura, tranquilidad y afabilidad en nuestras relaciones, especialmente las amorosas y de familia.

Blanco: Si aparece el color blanco impoluto en nuestros sueños nos augura confianza no traicionada. Si los objetos blancos aparecen sucios seremos objeto de traiciones. Si se trata del blanco de una diana augura éxito en sus proyectos. Deseos de pureza, de liberarnos de asuntos oscuros, de manera concreta, en materia de dinero.

Blanquear: Si nos vemos blanqueando algo presagia una reconciliación. También puede significar que queremos aparentar ser buenos e inocentes. Poner punto final a una etapa de nuestra vida que nos ha causado hondas preocupaciones.

Blasfemia: Una persona o nosotros mismos insultando a otra significa que estamos sufriendo angustias que no sabemos atajar. Temor ante posibles insidias ajenas de la que deseamos defendernos de cualquier forma, aunque ésta se abrupta o con malos modos.

Bloc: Nos anuncia que demos rechazar una cita para que en nuestro caso las cosas marchen bien, puede destrozarnos nuestra estabilidad emocional si aceptamos la propuesta. Organización de asuntos pendientes, puesta al día de asuntos que hemos ido postergando por su dificultad.

Blonda: Este encaje de seda significa coquetería exagerada. Soñamos con una vida de lujos que no es la nuestra. Quizás debemos ser más modestos en nuestro vestir, ganaremos más adeptos. Búsqueda de un estilo propio, y de cambiar, tanto el aspecto personal como la decoración de nuestro hogar.

Blusa: Esta prenda si aparece en un sueño sin ponerse, nos anuncia la posibilidad de un viaje inesperado, pero agradable. Si la llevamos puesta, señala nuestros deseos de salir en plan de ocio. Si compramos una blusa es porque deseamos renovar nuestro vestuario, pero no estamos demasiado bien de dinero para hacerlo.

Boa: El significado más frecuente es de carácter sexual, especialmente si los soñadores son jóvenes. También simboliza sabiduría y poder curativo. Ver una serpiente dormida indica que nuestras fuerzas instintivas están dormidas. Si se despierta y se desliza, sin producirnos temor, revela deseos de una evolución espiritual. Soñar con una piel de serpiente o verla como muda indica que está próximo un profundo cambio evolutivo. Si aparecen serpientes venenosas lo que indica es el temor a encontrarnos en situaciones embarazosas. También suponen tentaciones de carácter erótico o tentaciones de adquirir dinero por medios poco lícitos.

Boca: Si hablamos, indica deseos de comunicarnos. Si no decimos nada, rechazo profundo a la otra persona. Si quien calla es la otra persona, el rechazo es de ella hacia nosotros. Ver, simplemente, una boca, señala el miedo a la calumnia, o la necesidad de afecto.

Boda: (Asistir a una boda) Para un soltero indica promesa de felicidad cercana. Para un casado, preocupaciones familiares. Asistir a nuestra propia boda: si eres soltero, cambios favorables en tu vida. Si estás casado, disgustos conyugales. Si estás casado y ves casarse a tu pareja también dificultades conyugales. Soñar con bodas de personas a las que no conocemos, se interpreta como el augurio de un próximo entierro, pero si la ceremonia se celebra entre dos amigos, es señal de felicidad pasajera. Cuando en el casamiento la novia está soltera, anuncia honores futuros; si es viuda, problemas y perjuicios para su pareja.

Bodega: Simboliza nuestro inconsciente. Si está limpia y ordenada indica que nuestro mundo interior es rico y ordenado. Si está sucia, desordenada y llena de trastos inútiles igual encontraremos nuestro inconsciente. Si está bien surtida, presagia alegría y regocijo. También augura un deseo no confesado de guardar, de atesorar. Temor a que nos falte lo necesario para la vida diaria, pero esto, sólo en el caso de que la bodega tenga un aspecto ruinoso.

Bofetada: Si damos una presagia que serán injustos con nosotros. Si nos la dan indica que recibiremos un castigo por nuestra maldad. Agresividad contenida, pero próxima a mostrarse en toda su virulencia. Necesidad de control, especialmente, en nuestras relaciones laborales.

Bohemio: Soñar con uno o con este ambiente indica que cedemos con frecuencia a las bajas pasiones. También expresa el deseo de romper con un tipo de vida demasiado convencional u ordenada. Si se es joven y se vive, aún, con la familia, señala un deseo de independencia, de libertad.

Bolsa: Si los objetos que contiene no son los que, habitualmente, suele contener una bolsa, revela dificultades de cualquier tipo. Angustia o dudas sobre si nos están estafando en las compras, en nuestras percepciones económicas si estamos trabajando, o pérdida física de dinero. Si se trata del edificio de la bolsa de valores indica que tu negocio se verá comprometido por decisiones azarosas.

Bolsillos: Si lo soñamos cuando dábamos por concluido algún problema, augura que volverá a aparecer. Si el bolsillo está lleno, este problema nos producirá gastos. Si lo vemos vacío terminaremos ganando dinero. Si está roto o agujereado presagia pérdidas. Necesidad de esconder, de tapar alguna actuación nuestra que consideramos desafortunada.

Bolso: Si está lleno simboliza que tenemos secretos bien guardados. Si está vacío indica que la persona propietaria es incapaz de guardar un secreto. Perder el bolso significa que alguien conoce nuestros secretos. Si nos lo roban, alguien se enterará de lo que no queremos usando la fuerza. Si vemos, en el sueño, a una mujer llevando un bolso, puede también simbolizar nuestro deseo de arreglarnos más en el aspecto formal. En el caso de ser nosotros los que lo llevamos, al brazo o en bandolera, significa que estamos bien preparados para hacer frente a eventualidades económicas.

Bomba: Se avecinan grandes problemas. Si asistimos a un bombardeo indica que hemos finalizado una etapa de nuestra vida. Siempre augura cambios profundos, en el aspecto personal o laboral, y también temor a que estos cambios se produzcan de manera muy repentina y drástica. Si se trata de una bomba de agua, indica que sus problemas empezarán a solucionarse gracias al apoyo de sus amistades.

Bomberos: Verlos en actividad anuncia grandes penurias. Con el incendio ya apagado indica que finalizan sus preocupaciones. La presencia de bomberos en nuestro sueño como simples figurantes, sin que se encuentren en acción, se interpreta como un deseo de protección, como la necesidad de sentirnos "con las espaldas cubiertas".

Bombilla: Si se encuentra encendida presagia alegría familiar. De potencia débil indica que sus relaciones familiares son frágiles. Si está apagada, incomprensión afectiva. Romperla, pérdidas financieras. Ponerla indica que empieza un nuevo proyecto. Necesidad de aclararnos en un momento de nuestra vida, un tanto embarullado, por nuestra falta de contacto con la realidad.

Bombona: Las bombonas representan en sueños nuestras reservas de energías y capacidad de trabajo. Así como se encuentre la bombona se encontrarán nuestras energías. Tenemos ilusiones fundadas de recuperar nuestras fuerzas, en el caso de que hayamos pasado un época de debilidad, bien por enfermedad o bien en el aspecto de la toma de decisiones.

Boquerones: Si los vemos indica esperanzas frustradas. Si los comemos augura noticias agradables. Añoranza del mar, necesidad de descanso, de relajarse.

Bosque: En este sueño es tan importante el propio sueño como las sensaciones tenidas en él. Si paseamos por el bosque y nos sentimos seguros refleja que somos dueños de nosotros mismos, que gozamos de buen criterio. Si nos perdemos en el bosque y sentimos miedo, si rugen o aparecen fieras amenazadoras, si el silencio se percibe como lúgubre, es que todavía no nos sentimos dueños de nosotros mismos. Pero si vemos brillar el sol, si su luz nos permite ver por donde andamos, es señal de que terminaremos comprendiendo la causa de nuestros temores internos para finalmente superarlos. El sol, penetrando entre los árboles, augura esperanza, ilusiones que llegarán a buen término.

Botas: Símbolo de libertad. Soñar con ellas puestas o sucias indica, sentimientos de culpa. Andar descalzos, peligro de vernos sometidos a los demás. Vernos sin botas y sin andar revela temor a la pobreza. Vernos con unas hermosas botas, relucientes y cuidadas, equivale a sentirnos libres. Soñarnos con botitas infantiles revela que somos inmaduros. Si nos aprietan, aún no sabemos desenvolvernos con la libertad de una nueva situación. Si se nos rompen las botas, presagia la pérdida de nuestra libertad. Pueden, también, simbolizar el deseo de emprender un viaje sin prisas, a lugares abruptos o salvajes.

Bote: Indica el fin de una etapa y el inicio de otra nueva. De lo que ocurra en el viaje se deducirá cuál es el mensaje del sueño. Indica un cambio en nuestra vida, pero no lo hacemos solos, sino rodeados de todos los que conocemos. Subir a un bote repleto de gente refleja la necesidad de relaciones con los demás. Si el bote está vacío señala nuestra timidez. Si cuando llega el bote, antes de que subamos al mismo, descienden pasajeros significa que este cambio de vida no es definitivo. Si sólo vemos el bote indica que recibiremos una proposición que puede cambiar nuestra vida aunque todavía no hemos decidido si la aceptaremos o no. En el caso de que se trate de un bote metálico o de cristal, no del bote de navegación, si lo estamos abriendo señala el deseo de destapar y acabar con viejos problemas y rencillas que, hasta ahora, teníamos aparcados o guardas en espera de que se fuesen olvidando con el tiempo. Si estamos cerrando el bote, indica que damos por concluida una etapa que nos ha causado hondas preocupaciones económicas y que ahora, felizmente, han llegado a su fin.

Botella: Soñar con botellas llenas de un líquido claro y transparente indica alegría. Si el líquido es turbio, incidentes desagradables. Vacía, pesares. Rotas, discusiones. Si nos vemos colocando un mensaje dentro de una botella, se interpreta como nuestro deseo de hacer nuevas amistades, y esperanzas de establecer contactos placenteros con personas que todavía no conocemos.

Botones: Perder un botón indica pérdida de dinero. Si lo cosemos augura felicidad en el hogar. Si son metálicos presagian invitaciones. De oro o plata, excesiva tendencia al gasto. De madera, éxito después de mucho trabajar. De nácar, viajes o placeres inesperados. Si está forrado de tela nos avisa para que vigilemos nuestra salud. Aparecer en el sueño abrochándonos una prenda, significa que dominamos la situación. Si estamos abrochando un vestido, una camisa o un abrigo a otra persona que nos es desconocida, indica que ocuparemos puestos de responsabilidad en nuestros trabajo; si se trata de una persona conocida, la ayudaremos a salir de una situación embarazosa gracias a nuestra determinación y buen criterio.

Bóveda: Representa nuestra posición social. Sólida y bien iluminada representa que igual será nuestra situación. Si es oscura, miedo a no consolidarnos dentro del entramado social. En ruinas, señala que está en peligro nuestra posición. Si nos vemos bajo una bóveda muy alta y alzamos hacia ella nuestros ojos, ilusiones, pero a la vez, temor, a no lograr colocarnos en el lugar que creemos nos corresponde. Vernos, de noche, bajo la bóveda celeste, indica que gozaremos de tranquilidad, ignorando los prejuicios sociales.

Brazalete: El brazalete es un símbolo de continuidad a la vez que protege y aísla. Si tiene piedras preciosas, se une el significado de la piedra al del brazalete: si son rojas, amor y pasión, si son azules, tranquilidad de espíritu y ansias de pureza, si son verdes, esperanzas y renacimientos desde momentos oscuros..., etc. Si se rompe un brazalete anuncia la ruptura del matrimonio. Perder un brazalete augura disputas con quien nos lo dio. Ponérselo a otra persona indica nuestro deseo de dominarla.

Brazos: Simbolizan la acción, la amistad y la fuerza. Unos brazos fuertes indican que seremos siempre bienvenidos. Si son débiles nos acogerán igual de bien pero será falso. Vernos sin brazos, amenaza de próxima ruina. Nos falta un brazo, enfermedad. Si nos rompemos un brazo o lo vemos más delgado significa enfermedad o penuria. Si son más largos o robustos que en la realidad, veremos llegar el éxito y la riqueza.

Bridas: Ponérselas al caballo indica que recibirá buenos consejos para aplicar a sus actividades. Quitárselas, actividades provechosas. Si en sueño aparecemos nosotros, llevando unas bridas, señala nuestro deseo de mandar sobre los demás e imponer nuestro criterio, aunque no siempre estemos acertados. Si son otros las que las llevan, creencia injustificada de que los demás quieren sujetar nuestras ambiciones.

Brincar: Impaciencia por alguna noticia que nos deben dar y no llega. Nos transmite que tarde o temprano llegará, no tenemos que ponernos nerviosos. Si estamos pasando o hace poco tiempo hemos sufrido una enfermedad, se interpreta como que, pronto, estaremos de nuevo curados y en plena forma, aunque en el presente, notemos signos de debilidad.

Broche: Soñar que nos regalan o nos prestan un broche indica que una persona cercana planea engañarnos. Si nos vemos luciendo un broche sobre nuestro atuendo, es un claro indicio de que nos gusta tener los asuntos bien amarrados; no nos gusta la improvisación ni el azar. Si el broche aparece sujeto en las vestimentas de otras personas, confianza en que se trata de gente que sabe lo que se hace.

Broma: Si durante el sueño nos mostramos gastando bromas o recibiéndolas, significa que tenemos necesidad de comunicarnos más con los demás. Necesidad, también, de diversión, de alejarnos de situaciones y personas depresivas que influyen, de manera negativa, en nuestro ánimo.

Brutalidad: Cometerla indica que ofenderás a una persona. Sufrirla que se cometerá una injusticia contra la persona que sueña. Miedo racional a situaciones en extremo peligrosas en las que nos veremos inmersos por causas ajenas a nosotros.

Buey: Simboliza el sacrificio, la paciencia, el trabajo y la fuerza. Si lo vemos lustroso y con buena cornamenta, predice abundancia de bienes materiales. Sin cuernos augura pobreza, malestar físico, carencias de todo tipo. Si está furioso, enfermedad y temor a reprimendas por acciones que, desde luego, las merecen. Durmiendo o muy delgado, pobreza. Muerto, miseria y desgracias.

Bufanda: Si la bufanda es de buena calidad, apreciará excelentes resultados en sus actividades. Si es modesta, reflejará modestos resultados y así será, siempre dependiendo del estado de la bufanda.

Búho: Soñar con uno presagia chismorreos y murmuraciones. Si le matamos indica que no lograrán perjudicarnos dichas murmuraciones. Si vemos cómo matan o maltratan a un búho indica que somos nosotros los que hacemos comentarios sobre los demás. Oír el grito de un búho anuncia desgracias y próximos funerales. Un búho posado en una ventana, si lo contemplamos durante el sueño, augura, también, enfermedad o desgracia grave en esa casa. Sin embargo, si aparece en vuelo, simboliza el equilibrio y la sabiduría, nuestros deseos de leer, de formarnos. No en vano, en la cultura griega, el búho acompañaba a Palas Atenea, la diosa protectora de la ciudad de Atenas, que además de sabia, poseía el don de la clarividencia.

Buitre: Los buitres, en sueños, representan a nuestros enemigos. Si el buitre nos ataca, no podemos esperar clemencia de estas personas. Si lo matamos, no serán tan terribles nuestros enemigos. Si en el sueño el buitre permanece ajeno a nosotros es una advertencia para que estemos muy alertas. Si aparece comiendo, nos veremos libres de las insidias de los que nos quieren mal. Tendremos el camino despejado de enemigos pertinaces.

Bulevar: Verlo con árboles indica que conseguiremos lo que deseamos. Si los árboles son débiles presagia que tendremos muchas dificultades para triunfar. Si estamos paseando por él en compañía de personas conocidas, indica nuestro deseo de disponer de más tiempo de descanso y de ocio. Si el bulevar está lleno de gente, también paseando, pero nos resulta desconocida y nosotros no estamos, físicamente, en el sueño, simboliza el temor de que otros nos hagan perder el tiempo en actividades que no nos reportarán ningún beneficio.

Buscar: Si buscamos algo presagia que tendremos dificultades fácilmente superables. Cuando buscamos a alguien refleja nuestra inquietud por dicha persona. También se interpreta como amistades perdidas que deseamos recuperar pero no sabemos cómo hacerlo. Quizás en la vida real hemos perdido algún objeto que apreciamos mucho y que no logramos encontrar y esta situación se hace patente en el sueño en esa búsqueda que no se concreta.

Buzo: Bucear con facilidad, sin cansancio, presagia que lograremos el éxito tanto económico como amoroso. Si nos ahogamos indica que nuestras ambiciones se esfumarán. Si salvamos a alguien de morir ahogado, significa que evitaremos una pasión peligrosa para nosotros. Si estamos aprendiendo a bucear, dudamos de nuestra fuerza de voluntad. Bucear en aguas claras significa que somos claros y nobles. En aguas turbias, pasión con malos pensamientos. Si estamos buceando y la mar o el río se enfurecen o nos arrastra la corriente, indica que nuestras pasiones serán más fuertes que nuestra voluntad.

C

Cabalgata: Soñar con una cabalgata de carnaval nos advierte de que tendremos que rendir cuentas si nos dejamos arrastrar por los placeres fáciles. Deseo inconsciente de participar en actividades lúdicas, tanto si participamos en la cabalgata como si somos meros espectadores.

Cabalgar: Galopar a rienda suelta indica fuertes deseos de sexualidad. Dominar o no al caballo equivale a, si somos o no, capaces de dominar nuestros sentidos y pasiones. Si estos sueños son tenidos en la infancia, hablan de nuestros deseos de aventura y acción.

Caballa: Soñar con este tipo de pez nos advierte de que alguien nos está explotando en lo profesional y no nos hemos dado cuenta.

Caballeriza: Con hermosos caballos presagia riquezas. Si están vacías, próximas dificultades. Si nos encontramos dentro, significa riqueza estable y duradera. Si nos vemos en el sueño limpiándolas, temor a perder nuestra situación laboral que consideramos como buena.

Caballete: Si utilizamos un caballete en sueños es que comenzamos un período de meditación y reflexión. También se interpreta como afición a las bellas artes o deseo de dedicarnos a labores más creativas que las que estamos desempeñando en la actualidad.

Caballo: Si un enfermo sueña que galopa en un caballo a través de los bosques puede empeorar su enfermedad. Si el enfermo galopa por una ciudad pronto curará. Montar a caballo indica éxito y prosperidad. Caer del caballo anuncia dificultades. Vender un caballo amenaza pérdida de bienes. Castigarlo, falsas acusaciones. Verlo herrar, debemos prepararnos para un viaje. Dar pienso al caballo presagia riqueza. Si tiene la cola muy larga, podemos contar con nuestros amigos. Si el caballo es blanco augura buenas noticias. Negro, problemas. Si es gris nos previene de posibles obstáculos.

Cabaña: Ver una cabaña predice tranquilidad en el trabajo. Si vivimos en una y más, si es con niños, augura felicidad modesta pero duradera. Si soñamos con una cabaña siendo adolescentes indica que no queremos las responsabilidades de los adultos. Apego por la casa de nuestra infancia.

Cabeza: Simboliza al alma y la inteligencia. Si nos vemos con la cabeza cortada augura la pérdida de una posición para ocupar otra mejor. Vernos con la cabeza más grande, aumento de bienes. Más pequeña, pérdidas. Si nos soñamos feos indica preocupación por la opinión de los demás. Si vemos las cabezas de otras personas y nosotros mirando sobre ellas, simboliza que ocuparemos una situación de privilegio dentro de los terrenos laboral y social.

Cable: Contradicciones en asuntos con la familia. Si cortamos nosotros el cable presagia un arreglo en problemas que tengamos. Si, por el contrario, aparecemos atando un cable, señala nuestro deseo de amarrar las relaciones familiares en un ambiente de estabilidad. Si echamos un cable a otra persona que se encuentra en un apuro, dentro de un barranco en el que ha caído o en el mar, con peligro de ahogarse, denota que estamos dispuestos a prestar ayuda a todos aquellos que nos lo soliciten.

Cabra: Si son cabras salvajes indica, ansias de libertad. Si son domésticas, ansias de riqueza. Soñar con cabras bien alimentadas presagia riqueza. Si son pocas y flacas, pobreza. Estar apacentando un rebaño de cabras, es símbolo de que esperamos podernos resarcir de situaciones económicas no demasiado boyantes.

Cabo: Si soñamos con un militar de graduación cabo nos advierte para que no seamos tan modestos. Seguramente podemos aspirar a más.

Cacerola: Llena y sobre el fuego augura noticias interesantes. Vacía o sin usar indica falta de seguridad. Si nos vemos en el sueño limpiando una cacerola, satisfacción en el terreno material.

Cachalote: Por lo general somos engullidos por él. En estos sueños es muy importante darse cuenta de nuestra actitud dentro del cachalote pues supone si somos capaces o no de enfrentarnos con la vida cotidiana, si nuestra actitud es activa o pasiva.

Cadáver: Si quien lo sueña es una persona de negocios anuncia que sus proyectos fracasarán. Para un joven presagia el fin de un amor. Si el cadáver somos nosotros simboliza que deseamos terminar con una situación huyendo en vez de solucionarlo. Si vemos el cadáver de personas conocidas o de familiares, se interpreta como que la vida de estas personas se prolongará en siete años más.

Cadenas: Soñar con cadenas indica que los problemas actuales fueron creados en el pasado. Romper una cadena augura el fin de los problemas. Si somos nosotros los que encadenamos a una persona o un objeto, indica nuestro temor a perderlos, así como afán de mando y deseo de imponer nuestra autoridad.

Café: Ver café en sueños anuncia éxitos en trabajos intelectuales salvo que se nos derrame, en cuyo caso, anunciará contrariedades. Un sueño en el que aparezcamos tomando café con conocidos, familiares o, también, con desconocidos, simboliza que pronto recibiremos invitaciones que nos resultarán agradables, reuniones placenteras.

Caja: Estando llena, presagia abundancia y felicidad. Vacía, pobreza. Sea del materia que sea, anunciará si es bueno o malo el que esté llena o vacía. Si es de madera, anuncia un próximo viaje.
De colores significa sorpresa. De metales nobles, adornados con piedras preciosas, indica riqueza. Con un espejito adosado nos advierte sobre la coquetería. Si aparecemos abriéndola, señal de curiosidad, de enterarnos de algún asunto que, hasta el momento, nos estaba vedado conocer. Si la cerramos, damos por terminada una etapa de dudas y preocupaciones.

Cajón: Si abrimos el cajón de un mueble y está vacío anuncia que viviremos una situación difícil pero que pasará pronto. Si el cajón está lleno, anuncia que no debemos angustiarnos en exceso por una situación material que estamos pasando, y que es un tanto preocupante.

Calabaza: La calabaza entera anuncia la curación si se está enfermo. Si se nos aparece en trozos, la curación será más lenta, pero acabará produciéndose. Beneficios afortunados si se está sano. Seca y vacía simboliza un viaje largo a pie, penoso y difícil. Una calabaza llena de vino o agua, como la que empleaban los antiguo,s peregrinos y los campesinos, augura que no careceremos de lo más imprescindible para la vida diaria. Ver una calabaza anuncia abundancia y si la estamos recolectando, éxito en las disputas.

Calavera: Soñar con calaveras señala que hay que tener cautela en los negocios y en la vida en general, así como tomar precauciones y no actuar a tontas y a locas. A pesar de su aspecto tétrico, la calavera indica también curación, especialmente si se sufren problemas dentales, o frecuentes dolores de cabeza. Rara vez puede interpretarse como muerte cercana, sólo en el caso de que en el sueño nos encontremos una calavera y la cambiemos de lugar.

Calcetines: Nuevos y limpios indica que tu situación es desahogada. Agujereados, negligencia. Quitárselos, deseo de cambio en tus actividades. Ponérselos señala necesidad de protección que buscaremos en nuestros allegados. También deseos de comodidad y confort en el hogar.

Caldero: Si está lleno y sobre el fuego augura noticias interesantes. Vacío o sin usar indica falta de seguridad. Esperanza de poder reunirnos pronto con la familia y los amigos.

Calefacción: Fría o averiada, indica soledad y tristeza. Encendida, alegría y felicidad. Apagada, penas afectivas. Con humo u hollín, pérdida de control de una situación. Quemarnos con ella, calumnias a las que no sabemos cómo hacer frente. Estar encendiéndola, denota que se ha acabado una etapa de carencias económicas o de preocupaciones sobre temas materiales.

Calendario: Es una advertencia al soñador de que todo requiere su tiempo. No debes precipitar los acontecimientos que se avecinan. Ver cómo pasan las hojas de un calendario o cómo se desprenden de él, demuestra nuestra impaciencia por que se cumplan nuestros deseos.

Callos: Simbolizan, si los tenemos en las manos, que hemos terminado una etapa de grandes esfuerzos y dificultades, y también que todavía estamos muy apegados a las personas y las cosas. En gentes con vocación religiosa indica qué es lo que conturba a su alma: dudas, temores ante situaciones o personas que puedan inducir al pecado, creer que no se está cumpliendo suficientemente bien con los preceptos religiosos..., etc. Deben seguir la senda de la perfección de la mejor forma posible, pero sin obsesionarse. Si los tienes en los pies es que todavía no estás preparado para nuevos proyectos. Si en el sueño nos vemos quitándonoslos, demuestra que estamos listos para emprender nuevos rumbos en nuestra vida, liberándonos de aquello que nos tenía atados a viejas convicciones.

Calvo: Soñarnos calvos, si tenemos pelo en la realidad, augura pérdida de amistades. Si en realidad somos calvos este sueño carece de importancia. Si lo sueña un hombre, es símbolo de fuerza y virilidad.

Si lo sueña una mujer, temor justificado a la pérdida de encantos físicos, preocupación por sentirse más atractiva y seductora.

Calzada: Ancha, lisa y llana indica buena marcha de sus negocios. Estrecha y tortuosa, con pendiente empinada, numerosos contratiempos. En construcción, pérdidas de dinero. Transitando por ella, solos o acompañados, es augurio de que nos sentiremos seguros de nosotros mismos, sin miedo a las interferencias ajenas en nuestra vida.

Calzado: Símbolo de libertad. Soñarnos con los zapatos puestos, sucios, indica sentimientos de culpa. Andar sin zapatos, peligro de vernos sometidos a los demás. Vernos sin zapatos y sin andar revela temor a la pobreza. Vernos bien calzados equivale a sentirnos libres. Soñarnos con zapatos infantiles revela que somos inmaduros. Si el zapato nos aprieta aún no sabemos desenvolvernos con la libertad de una nueva situación. Si se nos rompe un zapato presagia la pérdida de nuestra libertad.

Camelia: Si soñamos con esta hermosa flor, bien que la vemos en un ramillete o que la llevamos nosotros puesta, simboliza la belleza y el gusto estético, pero también la carencia de sentimientos caritativos y amorosos. También es símbolo de arrepentimiento si hemos herido a alguien que nos ha declarado sus intenciones amorosas y al o a la que hemos despreciado. Debemos humillarnos y pedir perdón, pues la falta está en nosotros.

Canela: Esta especia, muy valorada desde la antigüedad, está considerada como el símbolo de la sabiduría. Si soñamos que la tomamos en alguna comida o en algún postre, por su carácter afrodisíaco, se interpreta como un deseo de encontrar pareja, y en el caso de que ya la tengamos, de poder satisfacer nuestros deseos sexuales con ella. Si nos perfumamos con su aroma, expresa el deseo de contraer matrimonio en breve plazo, y también nuestra adoración, sin condiciones, al ser querido.

Cardo: Esta planta, con sus agudos pinchos, se interpreta como los sentimientos de intolerancia, de acritud con los demás, y con la posibilidad de provocar el dolor, aun sin quererlo. Verlo en el sueño, en un campo, significa que debemos protegernos de las intenciones de los demás. Si nosotros aparecemos dándolo a alguien se interpreta como que no deseamos tenerlo cerca y que vamos a hacer todo lo posible por mantenerlo alejado.

Castaño de Indias: Este árbol ornamental de parque y jardines, si aparece en nuestro sueño, significa pronta curación de humanos y de animales. Si nos vemos reposando a su sombra, augura que pronto disfrutaremos de un descanso placentero y cómodo.

Capa: Nos indica que estamos bien preparados para hacer frente a los acontecimientos que se avecinan. Si eres tú el que la vistes escondes tu verdadera personalidad. Por razones importantes, no deseas darte a conocer tal y como eres en realidad. Si el que la lleva es otra persona esconde intenciones egoístas. A veces se interpreta como miedo ante lo desconocido.

Caracol: Verlo meterse dentro del caparazón indica que irritamos a personas que nosotros necesitamos a causa de nuestra impaciencia y nerviosismo. Comerlo o aplastarlo señala que cometeremos una acción irreflexiva que nos causará perjuicios. Si estamos pensando en hacer una adquisición inmobiliaria o si, hace poco, hemos comprado una casa, indica que hemos realizado un buen negocio y que disfrutaremos, con plena satisfacción de nuestra compra.

Carroza: Soñar que vamos en ella significa aumento de nuestros bienes salvo que nos la encontremos desenganchada en cuyo caso indica pérdidas de esos bienes. Deseo encubierto de lujo, de aparentar ante los demás, de hacer ostentación de que somos o tenemos más que en la realidad. Sueños infantiles de grandeza que hemos logrado en la vida.

Cartera: Si la llevamos llena indica peligro de pérdidas económicas. Si está vacía presagia suerte en el juego. Si hemos realizado inversiones de alto riesgo, en negocios o en la bolsa, y soñamos que perdemos la cartera, señala nuestro temor a las pérdidas que pudieran derivarse de dichas inversiones. Si nos encontramos una cartera, en el sueño, no importa que esté llena o vacía, es un símbolo claro de que recibiremos un dinero extra con el que no contábamos.

Casco: El personaje que aparece con casco intenta ocultar sus intenciones o personalidad a los demás o a nosotros mismos. Si el casco es de líneas anatómicas y sin decoraciones deja ver que se ocultan pensamientos prácticos y relacionados con la acción directa. Un casco bellamente decorado se puede interpretar que lo que se oculta son pensamientos de grandeza y aventura fuera de la realidad. En el caso de ser nosotros los que llevemos casco yo nos lo coloquemos durante el sueño, denota que nos estamos poniendo a cubierto de la maledicencia de los demás, que nos sentimos fuertes y despreciamos la calumnia a las malas intenciones que puedan dirigirnos personas ajenas.

Castillo: Significa protección y trascendencia. Un castillo bien iluminado simboliza la búsqueda de una vida más espiritual. Si el castillo es blanco, deseos de una vida tranquila de recogimiento y espiritualidad. Si es oscuro simboliza una lucha por salir de una confusión espiritual. Si es negro refleja temor al destino, a no alcanzar la salvación. Si hablamos en un sentido menos trascendente, de vida cotidiana. Si vemos un castillo se obtendrán riquezas. Si está ruinoso, pero todavía bello, tendremos problemas para alcanzar la riqueza aunque al final la conseguiremos. Si vivimos en el castillo la riqueza está asegurada. Soñar con castillo del tipo de los que aparecen en los cuentos de hadas, se interpreta como sueños e ilusiones que se cumplirán.

Cebada: Se considera un bien inapreciable. Significa riqueza y feliz culminación del trabajo. La riqueza será proporcional a la cantidad de cebada soñada, del mismo modo lo que le ocurra a la cebada, en bien o en mal, será lo que le ocurra a nuestra riqueza. Soñar con cebada sobre la cama augura un próximo embarazo. Si el que sueña con la cebada posee animales de trabajo o de carga: caballos, burros, asnos, representa salud y bienestar para ellos. Si estuvieran enfermos, pronta curación.

Cebollas: A la cebolla se le han atribuido muchas propiedades curativas, e incluso los guerreros la ingerían antes de entrar en combate para infundirse valor. En Egipto tenía carácter sagrado y se ofrendaba a los dioses inmortales. Este bulbo, formado por numerosas capas, se considera un tanto misterioso y soñar que comemos, guisamos u olemos cebollas, augura que pronto se nos revelará un secreto, largo tiempo guardado, pero si nos vemos despojándola de esas capas es anuncio de disgustos con la familia.

Cedazo: Simboliza lo perdido y lo que está oculto, tanto en el terreno material como en el espiritual, pero que, muy pronto, tendremos oportunidad de conocer: el paradero de una persona que nos quería y de la que no sabemos nada hace tiempo; el lugar donde se encuentra aquel adorno o aquella joya que guardamos y no sabemos dónde. Se nos aclararán las dudas con respecto a nuestro porvenir y se clarificarán nuestras intenciones de vida.

Cenar: Solo, significa aislamiento afectivo y en compañía, felicidad en el hogar. Invitar a alguien indica celos. Ver a su pareja cenar con otra persona indica infidelidad. Ver a un pariente cenar solo señala dificultades de salud. Si la cena es abundante, con muchos manjares, simboliza problemas de salud; si por el contrario la cena que se nos presenta en el sueño es frugal, se interpreta como salud duradera.

Cenicero: Vacío indica que su inquietud se aplacará si toma las precauciones necesarias. Lleno, la negligencia y la despreocupación dejarán secuelas en su relación con los demás. Denota, siempre, un estado de ansiedad en nuestra existencia.

Cenizas: Este sueño nos recuerda que nuestras actuales riquezas de nada servirán después de nuestra muerte. Todo nuestro orgullo ha de terminar en cenizas. Sé más humilde. Nos previene de gastar en tonterías lo que hemos ahorrado con esfuerzo, y nos señala que no debemos arriesgar nuestro dinero en asuntos poco claros.

Centinela: Si el centinela está firme y vigilante indica que nuestros intereses están bien guardados. Si lo soñamos durmiendo, nos amenazan pérdidas financieras. Si sorprendemos y dominamos al centinela presagia que tendremos una osada iniciativa que nos llevará al éxito. Si nosotros somos los que estamos de guardia, indica nuestra inquietud por proteger y preservar el bienestar personal y el de los seres queridos, cosa que lograremos gracias a nuestra constancia.

Cerdo: Aunque el cerdo se asocia a la abundancia, soñar con él augura problemas en los asuntos importantes, aunque se tendrá éxito en las tareas y asuntos cotidianos. Problemas en familia y si se está pensando en realizar un viaje, la aparición de un cerdo en el sueño, no presagia nada bueno. Si el cerdo se ve muerto por un accidente o por enfermedad, es posible que alguien cercano caiga enfermo.

Cielo: Simboliza nuestras aspiraciones y deseos. Si se trata de un cielo nocturno indica que nos encontramos en una etapa de proyectos. Si es de día es que ha llegado el momento de la realización de estos proyectos. Si el cielo está claro señala que los próximos días se nos presentarán tranquilos. Si está nublado se acercan preocupaciones. Muy nublado, preocupaciones serias. Tormentoso, situación crítica.

Cigarrillos: Si nos vemos fumando un cigarrillo se interpreta como un deseo de aceptación social. Si lo ofrecemos nosotros a los demás, denota un espíritu generoso y si nos lo ofrecen a nosotros, es símbolo de que contamos con el aprecio general. Si lo apagamos, de forma violenta, aplastándolo contra el cenicero o lo pisamos en el suelo, se interpreta como una mala relación con nuestro entorno que tampoco deseamos mejorar ya que consideramos que el error está en los otros, no de nuestra parte.

Cigüeña: Ver en sueños a esta ave es un buen presagio de armonía y de paz en el hogar. Si aparece sobrevolando una casa, anuncia un próximo matrimonio y si la vemos anidando sobre nuestro hogar, estaremos protegidos de los incendios y de las infidelidades de nuestra pareja.

Cirio: Cuando la llama de un cirio es firme, luminosa y se eleva verticalmente sin apenas humear, es que sabemos muy bien lo que queremos en la vida. Un cirio de llama vacilante, que arde con dificultad y abundante humo indica que nuestras ideas son frágiles e inestables. Si se apaga es que estamos llegando al límite de nuestras posibilidades. Se impone un descanso. Cuando encendemos un cirio para alumbrar un sitio oscuro y se enciende bien, indica que emprenderemos con decisión y eficaz preparación un viaje espiritual hacia nuestro interior. Si arde con dificultad indica que todavía no estamos preparados para este viaje. También puede simbolizar el deseo de luz espiritual en una etapa de dudas y vacilaciones en nuestras creencias religiosas o en nuestras convicciones políticas.

Clavel: Soñar con claveles tiene varias interpretaciones: si los llevamos puestos en el ojal, o en el pelo, se interpreta como alegría y diversiones; si alguien nos regala claveles es exponente del amor puro que esa persona siente hacia nosotros; si los regalamos es símbolo de que ofrecemos ayuda incondicional al que es objeto de la entrega de los claveles.

Clavo: Si se trata del elemento para sujetar, el clavo en nuestro sueño, es indicio de que deseamos que tanto nuestras decisiones, como las de los que nos rodean, adquieran consistencia, puedan llevarse a cabo y permanezcan en el tiempo con solidez. Necesidad, tanto en hogar como fuera de él, de sentir de que todo está en su sitio, inamovible ante los avatares de la vida. Si se trata de la especia, simboliza todo lo contrario: deseos de dar variedad a nuestra existencia, de estimular una vida demasiado monótono o rutinaria.

Cocodrilo: Representa las cualidades sombrías y agresivas del subconsciente. Presagia que pretenden despojarnos de lo que nos pertenece mediante el engaño o la fuerza. Si logramos escapar de él podremos evitar un robo o una traición. Temor a fuerzas que nos sobrepasan, pero que podemos vencer si empleamos la cautela.

Cofre: Ver un cofre cerrado presagia éxito y riquezas. Si somos nosotros los que encontramos el cofre abierto o lo abrimos, descubriremos un secreto. Si es otra persona la que lo abre, será un secreto nuestro lo que se descubra y se divulgue. Transportar un cofre a nuestra casa o llevarlo sobre nuestras espaldas, augura que pronto recibiremos bienes materiales, tal vez una herencia o una donación.

Comadreja: Si una mujer soltera sueña con este animal, pronto llegará un amor a su vida. Si la matamos, la mala suerte se abatirá sobre nosotros y sobre nuestra familia. Algunos autores consideran que la comadreja es también augurio de que nunca nos faltará el dinero en el bolsillo.

Cometas: Su presencia en el sueño puede simbolizar presagios funestos, muertas cercanas de personajes importantes, derramamiento de sangre, peligros inminentes. Sin embargo, si se ve más de uno, o una lluvia de cometas, augura muchos nacimientos de niños varones, pues, según la tradición, un cometa guió a los Reyes Magos, hasta donde se encontraba el Niño Jesús. Si se trata del juguete de este mismo nombre, que se hace volar, su interpretación es la de sentirse libre, disfrutar con los espacios abiertos y un deseo incontenible de volver a los placeres sencillos como los vividos en la infancia.

Comino: Si en el sueño comemos algo que contenga cominos, simboliza que no tendremos problemas digestivos, y que estaremos protegidos contra las influencias nefastas o los deseos negativos que otros puedan albergar contra nosotros. Pero si recibimos cominos o los damos nosotros, debido a la pequeñez de este fruto, es símbolo de avaricia y cicatería.

Comprar: Objetos nuevos, si son de utilidad augura un período de beneficios. Comprar un objeto que ya tenemos, riesgo de dificultades financieras. Ropa, necesidad de seguridad, de comodidad. Muebles, presagio de una situación financiera ventajosa. Verduras, disputas en el hogar. Frutas, decepción sentimental.

Conejo: Se interpreta como una etapa de abundancia en lo material y de fertilidad en el hogar. Próximo embarazo y buena suerte tanto para los padres como para los bebés. También simboliza la timidez y la agilidad, pues puede correr y saltar cuando escapa de algún peligro.

Coral: Soñar con corales, especialmente si es de color rojo, significa que estaremos a cubierto de enfermedades que tengan que ver con la sangre, como las hemorragias y las enfermedades de la piel. Si nos vemos colgando un coral en cuello de un niño, bien sea nuestro hijo, un niño de la familia o ajeno, simboliza nuestro deseo de protección hacia él. Si el coral soñado no es rojo, sino de las variedades negro o blanco, nada podrán contra nosotros los maleficios ni las maldiciones.

Cordero: Ver uno o más corderos en sueños, sin que formen rebaño, se interpreta como señal de tranquilidad y de dulzura en nuestras relaciones con los demás. Espíritu de conciliación en la familia y buena armonía. Un rebaño de corderos pastando, simboliza una próxima curación, especialmente si se está afectado por problemas respiratorios. También son un presagio de buena suerte.

Cordones: Soñar con cordones puede tener varias interpretaciones: si aparecemos manejando un cordón, no importa de qué grosor, expresa que deseamos conseguir nuestros fines, sea como sea, sin reparar en los medios empleados y atar nuestros logros, de forma tal, que nada pueda destruirlo. Si aparecemos atándonos los cordones de los zapatos, es augurio de dificultades y si el cordón se rompe durante esta acción, temor fundado a que no podamos resolver los problemas que nos acechan. Si regalamos un cordón simboliza que deseamos que la persona que lo recibe esté a nuestra disposición de manera incondicional. Nosotros, recibiendo en el sueño, un cordón roto es señal de buena suerte.

Corneja: Esta ave, parecida al cuervo, pues es muy oscura de plumaje, con las alas y la cola negra, estuvo consagrada al dios Apolo y si la vemos en sueños, nos garantiza una fidelidad de nuestra pareja y la felicidad si vamos a contraer matrimonio en breve, o estamos ya casados. Si aparece volando hacia la derecha es símbolo de buena suerte, pero si lo hace hacia la izquierda, augura preocupaciones. Si se eleva hacia el cielo, tendremos suerte en los negocios.

Cristal: Representa al espíritu y el intelecto. Simboliza sabiduría, adivinación e intuición. Soñar con un cristal transparente significa que nuestro espíritu e intelecto son claros y limpios. Presagia honradez y honestidad. En un nivel espiritual anuncia la posibilidad de acceder a conocimientos, experiencias y niveles del mundo invisible. Ver a otras personas o contemplar una escena a través de un cristal, denota estar a la defensiva, pero sin malas intenciones. Tal vez nos falte un poco de confianza en nosotros mismos o en nuestras posibilidades.

Cristo: Señal de alegría y felicidad, paz en el corazón y en el alma, aunque, si lo vemos en la cruz anuncia tristeza y sufrimientos. También se interpreta como la resignación ante lo inevitable y nuestro ánimo de sacrificarnos por los demás.

Crucifijo: Si lo llevamos en el pecho nos advierte de la necesidad de recuperar nuestras creencias primitivas de las que nos estamos alejando. Si lo vemos en el suelo este sueño nos anuncia que ha llegado el momento en que debemos escoger definitivamente hacia dónde dirigimos nuestra vida. En el sueño que aparezca una cruz de madera simple, es símbolo de protección y de curación si estamos enfermos o si alguien de nuestra familia está afectado por algún padecimiento de orden físico.

Crucigrama: Si lo terminamos indica que encontraremos soluciones justas, meditadas y precisas. Si no lo terminamos nos tendremos que enfrentar con adversarios astutos y pertinaces. Indica, también, curiosidad reflexiva acerca de problemas propios o ajenos. Deseos de entretenernos con algo útil, con la lectura o escritura, por ejemplo.

Cuadros: Soñar con cuadros se presta a diversas interpretaciones. Si vemos que un cuadro colgado de una pared se cae, es señal de que va a producirse una fallecimiento o una enfermedad grave en alguien de nuestro entorno. En el caso de que este cuadro sea un retrato, el augurio se referiría a esa persona. Si los vemos colgados de manera torcida o desequilibrada, inquietudes y desgracias. Los cuadros de colores vivos simbolizan desavenencias amorosas, y si los colores en los que están pintados son oscuros, presagian depresión y tristeza.

Cuchillos: Los cuchillos, en general, presagian riñas y enemistades. Si en sueños vemos a alguien que nos regala cuchillos, significa que pronto seremos agasajados y recibiremos honores inesperados. Vernos a nosotros dando cuchillos o armas blancas a otros, es señal de que queremos romper con amistades que no nos satisfacen, que nos molestan. Un cuchillo solo, sobre una mesa, es signo de que pronto sufriremos una traición.

Culebra: El significado más frecuente es de carácter sexual, especialmente si los soñadores son jóvenes. No en vano, desde los tiempos bíblicos, se asocia a la tentación y la desobediencia. También simboliza sabiduría y poder curativo. Ver una culebra dormida indica que nuestras fuerzas instintivas están dormidas. Si se despierta y se desliza, sin producirnos temor, revela deseos de una evolución espiritual. Soñar con una piel de culebra o verla como muda indica que está próximo un profundo cambio evolutivo. Si aparecen culebras venenosas lo que indican es el temor a encontrarnos en situaciones embarazosas.

Cuervos: Al cuervo, según la mitología clásica, las Parcas le asignaron el don de profetizar los malos augurios y como tal se interpreta cuando esta ave aparece en nuestros sueños. Pueden simbolizar que pronto recibiremos noticias desagradables, sobre todo si los vemos graznando.

CH

Chabola: Si en nuestro sueño aparecen chabolas, esas construcciones pobres, que se encuentran, especialmente, en las áreas suburbanas y marginales, simbolizan las penurias, no sólo en el aspecto material, sino también en el terreno espiritual. Pero no siempre tiene connotaciones negativas. Si, por ejemplo, estamos pensando en cambiar de casa, indica que nos trasladaremos a una mucho mejor que la tenemos en la actualidad.

Chacal: Este mamífero carnicero, que tiene mala fama y se identifica con la crueldad y con la devastación, verlo en sueños augura buenas relaciones con nuestro entorno y con nuestra familia. Facilidad y habilidad para buscarnos el sustento, así como buena disposición para trabajar en cualquier tarea.

Chacina y chacinería: Al igual que todo lo que tiene relación con el cerdo, su carne y embutidos son símbolos de tener la despensa bien provista. Si estamos comprando en la tienda donde se venden este tipo de alimentos, es señal de que tampoco carecemos de dinero, y si estamos pasando una mala racha económica, pronto acabará. Sentido práctico para la vida y oportunidad para saber aprovechar las buenas ocasiones.

Cháchara: Estar charlando con un grupo de personas, conocidas o no, de asuntos poco serios, en plan diversión, anuncia que nos invitarán a reuniones distendidas, y alegres, aunque, a veces, también puede advertirnos de que somos demasiado frívolos y hablamos más de la cuenta, sin ton ni son.

Chafar: Si estamos aplastando algo, bien sean huevos, hierbas o cualquier material que sea blando y frágil, denota nuestra cólera que siempre desencadenamos con el más débil, en un rasgo de nuestro carácter de deberíamos corregir. Si lo que estamos chafando son uvas, aquí la interpretación es diferente, porque sería señal de alegría, porque de ellas se obtiene algo tan preciado como el vino y que sólo puede extraerse mediante el pisado de esta fruta. También puede advertirnos de que somos demasiado cortantes con los demás, especialmente, en el terreno de la conversación.

Chal: Soñar que llevamos un chal, de lana o de seda, sobre los hombros, por un lado es muestra de elegancia, sobre todo si lo luce una mujer pero, por otro, pone de manifiesto la necesidad de abrigo y protección. Nos gustaría contar con alguien que nos amparase con sus consejos y con sus cuidados físicos y, a no mucho tardar, encontraremos a esa persona.

Chalé: Esta vivienda, generalmente con algo de jardín, algunas veces vivienda habitual y otras casa de recreo, simboliza nuestros deseos de ascensión social. Si no la poseemos, es un claro indicio de que nos encantaría tener una, pues consideramos que se trata de un lujo que sólo se dan los económicamente fuertes. Si ya tenemos un chalé, supone que estamos satisfechos de lo que hemos conseguido en nuestra vida.

Chaleco: Llevar un chaleco bajo la americana del traje, siempre se interpreta como ser cuidadoso con el atuendo personal. Ir bien y correctamente vestidos nos parece importante, tanto de cara a los demás como hacia nosotros mismos. Pero si estamos en mangas de camisa, con el chaleco puesto, señala penurias y necesidades. Si nos vemos con un chaleco salvavidas, o vemos a otros con él, augura peligros cercanos, pero ante los que estaremos lo suficientemente protegidos.

Chalupa: Esta embarcación pequeña tiene que ver con conceptos de navegación, de viaje por mar o de transporte de mercancías por vía marítima. Si vamos en ella, junto a otros pasajeros, supone que realizaremos una pequeña excursión por mar, pero si la vemos arribar a puerto con un cargamento, augura que aquello que esperamos hace tiempo está a punto llegar a nuestras vidas.

Chamán: Ver a un hechicero realizando acciones de invocación a los espíritus o de sanación de enfermos, es porque somos dados a las creencias mágicas y esotéricas. Tal vez hemos leído, hace poco algún libro sobre chamanismo lo que ha influido en nuestro sueño. También supone que nos gustaría conocer el porvenir, ver más allá, y poseer poderes sobrenaturales.

Chamarilería y chamarilero: Encontrarnos en este tipo de establecimiento, en el que se venden y compran trastos viejos, o estar tratando con el dueño de la tienda, simboliza que queremos desprendernos de todo aquello que nos lastra al pasado. Quisiéramos, si esto fuera posible "vender" los recuerdos que nos causan pesar y liberarnos de las acciones que no fueron suficientemente buenas. Pero si estamos en actitud de comprar algún objeto, se interpretaría de forma contraria: quisiéramos recuperar un pasado más gozoso que nuestra situación actual.

Champán o champaña: Este vino espumoso se suele beber en las celebraciones, por lo que su aparición en nuestro sueño, simbolizaría alegría y fiestas, así como que pronto tendremos motivos para festejar acontecimientos importantes para nosotros y para la gente de nuestro entorno. Puede ser la finalización de una carrera, el haber encontrado un puesto de trabajo, una boda o un bautizo.

Champiñón: Estar cultivando champiñones, lo que suele hacerse en un ambiente oscuro y húmedo, vendría a decirnos que hemos invertido, sin mucho convencimiento, en negocios que, sin embargo, van a reportarnos grandes beneficios. Tal vez estamos ante la disyuntiva de elegir entre varias oportunidades de trabajo, y el sueño nos advertiría de que la que parece la menos idónea, a la larga, sería la mejor. Si comemos champiñones, o vemos que lo hacen otros, significaría que no tememos a las adversidades, y que nos sentimos seguros de nuestras convicciones.

Chancla y chancleta: Usar este calzado, que no lleva talón, representa un deseo de libertad, de comodidad, de poder hacer lo que queramos sin que nos "apriete el zapato". Pero si el zapato, en origen, tenía talón y lo llevamos doblado, es señal de pobreza y de dejadez.

Chándal: Llevar este atuendo deportivo o comprarlo, nos está diciendo que deberíamos dedicar más tiempo al ejercicio físico. También es que deseamos sentirnos en forma, más ágiles, especialmente, si hemos sido deportistas y llevamos tiempo sin realizar este tipo de actividades.

Chantaje: Miedo a que se difundan secretos que teníamos bien guardados y que supondrían un grave deterioro de nuestra imagen. Sentirnos presionados por alguien para que obremos o ejecutemos las acciones que se nos imponen y que no quisiéramos llevar a cabo bajo ningún concepto. Si somos nosotros los chantajistas, es que tenemos pocos escrúpulos morales, o que deseamos sacra partido de una situación adversa en la que nos encontramos, únicamente, por nuestra culpa.

Chanza: Bromear, con frases ingeniosas, o contemplar alguna parodia divertida, indica un ánimo alegre y una mente despierta, con respuestas rápidas y adecuadas. Pero si estas bromas se convierten en burlas, suponen malas intenciones y falta de compasión para con el prójimo.

Chapa: Supone siempre una protección, para nosotros y para los nuestros. Situarse detrás de una lámina de metal o de madera, indica que queremos estar a salvo de las murmuraciones. Si utilizamos una chapa para reforzar una puerta, el techo, deseamos asegurar nuestro entorno. En el caso de estar jugando a las chapas, recuerdos nostálgicos de la época infantil.

Chaparrón: Si nos vemos sorprendidos por una lluvia intensa, pero de poca duración, los problemas se nos vendrán encima de repente, aunque los resolveremos con prontitud. También puede señalar abundancia de bienes, que nos llegarán de forma tan inesperada como placentera. Pero si soportamos el chaparrón al aire libre, porque no nos ha dado tiempo a guarecernos y estamos en compañía de otros, significarían regañinas y discusiones.

Chapotear: En un charco de agua, formado por la lluvia, estar pisándola con furia, vendría a decirnos que estamos disconformes con la vida que nos ha tocado en suerte. Desearíamos cambiarla, pero no sabemos cómo, y por ello chapoteamos en un elemento sagrado como es el agua. Bien distinto es estar mojándonos los pies y las manos en el borde del mar, del río, como un elemento de diversión y para refrescarnos. Entonces indica que gozaremos de momentos de esparcimiento, sencillos, gratos, sobretodo si los disfrutamos en compañía de amigos.

Chapurrear: Tanto si somos nosotros, como otros, los que intentamos hablar un idioma extranjero, con harta dificultad, señala inseguridad y temor a no hacer bien las cosas. Es posible que estemos aprendiendo una lengua extranjera y nuestros progresos sean más bien escasos, o puede, también, que nos haya destinado a otro país y estemos preocupados porque no dominamos su idioma. De todas formas, supone buenas intenciones de aprendizaje e intentos de superar las dificultades.

Chapuzón: Lanzarnos de cabeza al agua tiene dos interpretaciones distintas. Si lo hacemos por placer, nos gustan los deportes acuáticos y estamos deseando refrescar nuestro cuerpo y nuestra mente. Si lo hacemos para huir de algo o de alguien, es que preferimos desaparecer a hacer frente a problemas o individuos a los que tememos. Si empujamos a otros al agua en plan lúdico, diversiones con amigos y compañeros con los que tenemos buena sintonía, pero si lo hacemos con aviesas intenciones, mal fe y mala voluntad por nuestra, aunque también puede suponer una legítima defensa al sentirnos en un gran peligro o muy amenazados.

Charlatán: Estar en compañía de personas que no paran de hablar de cosas frívolas o sin sustancia, indica que nos sentimos engañados. Quizás nos hayan atraído a su causa o a su negocio con tanta falsa palabrería, y ahora vemos que no tienen ningún fondo. Si escuchamos a un charlatán, como vendedor ambulante, que pregona con amplios discursos sus mercancías, señala credulidad por nuestra parte, inocencia y que podemos ser víctimas propiciatorias de un engaño, aunque de poco envergadura.

Chatarra y chatarrero: Aunque la chatarra es la escoria que deja el mineral de hierro, se aplica también, en general, a hierros viejos, objetos de metal desechados e incluso a trastos inservibles. Si vemos montones de chatarra simboliza que hemos eliminado de nuestra vida todo lo obsoleto, los restos de sentimientos, acciones y sufrimientos que nos ataban a un pasado penoso. Si hay alguna persona en el sueño, que está acumulando chatarra, es que contaremos con ayuda para conseguir ese fin de liberación que perseguimos. En ocasiones, si somos nosotros los que recogemos chatarra, señala que nos gusta sacar partido de todo, por ínfimo que parezca. No desaprovechamos nada y tenemos sentido práctico para la vida.

Cheque: Soñar que extendemos un cheque y se lo entregamos a alguien, es augurio de que, por fin, podremos pagar las deudas que teníamos pendientes, después de una etapa de problemas económicos. Si no es así, indica solvencia y generosidad. Si nos lo entregan a nosotros, recuperaremos lo que nos debían, bien por salario o por un préstamo que hubiéramos hecho. Si perdemos un cheque, es posible que tengamos quebranto en nuestros bienes, o que estemos inquietos porque los asuntos materiales no funcionan tan bien como quisiéramos.

Chicharra: Oír cantar las chicharras, o las cigarras que lo mismo es, puede ser sólo el reflejo de la realidad, especialmente, si el sueño se produce durante una siesta en verano, cuando el calor aprieta y estos insectos produce un canto muy intenso al accionar sus alas a modo de ventilador. Auguran momentos de ocio propiciados por la desgana y el agobio del calor. A veces señalan dispersión, imprevisión que luego pagaremos por no haber aprovechado el tiempo, o por haber estado distraídos en asuntos poco productivos.

Chillar: Suele ser la expresión de un susto o de miedo lo que nos hace chillar y hacerlo en sueño, es síntoma de desasosiego, de temor, justificado o no. También puede interpretarse como signo de advertencia ante un peligro y, si oímos gritar a otros, pero no saber quién emite los chillidos es advertencia de que nos estamos adentrando en un terreno proceloso o que alguien está solicitando nuestra ayuda.

Chimenea: Representa el calor del hogar y la armonía con la familia. Estar sentado frente a ella, contemplando el fuego, señala la protección y el cuidado de los nuestros. Si estamos acompañados por conocidos y familiares, pronostica reuniones con nuestro más allegados en las que disfrutaremos del entendimiento mutuo, compartiremos mesa y mantel y nos sentiremos realmente felices.

Chirriar: Si percibimos este molesto sonido, bien de una puerta, de un objeto al rozarse contra otro o de los ejes de un vehículo, algo en nuestra vida va a salirse de sus cauces normales. Puede ser una ruptura sentimental, una desavenencia con los amigos, la pérdida de un trabajo o, tal vez, una actuación por nuestra parte, que se sale de las normas de conducta que hemos tenido hasta este momento. Siempre se tratará de algo discordante y molesto.

Chisme y chismorrear: Hacerlo nosotros, o ver cómo lo hacen los demás, simboliza que somos muy dados a escuchar y contar noticias estúpidas, que con frecuencia suelen ser falsas, mal interpretadas y que pueden causar, en ocasiones, un daño notable. Murmuraciones sobre nosotros. Alguien nos quiere mal, y va esparciendo juicios temerarios sobre nuestra vida y milagros. Sería interesante que repasásemos nuestras amistades, y fuésemos capaces de distinguir entre los amigos sinceros y los que no lo son.

Chispas: Ver cómo saltan chispas augura que nos mostraremos ingeniosos , con una mente ágil, atenta y resuelta ante cualquier situación. Si provocamos las chispas, por ejemplo, frotando dos piedras o frotando un hierro con el pedernal, puede simbolizar que estamos muy enfadados, enojados y amenazamos a los que nos rodean con palabras injuriosas. Si las chispas saltan de un fuego vivo, bien encendido, auguran alegrías y visitas agradables, al igual que si las chispas se desprenden de fuegos artificiales.

Chocar y choque: Encontrarse violentamente con un objeto, una persona, una pared, un coche... es siempre augurio de disgustos graves, de enfrentamientos dolorosos. Si en sueño chocamos con algo de manera fortuita, sin haberlo buscado, estos enfrentamientos y peleas, no se producirán por nuestra culpa. Nos vendrán dados por algún malentendido y con razonamientos podemos hacer que las cosas vuelvan a su ser. Pero, si vamos de cabeza hacia ese choque, con toda intención es porque nos sentimos íntimamente heridos, y no nos importan las consecuencias de nuestros actos con tal de dañar a lo que o al que consideramos que nos ha agredido, física o moralmente.

Chocolate y chocolatería: Comer chocolate o beberlo en una chocolatería, señala que nos sentiremos fuertes y enérgicos... y enamorados porque el chocolate contiene ciertas sustancias químicas que actúan sobre el cerebro con la sensación que produce la felicidad del enamoramiento. Si nos regalan chocolate, alguien nos quiere bien y le gustaría establecer con nosotros una relación que fuera más allá de la simple amistad. Si lo obsequiamos nosotros, el significado es idéntico. También puede poner de manifiesto que estamos pasando una época un tanto depresiva y, de manera inconsciente, buscamos en el chocolate la sensación reconfortante que proporciona este dulce alimento.

Chorizo: Este popular embutido es símbolo de que en nuestro hogar no falta de nada, sobre todo en lo referido al abastecimiento de comida. Si nos vemos haciendo chorizos, en compañía de otras gentes, señala una época de abundancia compartida, de fiestas familiares en las que el mayor divertimento estará en comer y beber. En el caso de que una persona o un animal, nos robe chorizos que tengamos puestos a secar, nos indicaría que alguien cercano a nosotros está pasando apuros económicos y nos quiere dar un toque de atención para que vayamos en su ayuda.

Chorro: Sea de agua, de otros líquidos o de gas, significa plenitud, exuberancia. Estamos pasando por un momento dulce en todos los aspectos de nuestra vida. Los bienes materiales y las relaciones que mantenemos, abundan en cantidad y en calidad y nos sentimos pletóricos. Pero si vemos que el chorro se corta, o disminuye su caudal, es augurio de que todo lo que tenemos de bueno puede ir acabándose.

Chubasquero: Esta prenda de vestir, que es sinónimo de impermeable, indica que deseamos protegernos, no sólo de la lluvia, sino también de maledicencias y murmuraciones. Llevarlo puesto es una señal clara de que nos creemos ya a salvo. Si lo llevamos al brazo, que estamos dispuestos a "blindarnos" en cualquier momento contra todo aquello que nos molesta. Verlo colgado en una percha, saber a quién recurrir si nos sentimos atacados.

Chusma: Vernos en medio de una gran multitud de gente, puede tener dos interpretaciones. La primera, es sentirnos perdidos, querer salir de una situación que nos incomoda y no saber cómo, pues nos lo impiden muchas circunstancias que nos cierran el paso. La segunda puede ser el sentirse parte de una gran sociedad, el sentirse arropado por el anonimato que disculpa, esconde y diluye el peso de nuestras actuaciones, que, en los últimos tiempos, tenemos conciencia que no han sido todo lo correctas que deberían.

D

Dado: Es un símbolo del azar, y en el sueño podemos interpretarlo como la advertencia de que estamos dejándonos llevar por los acontecimientos. Estamos pasando una etapa de dudas y preocupaciones a las que no sabemos cómo hacer frente y, sin embargo, sólo de nosotros depende acabar con ella.

Daga: Es una arma blanca y por ello se le considera símbolo de ruptura y escisiones, pero además hay que añadirle un matiz de ocultación o traición pues siempre se suele llevar resguardada y no a la vista. Por ello, en sueños, es presagio de separaciones violentas acompañadas de calumnias que nos pueden hacer daño en nuestra reputación. Temor agresiones verbales, a faltas de respeto por parte de nuestros subordinados.

Dalia: Soñar con esta flor simboliza pasión por la belleza, pero también frivolidad. Gusto excesivo por la moda y por estar a la última. Recibir un ramillete de dalias significa que aprecian nuestra elegancia. Si somos nosotros los que las regalamos expresa nuestra admiración, y cierta envidia, hacia la persona que es objeto de nuestra atención.

Dardo: Si lo lanzas, es que tus ambiciones empiezan a manifestarse y tratas de convencer a los demás, pero ver que alguien te lo lanza indica el temor a sentirte atrapado. Impaciencia por actuar, con rapidez, en el campo de los negocios y también en el terreno sentimental, pues no queremos que otros se nos adelanten en ninguno de estos dos temas.

Decapitar: La cabeza suele simbolizar el alma y la inteligencia. Si en el sueño nos vemos con la cabeza cortada, se augura la pérdida de una posición, ya sea desde la perspectiva social o sentimental. Si contemplamos una decapitación, simboliza el fin de una situación placentera de que la estábamos disfrutando. En el caso de ser nosotros los verdugos, queremos, de forma contundente, acabar con todo aquello, o aquellos que interfieren en nuestra vida y no nos dejan desarrollarla como consideramos justo.

Dedal: Si soñamos con dedales es augurio de que pronto comenzaremos tareas manuales, tocando un campo de actividades que, hasta el presente, no formaban parte de nuestras prioridades. Si es una mujer la que sueña que lleva un dedal en el dedo, denota su afición por las labores creativas dentro y fuera del hogar.

Dedalera: Esta planta es muy común en nuestros campos, y que crece de forma silvestre. Se llama así porque sus flores tienen forma de campanillas, parecidas a los dedales de costura. Si la vemos en sueños augura una sanación rápida en los problemas de corazón, tanto para nosotros si estamos afectados por alguna dolencia cardíaca, como si lo están personas de nuestro entorno cercano. En el caso de "mal de amores", también simboliza que pronto acabarán nuestras cuitas en el terreno de los sentimientos.

Dedos: Simbólicamente se asocian con los parientes, por eso algunos autores indican que si en el sueño aparece algún dedo herido o llagado puede interpretarse como presagio de enfermedad en algún familiar cercano. Si el dedo lo vemos con arañazos o golpes significará presagio de discusiones familiares. Un dedo quemado anuncia problemas de celos o desengaños sentimentales con nuestra pareja. Si vemos dedos cortados, es augurio de que tendremos problemas con determinados parientes lo que hará que nos alejemos del entorno familiar.

Deformidad: Si en los sueños nos vemos deformes será muy interesante que recordemos qué parte de nosotros es la que aparece desfigurada porque, aplicando el simbolismo que corresponda a esa parte del cuerpo, podremos saber qué es lo que no funciona bien tanto en el plano físico como psicológico. También puede ser que, dormidos, sintamos dolor en alguna parte del cuerpo y esto nos lleve a considerar que tenemos esa parte alterada con respecto a la normalidad o simetría corporal.

Delantal: Representa el trabajo y si está limpio se refiere a la forma de presentarnos ante las tareas a realizar. Si está sucio nos puede estar anunciando discusiones o desórdenes en el trabajo. Si es una mujer la que se sueña con delantal puede simbolizar su apego al hogar, a la organización de la casa y a la protección y el cuidado de los suyos. En caso de ser un hombre el que se ve con esta prenda, miedo a perder una situación laboral de cierta importancia para pasar a desempeñar labores inferiores.

Delfín: Es símbolo de salvación y rapidez. Y verlo en nuestro sueño indica que nos hallamos, tanto en lo material como en lo espiritual, en el buen camino. Gozaremos de la simpatía y el aprecio general. Inteligencia, comprensión y facilidad para resolver problemas propios y ajenos.

Depilación: Si eres un hombre, refleja el temor a una pérdida de virilidad o confusión de identidad. Pero seas hombre o mujer, si en el sueño ves depilarse a otra persona, simboliza que deseas quitarte de encima pequeños problemas que te agobian. Ansias de libertad, y una cierta rebeldía con respecto a las convenciones sociales.

Derribar: La mayoría de los autores acuerdan que cuando en un sueño vemos que algo se derriba o derrumba, presagia una desaparición o una pérdida en nuestra vida, ya sea en los aspectos económicos o también en relación con nuestra salud. Los detalles sobre lo derribado en sueños nos podrá orientar sobre el tipo de pérdida. Por ejemplo, si vemos que cae la casa donde vivimos, es porque tememos por nuestras finanzas y afectos familiares. Si es una iglesia lo que vemos abatirse, nuestras creencias están en crisis y así con otros elementos, siempre teniendo en cuenta que este sueño supone la pérdida o final de algo o de alguien.

Derrota: El sueño puede ser un aviso para que fortalezcas tu voluntad y mejores la seguridad en ti mismo. Quizás aceptas la derrota antes de luchar suficiente. En el campo laboral, miedo a que otros, con menos valía que nosotros, nos priven de un ascenso merecido. En todo caso, siempre es una llamada a no dejarnos vencer sin luchar todo cuanto podamos.

Desaparecer: Tienes deseos de cortar con todo lo que te rodea, en el caso de que en el sueño seas tú quien desaparezca. Deseos de un cambio radical en tu vida. Si lo hace otra persona, refleja el temor a perderla o a verte abandonado.

Descalzo: Estás reflejando en el sueño tu propio estado de debilidad o pobreza, no necesariamente material. Te sientes algo desnudo ante las circunstancias que te rodean. También simboliza un ansia de libertad, especialmente si te ves paseando descalzo por la arena, o por el campo. Si ves a otras personas descalzas, representa que te sientes fuerte frente a ellas, mejor dotado y preparado que ellas para hacer frente a las situaciones que la vida pueda presentarte.

Descolgar: Si nos vemos descolgando algo, de una pared, o una prenda de un perchero, indica que, por fin, hemos decidido actuar, enfrentar los problemas y tomar "al toro por los cuernos". En el caso de que sean otros los que descuelgan, es que, después de largo tiempo, nuestras propuestas serán escuchadas y tenidas en cuenta.

Descampado: Aparecer en un descampado, desorientados, buscando una dirección determinada o algunos indicios que nos permitan saber a dónde vamos, es un sueño que nos señala nuestro estado de indefensión, nuestra necesidad de ubicarnos en la vida. Algunos autores lo interpretan con un sentido opuesto, o sea, después de una etapa confusa, se han despejado nuestras dudas y estamos ante un espacio abierto y libre.

Desconocido: Simboliza tu tendencia a descargar en otros tus asuntos. No quieres reconocerte a ti mismo como el protagonista de tu existencia y confías en conocer a alguien que te guíe, que te conduzca hacia un camino certero, lejos de las dudas que, a menudo, te envuelven en el vivir de cada día.

Descorchar: Deseamos que aflore a la superficie nuestro deseo de divertirnos, de disfrutar de la vida, que hasta ahora hemos refrenado por temor a que los demás nos considerasen frívolos. También es una manifestación de que ya no podemos más con una situación amorosa que nos tiene atenazados los sentimientos y el corazón.

Desembarcar: Vernos desembarcando en un puerto puede indicar que se acerca y, ya lo estamos intuyendo inconscientemente, el final de una etapa, o de algún proyecto que estemos desarrollando. Dependerá de los sentimientos que afloren en el sueño ante este hecho, el que ese final lo vayamos a experimentar como feliz o como desgraciado. Si estamos en un puerto contemplando el desembarco de otras personas, conocidas o no, expresa nuestro deseo de volver a ver amistades que fueron fundamentales en nuestra vida y que hace ya mucho que nos vemos.

Desfile o desfilar: Si contemplamos un desfile, de militares o de gentes en una manifestación, simboliza nuestro deseo de orden, pero también de afirmación hacia los que desfilan porque compartimos con ellos ideas y convicciones. Si somos nosotros los que participamos, indica que queremos formar parte activa de la vida y de la sociedad del momento, no ser meros espectadores.

Desgarrar: Si lo que nos vemos desgarrando en el sueño, son documentos o papeles, simboliza nuestro deseo de perdón y de olvido, de alguna falta por la que tengamos un sentimiento de culpabilidad.

En el caso que nos vemos desgarrando ropas nuestras es un aviso del peligro que corre nuestra reputación, o de la persona dueña de esos tejidos. Estamos pasando una etapa en la que predomina la ira y la intransigencia en nuestras actuaciones. Advertencia clara de que debemos tranquilizarnos y aceptar y aceptarnos con más tranquilidad y resignación.

Deshacer: Si en sueño nos vemos deshaciendo un equipaje, por ejemplo, o una labor, simboliza que no estamos satisfechos con lo que hemos hecho hasta ahora. Deseamos poner fin a una situación, especialmente de carácter laboral, para buscar otra que nos satisfaga más.

Desmayo o desfallecimiento: Es una amenaza que llega al sueño, generalmente, a causa de haber olvidado los deberes morales. También cansancio ante momentos en los que creemos que la vida nos supera. Dudas sobre si vamos a saber estar a la altura de las circunstancias.

Desnudez: Si en el sueño existen implicaciones sexuales, su significado es evidente, pero en caso contrario, evidencia el deseo de vernos libres de hipocresía. Si nos sentimos felices mientras estamos desnudos, puede que sea una forma de huir de los condicionamientos sociales. Pero si nos sentimos incómodos, puede reflejar un desamparo latente.

Destapar: El acto de levantar la tapa de algún recipiente puede tener diversas interpretaciones, según del recipiente de que se trate. Destapar una cacerola o una olla, indica preocupaciones en el terreno de la economía doméstica, pero no debemos angustiarnos porque no careceremos de los más imprescindibles para los nuestros y nuestro hogar. Si levantamos la tapa de una caja, de la que desconocemos el contenido, señala nuestra curiosidad e interés hacia lo que ignoramos y de lo que esperamos sorpresas agradables. Si es un recipiente que contenga agua o líquidos lo que destapamos, es porque, tal vez, sintamos sed física, y también puede significar nuestro miedo a carecer de ideas prácticas para resolver el día a día, miedo a la "sequedad" intelectual o creativa.

Desván: Soñar con el desván significa que en nuestro interior se están moviendo sensaciones y recuerdos del pasado. Cuando surgen los viejos fantasmas es que algo no marcha bien. Si nos vemos guardando cosas en un desván, expresa nuestro afán por relegar de nuestra vida asuntos que nos preocupan, de dejar aparcados ciertos problemas a los que creemos el tiempo dará una solución acertada.

Desvalijar: Si soñamos que nos desvalijan, que nos roban una maleta, que sufrimos un robo en el hogar o que nos atracan por la calle, es porque nos sentimos infravalorados, explotados, tanto por la familia y los amigos, como en nuestro trabajo. Sentimientos de que se está cometiendo una injusticia con nosotros ante la que nos sentimos desvalidos.

Deuda: Mala conciencia, o temor a no poder cumplir con los compromisos. También deseo de llegar a algún acuerdo. Puede ser que, en la vida real, tengamos deudas que nos preocupan y esto se refleja en el sueño, en especial si se trata de un sueño recurrente.

Diablos: Soñar con seres infernales generalmente se interpreta como estar frente a terrores irracionales o sentimientos de culpabilidad que nos roen internamente. Es como si el sueño fuera el reflejo distorsionado de nuestra conciencia, con sus temores reales o imaginarios. También puede reflejar el miedo que tenemos hacia nuestras propias debilidades. Tentaciones fuertes de hacer algo que no debemos y ante lo que nos debatimos, entre el deseo, la razón y la moral.

Diadema: Si la llevamos nosotros sobre la cabeza, es porque aspiramos a ocupar puestos importantes en la sociedad y en el terreno laboral. Seguridad en nosotros mismos y en que acabaremos por alcanzar nuestros objetivos. Si vemos a otros personajes luciéndola, simboliza nuestro respeto por la autoridad y por el orden.

Diamante: Es la más preciada de las piedras preciosas y soñar con ella se considera buen augurio en referencia a la salud, porque el diamante es incorruptible, y también en relación con proyectos de negocios, pues el que posee esta piedra se alza, con su valor, ante la adversidad de las circunstancias. Por su dureza, también puede reflejar en el sueño que contamos con energía suficiente para afrontar nuevos retos en la transformación de nuestro carácter. Es también augurio de fuerza, de valentía y sabiduría, así como de amor y lealtad en el matrimonio.

Dibujar: Aprecio y consideración por las bellas artes, deseos de volvernos más creativos, si somos nosotros los que dibujamos. El dibujo realizado también puede ser indicativo de aquellos deseos que tenemos ocultos y que nos gustaría llevar a la práctica. Por ejemplo, estamos dibujando flores, añoranzas de tener un jardín, un barco, deseos de realizar un viaje, un perro o un gato, precisar compañía, etc. Si contemplamos dibujos ajenos, o son otros los que dibujan, puede indicar que se van a conocer secretos próximos a nosotros de los que no teníamos noticias.

Diccionario: Si nos vemos consultando un diccionario posiblemente es una advertencia para que investiguemos más a fondo sobre algún proyecto o trabajo que tenemos pensado emprender. El sueño nos está diciendo que necesitamos ampliar nuestros conocimientos al respecto. Curiosidad intelectual, aspiración, tal vez inconsciente, de situarnos sobre los demás en el campo de los conocimientos.

Diente de león: Esta planta, cuyas flores cuando están secas, forman una especie de globitos sobre los que se sopla desprendiéndose lo que los niños llaman "molinillos" o "angelitos", está considerada como que da buena suerte. Soñar con ella significa que tendremos buena salud, y si estamos enfermos, que pronto encontraremos la medicación indicada para sanar.

Dientes: Soñar que se pierden los dientes es signo de frustración o de miedo a perder las energías, la fuerza vital para afrontar los desafíos. Si en el sueño perdemos un diente incisivo simboliza el temor a envejecer, a perder una buena apariencia externa, o también puede referirse al renombre o la celebridad. Si en el sueño perdemos los molares presagia una falta de voluntad para conseguir los objetivos propuestos y es el aviso para que combatamos nuestra inconstancia.

Difuntos: Soñar con que una persona fallecida nos llama, puede interpretarse como el dolor que sentimos, en la realidad, por su pérdida. Si el difunto nos tira de la ropa, es augurio de una enfermedad, pero si esta persona nos besa y nos abraza es presagio de tendremos una vida larga y gozosa.

Disfraz: Dificultades para aceptar la realidad. Las cosas no te gustan como son y quieres cambiarlas. Pero te acobarda dar la cara. Preferirías que otros te vieran como no eres, suponiendo así, una mayor seguridad para ti. Si en el sueño, apareces quitándote un disfraz, señalas tu afán por volver a tener los pies en el suelo, por mostrar tu auténtica personalidad.

Disparo: Si lo oyes, uno de tus miedos o debilidades quiere salir a la luz. Si eres tú quien hace el disparo, simboliza que tienes claros tus objetivos y que vas a por ellos, sin que nada ni nadie, te desvíe de aquello que tienes en mente. Si el objeto del disparo eres tú, fundadas sospechas de una cercana traición por parte de alguien a quien aprecias de verdad, o miedo a que te quiten de en medio en una rivalidad amorosa.

Dolor: Puede ser una señal de alarma que te envía tu cuerpo y también una manifestación de la presión que alguna situación de la vida cotidiana te está imponiendo, aunque no te atreves a enfrentarte a ella. Temores de contraer una enfermedad grave o de que la sufran tus seres queridos.

Donativos: Un sueño en el que nos vemos recibiendo una dádiva presagia cambios favorables en nuestra situación. Tiene importancia analizar a la persona que en el sueño nos entrega el donativo. Algunos autores consideran que, si es un hombre, lo que recibiremos serán buenos consejos que nos ayudarán a prosperar, y si es una mujer, el beneficio lo recibiremos a través de la ayuda de las amistades. En el caso de ser nosotros los que damos un donativo, expresa nuestro sentido de la compasión y hacer buenas obras, ayudando a aquellos que nos lo solicitan, con prontitud y sin preguntarnos si se la merecen o no.

Dragón: El dragón es símbolo de sabiduría y de larga vida, pero también representa la lucha interna para vencer al mal y a la ignorancia que todos llevamos dentro. Representa el animal de la iniciación, al que habremos de vencer para tener una nueva comprensión, ya sea referida a asuntos de la vida cotidiana como a nuestra vida espiritual o intelectual.

Dromedario: Verlo o montarlo indica que a fuerza de voluntad se alcanzarán los objetivos previstos. Se interpreta como una necesidad de ahorro por parte del que tiene este sueño, que sólo podrá conseguir a base de restringir los gastos a la mínima expresión.

Duelo: Vernos en un duelo, entierro, o vestidos de luto, anuncia fatigas y trabajos duros y difíciles. Se acerca a nosotros o a nuestro entorno, una enfermedad grave, pero que se logrará superar gracias a los familiares y amigos.

Dulce: Estar comiendo dulces, pasteles, ofrecerlos o recibirlos, señala que pronto disfrutaremos de una época grata y placentera. Los que nos rodean se mostrarán complacientes con nosotros y sentiremos su afecto y amabilidad.

E

Ébano: Si soñamos con muebles de esta madera negra, es porque deseamos lujos y comodidades que aún no poseemos. También indica que nos gustaría poder realizar algún viaje a lugares exóticos.

Ebrio: Si aparecemos nosotros en ese estado, indica nuestra ansiedad por liberarnos, por olvidar, un problema que nos preocupa mucho. Estamos viviendo una época de desequilibrios, especialmente físicos, a los que no sabemos cómo hacer frente. En el caso de ver a otros, conocidos o no, en estado de embriaguez, significa que debemos precavernos de las actuaciones arbitrarias de las que podemos ser objeto.

Eclipse: En la antigüedad este sueño se interpretó como un mal augurio, pero actualmente se considera que refleja el final de un ciclo y el comienzo de otro. Si el eclipse es de sol, se refiere a temas económicos y laborales; si es luna, alusión directa a temas amorosos y del corazón.

Eco: Puede señalar problemas para expresar nuestra verdadera personalidad, al tratar de comunicarnos por medio de la palabra. Falta de seguridad en uno mismo, estar un poco al aire de los demás.

Edad: En un sueño en el que veamos a personas de edad, ya mayores, simboliza nuestro respeto a los familiares que tenemos en estas condiciones. Temor a que les pueda suceder algo. Si estamos en un cumpleaños ajeno, o somos nosotros los que cumplimos años, buenas expectativas de una vida larga y feliz.

Edén: Soñar que nos encontramos en un jardín frondoso, lleno de flores y frutas, señala nuestro deseo de volver a la infancia. Nostalgia de los días felices de nuestra niñez, cuando teníamos todos los problemas resueltos. También se interpreta como nuestra ansiedad por dar a nuestros seres queridos lo mejor de la vida.

Edicto: Verlo fijado en una pared y estar leyéndolo o bien oírlo a través de un pregonero, se interpreta como que tememos que se nos impongan tareas que nos sobrepasan. No aceptamos bien la autoridad, especialmente si ésta es dictatorial.

Edredón: Sobre todo si se ve en el sueño un edredón muy grueso, abrigado y cómodo, puede indicar tendencia a buscar protección y una cierta dificultad para afrontar las dificultades de forma independiente. Tendencia a dar preponderancia a las comodidades del hogar sobre otras necesidades.

Eje: Dar vueltas alrededor de un eje, o ver un objeto que gira sobre él, es expresión de que deseamos centrarnos, de que esperamos tener un punto de referencia estable que nos permita actuar con equidad y justicia. Apoyo, que no tardará en llegar, y que será muy importante para nosotros.

Ejecución: Si se es la víctima simboliza sentimientos de culpabilidad que valdría la pena analizar de dónde surgen. Si nos vemos contemplándola, deseos de dar un escarmiento a los que nos han menospreciado, o a los que no nos han tenido en cuenta. Ciertos sentimientos de venganza.

Ejercicio: Puede ser que seamos nosotros los que estamos haciendo ejercicio, practicando un deporte y si es así, simboliza que queremos quemar energías, que queremos sentirnos más aliviados en una serie de cuestiones que nos pesan sobre la cabeza y el corazón. Si contemplamos a otros, deseamos que esa serie de preocupaciones nos sean resueltas por los demás.

Ejército: Seguramente estamos preocupados por algún problema que se avecina y el sueño es reflejo de las fuerzas con las que contamos para afrontar el evento. Será bueno observar qué aspecto tiene ese ejército y si quien lo compone merece nuestra confianza.

Elástico: En un sueño en el que estamos tirando de una cinta, de una goma elástica o aparezcamos luciendo unos tirantes, también elásticos, simboliza que somos acomodaticios, que no nos gustan los enfrentamientos y preferimos ceder ante las imposiciones de los demás. Convendría que hiciéramos valer nuestras ideas, pues no siempre podemos doblegarnos sin que esto tenga consecuencias en nuestra vida.

Elección: Estar en un sueño en situación de elegir, pues tener diversos simbolismos, según lo que estemos seleccionando, si bien, en sentido general, se interpreta como una situación ante la que tenemos diversas opciones y no sabemos por cuál decidirnos. Si nos encontramos eligiendo telas, puede ser que no tengamos claro cómo vestirnos ante un compromiso importante. Si seleccionamos viandas, es porque estamos pensando en qué será mejor para nuestra hogar o para los nuestros. Si hacemos lo propio con los muebles, no sabemos si renovar la decoración, o estamos pensando, mejor, dudando, en cambiar, o no, de residencia.

Elefantes: Soñar con elefantes advierte de un próximo peligro. Si estamos montados en él, anuncia una sorpresa agradable que recibiremos en breve plazo. Si estamos dándole de comer, es anuncio de que estaremos protegidos. Si vemos un elefante blanco, por su rareza, se interpreta como que tendremos una suerte extraordinaria en nuestra existencia.

Elogiar: Vernos en un sueño, elogiando a alguien en una reunión, puede ser que sintamos una sincera devoción por esa persona a la que dedicamos nuestras buenas palabras. También ser que la temamos, en caso, por ejemplo, de tratarse de un jefe o de un familiar de gran influencia, y deseemos congraciarnos con ella al precio que sea. Si somos nosotros los que recibimos los parabienes y los elogios, se interpreta como el deseo de gozar de reconocimiento social, pero deberemos estar prevenidos ante las falsedades de los que nos adulan por simple y puro interés.

Emperador: Este sueño representa necesidad de jerarquía, mando, orden, autoridad o protección paternal. Esperanzas de que pronto recibiremos ayuda y protección de un personaje importante.

Enanos: Algunos autores consideran que los enanos, con el aspecto de los cuentos infantiles, representan en los sueños sentimientos ocultos y es de vital importancia estar atentos a sus mensajes, pues pueden resultar muy reveladores. También puede que aparezcan enanos con aspecto repugnante y en ese caso pueden representar nuestros pequeños defectos de carácter que nos impiden lograr nuestros objetivos y a los que será necesario oponer la disciplina y voluntad firmes. Creer que no estamos a la altura de las circunstancias y de que podremos dar todo lo que se espera de nosotros, pero esto no es así; es sólo una sensación que debemos superar juzgándonos con más benevolencia.

Encaje: Si en el sueño, ves el encaje hecho en una prenda, indica miedo a que los demás abusen de tu confianza, y si te ves haciendo el encaje tú, entonces puede indicar que te aprovechas de la paciencia ajena. Gusto por la belleza y por la estética.

Encerrar: Si te ves en el sueño encerrando a una persona, indica que intentas esconder tu lado humano, y si es un niño, tu aspecto inocente. Si se trata de animales, o personas del sexo opuesto, estás evitando que se conozcan tus deseos más escondidos. Con el encierro pretendes tener cerca de ti a esas personas o animales que encierras, evitando un posible abandono, lo que te acusaría un gran pesar.

Encina: Este árbol, asociado y consagrado desde la antigüedad a Zeus y Júpiter, simboliza el poder, la potencia y la virilidad. Puede simbolizar la parte masculina de la pareja, y la protección del hombre dentro del hogar. Si es una mujer la que sueña que se encuentra en un bosque de encinas o bajo una encina, expresa su deseo de encontrar a su media naranja, y si ya la tiene, el deseo de ofrecerle su amor incondicional y la tranquilidad y hospitalidad de un hogar. Si es un hombre, es porque está dispuesto a comprometerse y a asumir las funciones de padre y esposo.

Eneldo: Soñar con esta planta, y si tenemos molestias en la boca, significa pronta curación. También simboliza que nos sentiremos fuerte de cuerpo y espíritu. Si tenemos bebés en casa o en familia, comerán y dormirán bien, después de pasar una temporada un tanto inquietos.

Enfermedad: Algunos autores apoyan la teoría de que el inconsciente nos está avisando a través del sueño, de una posible incubación de enfermedad, o de alguna debilidad orgánica. Pero otros apuntan que el sueño nos muestra una necesidad de afecto y cuidados. Además, hay una curiosa y antigua teoría referida a soñar que algún pariente se enferma. Si en el sueño el pariente es el padre puede ser predicción de un mal en nuestra cabeza; si es la madre, la afección será en el vientre; en caso de ser un hijo, será el corazón el que enferme; y si son hermanos o hermanas, peligran nuestros brazos y piernas.

Enjabonar: Puede que tengas problemas de imagen, o que se trate de un asunto completo que necesite un lavado de cara. También queremos olvidarnos, eliminar de nuestra vida, aquellos actos que nos hacen sentirnos mal, y por los que sentimos remordimientos.

Equipaje: Representa, con frecuencia, el bagaje de nuestra propia vida, por eso, si es rico y elegante, indica que estás satisfecho de tus logros, y si es pobre te sientes fracasado. Si pesa demasiado temes por tus bienes, y si lo pierdes, temes complicaciones económicas. Hacer el equipaje señala, tanto un viaje cercano, como el inicio de una nueva vida en un nuevo lugar, distinto del lugar de residencia habitual.

Escalera: Simbólicamente es un paso de un nivel a otro, y habrá que tener en cuenta al momento de interpretar el sueño, el tipo de escalera, la forma de los peldaños, y si estamos subiendo o bajando. A veces, cuando en el sueño aparece una escalera de caracol, viene acompañada de una cierta angustia que indica una pérdida de tiempo y energía por la consecución de un objetivo que se muestra poco valioso. Muchos autores también atienden al significado espiritual del ascenso.

Escaparate: Es una muestra de alternativas a escoger. Habremos de fijarnos en los detalles del sueño que puedan revelarnos características de esos objetos que se muestran, y que nuestro inconsciente es capaz de descubrir. Deseo de exponer, de forma pública, sentimientos y pensamientos.

Escarabajo: Soñar con uno o varios escarabajos, es de buen augurio. Como símbolo de vida y creación, este animal, que para algunos es repugnante, tiene influencias positivas en la salud, especialmente si se sufren molestias estomacales. Sólo en el caso de que el escarabajo con el que soñamos sea negro, puede ser un aviso de mala suerte. Si lo pisamos, puede desencadenarse en nuestra vida una época tormentosa.

Escenario: La intuición de poder expresar próximamente todos tus pensamientos, se pone de manifiesto en este sueño, si nos vemos sobre un escenario. Estamos en un momento en el que, despreciando los convencionalismos sociales, deseamos expresarnos y mostrarnos tal como somos ante todos. Si vemos a otros personajes sobre el escenario, conocidos o extraños, es porque estamos expectantes ante lo que nos reserva el porvenir, aunque será algo bueno, que nos llenará de alegría.

Escuela: Nos indica alguna tensión ante una circunstancia. O una cierta frustración en nuestro interior por no saber cómo afrontar algún asunto necesario. Algunos autores le dan el simbolismo de nostalgia de la niñez, deseos de aprender y si somos nosotros los que damos clases en una escuela, indica que somos solidarios y dispuesto siempre a ayudar a los demás, especialmente a los jóvenes o adolescentes que se sienten desorientados.

Escultura: Si te ves convertido en piedra, simboliza tu estancamiento en algún asunto del pasado. Si ves a los otros en forma de escultura, quizás estés echando en falta una mayor sensibilidad por su parte. Como siempre que se sueña con algo que tenga ver con piedra, o piedras, supone un sentido de dureza, que pueda ser material o espiritual. A veces es luchar contra problemas invencibles por nuestra parte, ante los que deberíamos tener resignación y dar tiempo al tiempo, en lugar de darnos de bruces con ellos, una y otra vez.

Escupir: Este acto que, inequívocamente, es de mala educación, no siempre tiene un significado negativo, ni mucho menos. Considerando que la saliva es un importante fluido humano, ver en sueños cómo escupimos, es signo de buena suerte. Si nos escupen a nosotros, no debemos ofendernos, pues desde tiempos remotos, significa que el que nos escupe desea liberarnos de las malas influencias y las malas intenciones que otros puedan tener con respecto a nosotros.

Esmeralda: Se le considera la piedra del conocimiento oculto y esotérico. Deberemos de tener muy en cuenta qué sentimiento acompaña a la visión en el sueño, pues si es placentero, indicará nuestro impulso hacia un desarrollo espiritual, pero si es angustioso, indicará nuestro miedo a enfrentarnos a las informaciones ocultas del inconsciente. También algunos autores la interpretan con relación a la salud de los ojos. Si nos regalan una esmeralda, pone de manifiesto las buenas intenciones del que nos la ofrece, deseándonos larga vida, llena de sabiduría y de fuerza vital.

Espejo: Soñar con espejos encierra siempre una sensación de misterio y de magia. Si se nos rompe un espejo, simboliza una larga etapa de mala suerte. Vernos mirándonos en un espejo, indica un deseo de agradar a los demás y agradarnos a nosotros mismos. Si son otros los que vemos reflejados en un espejo, miedo a una traición hacia nosotros por su parte. Si nos regalan un espejo, debemos desconfiar de las intenciones del que nos lo regala, aunque no siempre tiene un significado negativo, pues también puede significar que aprecia nuestra belleza física y moral.

Espino: Si vemos en sueños a este arbusto, estaremos protegidos de nuestros enemigos. Tiene casi un carácter de protector sagrado, ya que, según la tradición, la corona de espinas del Redentor que salvó a la humanidad de las garras del pecado, estaba hecha de espino. También durante la huida a Egipto, la Virgen se refugió de sus perseguidores bajo un espino, lo que la ocultó y salvó a Ella y al Niño. Sin embargo, si en el sueño arrancamos o maltratamos un espino, puede acecharnos una enfermedad grave.

Esquí: Si lo estás viendo denota tus deseos de más riesgo y aventura en la vida cotidiana. Si te caes esquiando supone todo lo contrario, es decir que estás yendo demasiado deprisa en algún asunto. Si lo estás practicando, y te deslizas de forma placentera, sin problemas, sintiendo el aire frío en el rostro y la nieve suave y límpida bajo tus pies, es porque atraviesas una época placentera, tanto en la vida personal como en la vida laboral, y no hay nada en el horizonte que haga presagiar que esta situación vaya a cambiar.

Estación: Soñar que estamos en una estación suele simbolizar las dudas y los últimos preparativos ante un cambio, un nuevo destino que generalmente produce incertidumbre. Algunos autores consideran que todo lo que sucede en la estación será una premonición de lo que podemos esperar. Por ejemplo, el retraso del tren significará dificultades o impedimentos al querer tomar un nuevo rumbo. También es importante observar a las personas que aparecen junto a nosotros en la estación y los sentimientos que nos inspiran en el sueño. Expectativas ante las que estamos confusos, ante las que no sabemos bien qué decisión tomar y, no obstante, nos ilusionan como una posibilidad de emprender nuevos retos, tal vez lejos del hogar o de los ámbitos que nos son conocidos.

Estornudar: En la Grecia clásica el estornudo se consideraba una manifestación que provenía de los dioses, y por ello, los sueños que tengan que ver con el estornudo, propio o ajeno, son de buena fortuna y si el que estornuda es un niño pequeño, se interpreta como que tendrá un vida plena y feliz. También se interpreta como que despejamos nuestra mente de ideas que nos conturbaban y recobramos la tranquilidad perdida.

Estragón: Esta especia, vista en el sueño o comer algo que la contenga, simboliza que estaremos protegidos de peligros externos a nosotros. Si se sufre de alguna dolencia cardíaca, o se sufre falta de apetito, el estragón augura que pronto se remediarán estos males.

Eucalipto: Muchos autores consideran un sueño muy positivo sobre todo si el soñador está padeciendo alguna enfermedad, pues el eucalipto es símbolo de recuperación y energía curativa. En caso de no estar enfermo, indica un aumento de la agilidad y la flexibilidad que nos permitirá afrontar proyectos sin miedo a la torpeza de nuestras acciones espontáneas.

Excrementos: Tanto si se trata de excrementos humanos como animales, si aparecen en nuestros sueños, se interpretan como que se acerca a nuestra vida, una época de prosperidad, y riqueza, principalmente si soñamos que los pisamos. Seguridad para nuestras finanzas e inversiones provechosas.

Expedición: Puede estar relacionado con algún viaje, o vacaciones que tengas en mente y aún no hayas decidido con exactitud el itinerario pero también puede que el sueño te esté mostrando un reto que tienes que afrontar y para el que necesitas irte preparando.

Extranjeros: Simbolizan o auguran cambios. También puede indicar una propensión a pensar de forma inestable y la necesidad de controlar nuestra mente. Algunos autores indican que si los extranjeros son otros, nuestros enemigos o rivales van a claudicar pronto. Curiosidad ante lo que nos es ajeno, interés por nuevas culturas.

F

Fábrica: Si en nuestro sueño aparece una fábrica en pleno funcionamiento es augurio de buena rentabilidad en los negocios, pero si vemos la fábrica parada o vacía, el augurio es de próximas dificultades laborales o económicas. Inquietud en el terreno laboral, incertidumbre si estamos buscando trabajo aunque, es más que posible, que se resuelva favorablemente.

Factura: El sueño en el que nos vemos recibiendo o revisando facturas, representa nuestra preocupación real por lo pagos que tenemos que hacer. Finanzas en estado comprometido. Si somos nosotros los que damos una o varias facturas a otras personas, simboliza que les queremos hacer pagar los malos comportamientos que han tenido con nosotros y que consideramos totalmente injustificados.

Faenar: Es posible que nos veamos envueltos en trabajos muy duros, que requieren esfuerzo físico y mental y ante los que nos encontramos un tanto inútiles. Si estamos faenando en la mar, tirando o recogiendo redes, conseguiremos aquello en lo que hemos puesto tanta ilusión y que hace tiempo perseguimos con ahínco.

Faisanes: Esta hermosa ave, durante años fue un manjar exclusivo de la mesa de reyes y nobles, cuando aparece en un sueño, simboliza nuestro deseo de escalar en la sociedad y de alcanzar un puesto de responsabilidad en el trabajo. Si nos vemos comiendo faisán, muy bien puede señalar que, está muy cerca, que nuestros anhelos se cumplan.

Faja: Si nos vemos poniéndonos una faja alrededor de la cintura, el sueño nos indica que debemos ser más cautos en nuestros gastos. Hay que pensar bien lo que tenemos y lo que podemos invertir para no sufrir luego carencias de todo tipo. Si la faja es de seda, deseos de lucimiento personal ante los demás y si es de lana, deseos de protección. Si nosotros estamos poniendo una faja a otra persona, sea o no conocida, es porque queremos que esa persona esté atenta a nuestras peticiones, aunque también puede expresar que estamos, incondicionalmente, a su lado.

Falda: Esta prenda de vestir puede tener muy diversas significaciones según como se nos muestre en el sueño. Si la vestimos nosotros, seamos hombres o mujeres, indica un deseo de ocultar las partes de nuestro cuerpo que consideramos imperfectas. Si es corta, por encima de las rodillas, señala carencias de tipo material y afectivo. Si es larga, hasta el suelo o a la altura de los tobillos, indica abundancia. Si nos la pisamos o vemos a otros que se la pisan augura problemas y contrariedades.

Familia: Si nos vemos rodeados en el sueño por familiares cercanos, señala buena armonía en este entorno. Si estamos lejos de nuestra familia, es la nostalgia de ella lo que nos hace soñar con que la tenemos cerca. Si discutimos con uno o varios familiares y así ha sucedido en la realidad, nos señala que estamos prontos a hacer las paces.

Fango: Simboliza los aspectos más impuros, desagradables de nuestra personalidad o de las circunstancias en las que vivimos. Si nos vemos andando por el fango y sentimos mucho temor a ensuciarnos, se estará mostrando en el sueño nuestro miedo a que se manifiesten aquellas partes de nosotros mismos que no aceptamos por su mezquindad. Sin embargo, este sueño también tiene aspectos positivos. Si estamos tocando barro, o haciendo algo con él, expresa nuestro poder creativo que hasta el momento no hemos desarrollado, pero que, muy pronto, podremos poner de manifiesto con grandes posibilidades de éxito.

Fantasmas: En este sueño tendrá importancia el color de la túnica o el ropaje con que aparezca el fantasma, y si su aspecto es el de algún familiar o antepasado. Si es así, puede ser un sueño en el que se nos advierta de algún peligro. Si el espectro nos es desconocido pero lleva ropaje blanco, muchos autores coinciden en que se trata de un augurio de bienestar, pero si la túnica es negra, entonces el sueño nos estará avisando de alguna traición. Algunos autores aceptan que si el espectro es de un familiar muy cercano, es que solicita de nosotros plegarias y ayuda para conseguir el descanso eterno.

Fardo: Soñar que cargamos un fardo significa que tenemos por delante una situación que nos pesa en el ánimo. Nos sentimos agobiados por las circunstancias que rodean nuestra vida, muchas de las cuales, las sufrimos por nuestra imprevisión o descuido. Claro que si en el sueño vemos que los demás cargan con un fardo nuestro, se reflejará nuestro deseo de no encarar algún problema.

Faro: Desde la interpretación de los sueños como presagios, soñar con un faro encendido indica que pronto encontraremos la solución o la ayuda esperada, pero soñar con un faro apagado indicará que aún no se ve la salida a nuestra preocupación. Indica, también la búsqueda de un ideal, de una convicción que dé sentido a nuestra vida.

Farol: Estamos pasando una época de oscuridad en todos nuestros asuntos. Nos encontramos perdidos sin saber muy bien por dónde tirar. Desearíamos encontrar una luz que nos orientase y que liberase nuestro corazón de las contradicciones que lo acongojan. Si nosotros llevamos un farol de la mano es señal de que pronto nos liberaremos de nuestras angustias. Si el farol está colgado en una pared, o se trata de una farola de calle, la solución tardará en llegar, pero al final veremos la luz al final de un túnel.

Felpudo: Se interpreta según lo que hagamos con él en el sueño. Si nos vemos pisando un felpudo de los que se colocan en la entrada de las casas o de los edificios, simboliza que dejamos atrás pequeños problemas de la vida diaria para adentrarnos en un período más tranquilo y estable. Si estamos colocando nosotros el felpudo en la entrada de nuestro hogar, expresa el deseo de que nuestros familiares y amigos no nos atormenten con sus cuitas.

Féretro: Si está abierto significa que te sientes amenazado por algún capítulo sin cerrar de tu pasado. Si está cerrado puede interpretarse como tu deseo de ocultar una parte de ti mismo que no te gusta. Estar ante un féretro, sin saber quién está dentro, es temor a la pérdida de los seres queridos, tanto en el terreno físico, como por ejemplo, por muerte, como en el terreno afectivo, por disputas o porque nuestra pareja nos abandone por otro u otra.

Feria: Este sueño, dependiendo si se trata de una feria de diversiones o de una feria en la que estemos comprando y vendiendo, puede representar diferentes augurios. En el primer caso, si estamos paseando por ella o montando en alguna de sus atracciones, indica que, pronto, se nos presentarán ocasiones para divertirnos de forma sana y familiar. En el segundo supuesto, estamos pensando en emprender empresas mercantiles y deberíamos hacerlo pues tenemos grandes posibilidades de éxito.

Ferrocarril: Indica un deseo de cambio, de marcha a otro lugar de residencia, de trabajo. Quizás sea el momento de preguntarte por qué este deseo de cambio. También señala ganas de viajar, pero de hacerlo sin prisas, con unas largas vacaciones. Deseos de conocer nuevos parajes y hacer nuevas amistades.

Fichas: Un sueño en el que veamos fichas puede representar distintos augurios. Si son fichas de juego, señalan que estamos dispuestos a afrontar el azar y que incluso lo buscaremos, fiándonos más de él que de realidades concretas, lo que podría llevar aparejado desilusiones. Si se trata de fichas técnicas como las referidas a las que se elaboran cuando uno está estudiando o las fichas con las que uno señala su entrada en el trabajo, expresan un deseo de orden y de estabilidad.

Fiebre: Si sueñas que tienes fiebre puede que realmente la tengas, así que comprueba tu estado de salud. También podría indicar una cierta alteración en tus estados afectivos. Inquietudes con respecto a problemas que hace tiempo te rondan y no sabes bien cómo solventarlos. Situaciones que te provocan accesos de ira de los que luego te arrepientes.

Fieras: Estar contemplándolas, simplemente, se interpreta como que nos sentimos a salvo de situaciones peligrosas. Si estamos paseando a su lado, indica que hemos logrado sujetar nuestros instintos y estamos en una vía racional que nos permite afrontar, con ecuanimidad, los avatares de la existencia cotidiana. Si nos atacan, miedo irracional a problemas que no van a presentarse, pero que percibimos como un gran peligro. Si la fiera, o las fieras, aparecen dominadas por nosotros, representa seguridad en nosotros mismos. Fuerza de voluntad de toda prueba.

Fiesta: Participar en una fiesta, expresa, inequívocamente, nuestro deseo de divertirnos, de pasarlo bien. Si se trata de una fiesta familiar, buena disposición con la familia. Si es una fiesta con amigos, algunos de los cuales hace tiempo que no vemos, o incluso que ya han fallecido, significa añoranza de tiempos juveniles y el deseo de mantener los lazos de amistad. Si somos nosotros los que damos la fiesta, en nuestro hogar o fuera de él, deseamos con fuerza sentirnos arropados por los queremos, y refleja nuestro sentido de agradecimiento hacia los demás.

Filete: Si soñamos con filetes de carne o de pescado, puede ser que tengamos hambre física y que el sueño represente estos alimentos como necesidad de comer. Si no es así, representan abundancia, gusto por la buena mesa y afición a la cocina.

Finanzas: Títulos de crédito, dinero en metálico o tarjetas de crédito, si aparecen en un sueño, simbolizan el apego a las cosas materiales, así como el temor a perderlas. También, sentido de ahorro y previsión que necesitamos hacer y que, hasta ahora, no nos hemos planteado en serio.

Firma: Habla de una situación de cumplimiento de un trato, y tendrás que recordar cuál era la sensación en el sueño, ante esa firma. Podrás analizar si se trata de un excesivo deseo de atar alguna situación que te preocupa. Firmeza y constancia en la adquisición de compromisos. No te asusta asumir nuevas situaciones: boda o emparejamiento, suscribir y aceptar un nuevo trabajo o un nuevo puesto de mayor responsabilidad, porque te sientes preparado para ello.

Flauta: Si oímos el sonido de una flauta en el sueño y la melodía es agradable y dulce, representa una disposición de ánimo apacible, anhelos de pureza y de tranquilidad. Si, por el contrario, se trata de una música triste, augura que pueden presentarse problemas de carácter afectivo. Si nos vemos tocando una flauta, es señal de que disfrutaremos de placeres que nos agradan mucho en compañía de las personas que más queremos.

Flecha: Si te ves lanzándola, indica que quieres llegar más allá de lo convencional en los asuntos que tienes entre manos. Ver la flecha en el aire, te hablaría de idealismo, elevación. Algunos intérpretes de sueños, ven en la flecha la determinación de conseguir, a toda costa, los designios que uno se propone, un deseo de acertar, de evitar errores, de ir sobre seguro con rapidez.

Flores: En general las flores en los sueños te hablan de emotividad y sentimientos. Cada clase de flor tiene su propio simbolismo, pero además el color añade un nuevo elemento para la interpretación. Las flores anaranjadas y amarillas reflejan el simbolismo solar y expresan vida y energía creadoras, o según otros autores, nostalgia. Rojas, pasión, sentimientos ardientes. Rosas, romanticismo y enamoramiento. Azules, curación o, según otras interpretaciones, irrealidad, ensoñación. Las flores moradas, sensibilidad y sentimientos maternales. Si son blancas pureza e ilusiones, pero también obstáculos y problemas. Si nos regalan un ramo, es expresión del amor del que nos lo ofrece. Si se trata de una mujer soltera, indica que pronto encontrará pareja. Si nos vemos en un campo recogiendo flores, significa que haremos cosas útiles para nosotros y para los demás.

Floresta: Pasear por un bosque frondoso, rodeado de plantas grandes y espesas, indica el temor a verse inmerso en situaciones comprometidas, pero no hay que asustarse, porque el bosque, al igual que puede representar peligros inesperados y desconocidos, también es un ambiente protector en el que podemos ocultarnos, en el caso de que nos sintamos agobiados o perseguidos y en el que podemos sobrevivir gracias a sus frutos.

Flotar: Quizás estás pasando por una difícil situación y el sueño te indica que debes tratar de mantenerte a flote, y persistir en tu posición evitando hundirte. Si nos vemos flotando, con una sensación placentera, significa que nos encontramos a gusto en nuestra piel, cómodos en nuestra casa, en nuestra familia y en nuestro trabajo. Si nos vemos saliendo a flote, desde el interior de un elemento líquido, del mar, de un río o un lago, es señal de que lograremos vencer las dificultades que nos agobian.

Foca: Soñar con focas expresa un deseo de maternidad o paternidad. También representa abundancia, negocios felices y habilidad en las tareas diarias o en trabajo habitual.

Fogata: Si vemos una fogata en medio de un campo, es señal de que, por fin, hemos encontrado apoyo y protección a nuestro alrededor. Si aparece en la calle de una ciudad, temor a que se trastoque lo que hemos conseguido con nuestro esfuerzo. Si la vemos a lo lejos, es porque estamos en el buen camino, en el lugar adecuado para lograr nuestros fines.

Fogón: Simboliza nuestro deseo de calor familiar e intimidad en el hogar. Dependiendo de si se está cocinando algo o no, y de qué clase es el alimento, podemos tener pistas sobre algún asunto que necesita de nuestra atención en el ámbito familiar.

Fogonazo: Percibirlo en un sueño, es augurio de que pronto recibiremos una sorpresa, una noticia inesperada que nos causará un gran impacto. Si se repite el fogonazo, quiere indicarnos que esa sorpresa será buena, que nos agradará y que desearíamos haberla conocido antes.

Fondo: Ya sea el fondo de una botella, una piscina, un pasillo, etc. el sueño te indica que es buen momento para investigar, estudiar en profundidad tu entorno, algún problema concreto, o a ti mismo. Es una invitación a conocer las verdaderas motivaciones.

Follaje: Encontrarnos entre el follaje de un bosque o de un jardín, puede tener dos significados: deseo de disfrutar más de la naturaleza, o bien encontrarnos un tanto dubitativos, un tanto perdidos por influencias ajenas que no dejan decidir con objetividad. Si son otros los que vemos en esta circunstancia, expresa nuestro deseo de ayudar a los demás.

Fotografías: Mediante las fotos de nuestro sueño podemos aprender mucho sobre nosotros mismos, las personas y las situaciones que nos importan. Así, contemplar en el sueño viejas fotografías indicará querencia a recuperar tiempos pasados. Si nos vemos haciendo fotos a otras personas, la identidad de las mismas nos hablará de nuestros afectos e intereses. Y si en el sueño vemos una foto nuestra, habremos de analizar cuál es la sensación al mirarnos y qué matices contemplamos.

Fraude: Si, durante el sueño, vivimos una situación en la que nos sentimos engañados, es porque desconfiamos de nuestro entorno. Inversiones que hemos realizado o que pensamos realizar, a corto plazo, sobre las que no estamos muy seguros. En el caso de ser nosotros los que engañamos a los demás, señala que nos sentimos más listos que el resto, que nos consideramos con posibilidad de embaucar, gracias a nuestra labia, a cualquiera que se nos ponga por delante, cuando en realidad no es así. Precaución, por tanto, en nuestra actuaciones.

Frenar: Si te ves frenando puede que el sueño refleje alguna inseguridad por tu parte, algún miedo de llegar demasiado lejos, o demasiado deprisa. Debes conservar la cabeza fría para tomar las decisiones acertadas y no dejarte llevar de las primeras impresiones o de acaloramientos momentáneos.

Frente: Tradicionalmente la frente simboliza el carácter y la personalidad, de manera que la forma que presente en nuestro sueño, sea nuestra frente o la de otra persona que el sueño remarque, simboliza las cualidades de la valentía o la tenacidad. Otros autores consideran que si aparece una frente muy elevada, simboliza que esa persona merece nuestra confianza, pero si es una frente estrecha o huidiza, debemos desconfiar.

Fresa: Soñar con esta fruta indica sensualidad, deseos de entablar relaciones íntimas con una persona que nos gusta. Por su color rojo, por su aroma y delicioso sabor se asocia al goce de los sentidos.

Fresno: Este árbol está considerado como un elemento protector. Protege a los amantes y es el símbolo de la obediencia. Si en el sueño estamos, tranquilamente, sentados a su sombra, no nos acecha ningún peligro. Si manejamos una vara de fresno, seremos amados y amaremos en un entorno de felicidad compartida. En el caso de que veamos un fresno derribado, por la mano del hombre, o por un rayo, malos augurios, presagios de que en el campo de los sentimientos no seremos correspondidos.

Frío: Soñar que se siente frío cuando en realidad la temperatura ambiente no lo es, puede interpretarse de dos formas: por una parte como presagio de longevidad aunque con poca energía, y por otro lado como la muestra de una necesidad de soledad o espiritualidad. Otros creen que soñar con frío, fuera de la estación invernal, es presagio de desgracias. Sensación de desamparo, deseos de sentirnos "abrigados" física y espiritualmente.

Frontera: Muchos autores coinciden en interpretarla como el augurio de una nueva etapa en nuestra vida, como si remarcase un cambio importante de situaciones, ya sea en el ámbito sentimental, o profesional. También puede quedar referido a un cambio en nuestras expectativas y deseos, por la adquisición de nuevos conocimientos espirituales. Sin embargo, hay quien considera que la vista de una frontera señala una limitación en nuestro campo de acción, bien impuesta por los demás, o por nosotros mismos. Si nos vemos rebasando esa frontera, buen augurio y posibilidad de llegar hasta donde nos propongamos.

Frutas: Cuando aparezcan frutas en nuestro sueño, sean del tipo que sean, siempre representarán un buen presagio. Significan la abundancia, la renovación y la vida. Si en el sueño una mujer soltera aparece pelando una fruta y consigue hacerlo sin que se le rompa la cáscara, en el plazo de un año contraerá matrimonio.

Fuego: Es uno de los elementos arquetípicos del universo y simboliza la purificación del espíritu a través de la comprensión. Para analizar nuestros sueños con fuego, habremos de observar la forma de las llamas. Un fuego devorador, todo lo contrario que la llama iluminadora, simboliza la pasión exaltada. Un fuego pequeño pero bien encendido, sin humos, representa el deseo y ternura, nuestra necesidad de calor humano. Un fuego que quema mal puede hablarnos de traiciones o problemas, presagios que se refieren tanto al cuerpo como al espíritu. Sentirnos amenazados en el sueño, por las llamas, habla de un temor intuitivo a vernos superados por una empresa que encierra alguna deslealtad o fallo. Algunos autores consideran que los sueños en que nos vemos atizando un fuego pueden tener una relación con los deseos sexuales o los deseos de venganza. Si nos vemos ante el fuego del hogar, simboliza la seguridad, la tranquilidad en el seno de la familia y la satisfacción en el terreno de las necesidades materiales.

Fuente: Los sueños en los que aparece una fuente ponen de relieve nuestras esperanzas de regeneración, de purificación o de iniciación en los misterios de la vida. Si la fuente aparece seca esas esperanzas serán vanas, pero si podemos beber de ella y el agua está fresca y limpia será un buen presagio de que nuestras necesidades emocionales serán satisfechas. Hay quien considera que según sea potable o no el agua de la fuente, el sueño será presagio de ruina moral.

Fuerte: Si esta fortificación militar la vemos en sueños, puede tener varias interpretaciones. Divisarla a lo lejos, anuncia nuestro deseo de ponernos a salvo porque tememos agresiones físicas. Si estamos en su interior y desde ella miramos hacia fuera, será que nos sentimos a salvo, más protegidos que los que permanecen fuera. Si estamos llamando a sus puertas, necesidad urgente de que alguien poderoso, se ocupe de nuestros asuntos y nos defienda en los momentos comprometidos. Si estamos asaltando un fuerte, es porque hemos logrado vencer todas las dificultades que se cruzaban entre la realidad y nuestras metas soñadas.

Fuga: Si en el sueño la presencias, se trata de cosas que no te gustan pero mantienes secretas. También puede representar algún tipo de endeudamiento. Si eres tú quien se fuga puedes estar huyendo de problemas a los que no te sientes capaz de enfrentarte. Siempre suele representar un deseo de escapar de algo o de alguien que nos agobia.

Fulgor: Vernos envueltos en una luz poderosa durante el sueño, supone que estamos entrando en una etapa en la que todo nos irá bien, después de haber paso por dificultades que nos han tenido muy deprimidos. Si esa luz nos deslumbra o nos ciega, nos señala que hay que dejarse llevar de las apariencias demasiado espectaculares o de los negocios excesivamente facilones.

Función: Sea de circo, de teatro o de cine, representa que vas a poder darte algún capricho o alegría que hace tiempo estás deseando. Esto si en el sueño contemplas una función. Si participas en ella, también indica deseos de esparcimiento, pero un esparcimiento en el que tú intervengas de forma activa.

Fundir: Tradicionalmente si lo que se funde es oro simboliza tus dudas sobre inversiones de tu capital, si es plata se presagian negocios placenteros, y si es hielo simboliza la necesidad de llegar a los demás a través de los sentimientos.

Funeral: La asistencia a un funeral durante el sueño, siempre indica pensamientos tristes, pérdida de alguien que nos es muy querido, aunque no necesariamente indica la muerte de esta persona. Puede ser que se aleje de nosotros por un mal entendido o porque ha dejado de querernos. Sensaciones de duelo en el alma y hondas preocupaciones.

Furor: El sueño te está hablando de una etapa de nerviosismo y habrás de tener cuidado con el descontrol y el desfallecimiento que te puede acarrear el querer abarcar más de lo puedes. Es conveniente que recobres la calma, para evitar males mayores, ya que, llevado de tu inquietud, puedes equivocarte de extremo a extremo.

Fusil: Si te ves disparando al aire puedes interpretarlo como que no sabes el modo adecuado de actuar, no sabes por dónde tirar. Si te ves disparando a una diana u otro tipo de blanco posiblemente los asuntos se presentarán fáciles como objetivo a conseguir. Si ves a alguien o a ti mismo paseando con un fusil al hombro, indica que estás precavido ante posibles problemas que puedan venirte.

G

Gabán: Esta especie de abrigo grande y fuerte, señala protección ante la adversidad. Si nos lo ponemos o lo llevamos puesto, durante el sueño, señala que podemos andar seguros por la vida. Si nos lo quitamos en un interior, es porque nos sentimos cómodos y confortables en ese lugar, bien sea la casa propia o cualquier otra. Si nos lo arrebatan, temor a que descubran algún secreto nuestro y sentimientos de soledad.

Gabinete: Una habitación pequeña y recoleta, tal vez decorada con objetos curiosos, nos quiere indicar que también nosotros necesitamos recogimiento y tranquilidad. Hemos pasado una etapa en la que no paramos, compromisos sociales, reuniones laborales, trabajo constante en el hogar… y ahora, de manera inconsciente, deseamos descansar y encontrar un lugar.

Gacelas: Soñar con gacelas y gamos, verlos correr o contemplarlos pastando, es un claro indicio de que nos sentimos bien de salud, ágiles, no nos importaría marcharnos de excursión y andar por los campos disfrutando de la naturaleza. También señalan sentimientos de ternura hacia los demás.

Gafas: Es un aviso de que no sabes enfocar bien las situaciones y puedes estar dejándote engañar por los sentidos. Es necesario mantenerse alerta. Si soñamos que las perdemos, señalan desorientación a la hora de tomar decisiones. Si las encontramos, vuelta a la racionalidad y a ver las cosas tal como realmente son.

Gaita: Si la oímos sonar en el sueño, es presagio de alegría y deseos de participar en fiestas y diversiones. Si somos nosotros los que la tocamos, es porque deseamos, también, que disfruten las personas que forman parte de nuestro entorno.

Galardonar: La acción de recibir o de dar un premio, se asocia a la ansiedad para que se reconozcan nuestros méritos. Hemos realizado un gran esfuerzo en una tarea determinada, y ahora esperamos un justo aplauso a nuestra obra. Si somos nosotros los que premiamos a otra persona, señala también ese mismo fin, pues estaríamos colocados en un lugar importante, de jefatura tal vez, en la que seríamos los más indicados para reconocer a los demás.

Galera: Esta antigua embarcación simboliza el esfuerzo continuado, constante y muy trabajoso, posiblemente por los remeros que la impulsaban, todos ellos forzados que cumplían así su condena. Si en el sueño vemos el carruaje que también se llamaba así, es porque tenemos deseos de viajar a lugares históricos por nuestra cuenta, con tiempo y sin prisas.

Galerna: Vernos inmersos en un viento muy fuerte y, especialmente, si estamos en el mar, nos previene de que no nos expongamos a situaciones peligrosas.

Galgo: Si este perro aparece en nuestro sueño, lo vemos correr o lo llevamos nosotros de paseo, quiere señalarnos que tendremos la mente despierta, pronta a tomar determinaciones acertadas. Nos volveremos más elegantes y refinados de lo que hemos sido hasta el momento, pero de una forma natural, sin afectación.

Gallardetes: Estas banderolas que se colocan como adorno, o aviso, en embarcaciones y edificios, señalan sentimientos de fiesta y felicidad. Verlos en sueño, mientras ondean al viento, indican que pronto disfrutaremos de un período donde se sucederán las celebraciones y participaremos en fiestas populares.

Galletas: Estar comiendo galletas, se interpreta como la nostalgia de los sabores y los goces de nuestra infancia. Añoranza de los entretenimientos infantiles y de las personas que entonces teníamos a nuestro alrededor. Si estamos haciendo nosotros las galletas, es porque nos invaden sentimientos de ternura y de cariño hacia los pequeños. Tal vez estamos deseando tener un hijo, o estar cerca de los niños de la familia.

Gallinero: Es considerado como símbolo de confusión y desorden, y sería bueno que analizases tu atracción por los chismes y los rumores. Otra significación que se da a este sueño es la de que no carecemos de lo más imprescindible, tal vez porque las gallinas dan huevos, alimento preciado desde siempre.

Gallo: Deseamos hacernos notar, imponer nuestros criterios en cualquier ambiente, sea laboral o entre amigos. Toleramos mal las intromisiones y nos consideramos los amos del lugar. Deberíamos ser un poco más humildes, pues como al gallo, siempre hay alguien, superior a nosotros, que nos puede cortar las alas. Si lo oímos cantar, augura buenas noticias. Si lo vemos picoteando el suelo, simboliza la abundancia, y si se nos aparece en forma de veleta, colocada sobre los tejados de la casas, protección. Si contemplamos una pelea de gallos en un gallinero, disgustos cercanos con parientes y amigos.

Galopar: Refleja buenos estados de ánimo. Habrás de tener en cuenta la necesidad de parar para reflexionar y ver con perspectiva el camino que recorres. Fuerza para dominar las situaciones, pues el galope supone que controlas a la cabalgadura, aunque también, cierta precipitación en el obrar.

Ganado: Sea del tipo que sea, ver pastando a un rebaño indica tranquilidad de espíritu, ánimo resignado y complaciente, alejado por completo de las intenciones aviesas y de las ambiciones desmesuradas. Si lo apacentamos nosotros, es porque sentimos ganas de conseguir un trabajo menos fatigoso y sobre todo, preocupante, que el que desempeñamos en la actualidad. Si este sueño se repite con cierta frecuencia, es posiblemente que lo consigamos.

Ganchillo: Si estamos haciendo una labor de ganchillo y lo manejamos con rapidez y facilidad, indica laboriosidad e interés, principalmente, en las tareas domésticas o en las tareas artesanales. Si estamos aprendiendo a manejarlo y nos sentimos un tanto torpes, se interpreta como que estamos cambiando nuestras prioridades laborales y sociales, deseando más tranquilidad y sosiego.

Gansos: Tenemos muchas habilidades, pero rara vez logramos ponerlas en práctica ante los demás. También puede significar que hayamos metido la pata al juzgar a otros y no sepamos cómo enmendarlo, pero con un poco de buena voluntad por nuestra parte, lograremos que se acepten nuestras disculpas. No hay que tener miedo a reconocer nuestro error.

Garaje: Posiblemente en tu mente ronda la idea de algo que se acaba, que ha llegado a su meta. Deseamos aparcar, dejar de lado, aquello por lo que nos hemos esforzado y que no nos ha dado los frutos esperados. Pensamiento que implica el temor a perder alguna posesión.

Gardenia: Si en sueños vemos y percibimos el olor embriagador que desprende esta flor, es porque estamos muy enamorados, aunque no nos atrevemos a confesarlo ni a la persona que amamos ni a nosotros mismos. Sensibilidad, sensualidad y pasión han convertido nuestra vida en un torrente de emociones. Convendría que nos atreviésemos a declarar nuestros sentimientos, aun a riesgo de no ser comprendidos.

Gargantilla: Este adorno que rodea el cuello, puede tener diversa significación, según cómo aparezca en el sueño. Si nos regalan una gargantilla de oro, plata o con piedras preciosas, la persona que nos la ofrece siente un gran por amor por nosotros, pero se trata de un cariño absorbente y excluyente, como si nos quisiera sólo para ella. Si nosotros regalamos una gargantilla, expresamos el interés hacia el sujeto de nuestro regalo y, abundando en la significación anterior, ese interés es acaparador. Si nos vemos luciendo una gargantilla, no importa de qué material, refleja cierto grado de afectación, de desear que todos vean lo que poseemos y que consideramos es mejor que lo que tienen los demás.

Garito: Entendiendo por tal un lugar donde se juega con personajes poco recomendables, verlo en sueños se interpreta como posibilidad de una pérdida económica importante. Amistades que en nada nos benefician, más atentas a ver lo que nos pueden sacar que a ningún otro sentimiento.

Garra: Se interpreta como presagio de mala suerte y es necesario que te armes para resistir ante cualquier tipo de ataque. Deseo de hacernos bienes que no nos corresponden y de dominar a los demás.

Garrote: Si nos vemos blandiendo un garrote como arma defensiva, es porque estamos dispuestos a no dejarnos avasallar por nadie, aunque se trate de un personaje, cargo o autoridad importante. Si estamos apoyados en él, búsqueda de seguridad física y anímica. Sostén que esperamos encontrar en personas cercanas a nosotros.

Garzas: Estas aves zancudas simbolizan el sosiego y la elegancia natural. Gracia y encanto en el trato personal y si las vemos volando, armonía en sociedad.

Gas: Soñar que utilizamos gas en algún servicio doméstico significa que nuestros planes saldrán según lo previsto, pero si intentamos encender el gas y no podemos, este sueño nos avisa de que pueden surgir imprevistos que nos perjudicarán en su resolución. Este simbolismo aún será más fuerte si lo que vemos en el sueño es una explosión de gas, pues en ese caso lo que se anuncia es un desastre como consecuencia de una imprevisión.

Gasolinera: Quizás has encontrado lo que buscabas en alguna parcela de tu vida. Algunas interpretaciones dicen que simboliza la concesión de algún tipo de crédito, si en el sueño ves que te sirven gasolina. Necesidades cubiertas.

Gato: En general es símbolo de sensibilidad e intuición, pero tradicionalmente se acostumbra a interpretar los sueños con un gato negro como señal de mala suerte o infidelidad; si es blanco, debilidad de carácter o falta de decisión. Buena suerte si es color miel y si es atigrado, fortaleza para saber valerte por ti mismo. Simboliza también la flexibilidad y agilidad corporal, así como la astucia y la habilidad para buscarse el sustento. Por su capacidad natural para ver por la noche, soñar con un gato, no importa el color, es augurio que veremos, con claridad, posibles trampas que nos prepara la vida.

Gavilán: Esta ave rapaz es símbolo de fuerza y energía. Su vuelo alto y poderoso puede traducirse como que nos elevaremos sobre las miserias terrenales y alcanzaremos las regiones superiores del intelecto y la espiritualidad. Aptitud y facilidad para saber aprovechar las buenas ocasiones.

Gavilla: Ver gavillas de trigo o de cualquier otro cereal, dispuestas sobre el campo o en una era, es anuncio de que pronto cosecharemos éxitos en la faceta profesional. La abundancia y la prosperidad se acercan a nuestra vida después de un tiempo de carencias y privaciones.

Gaviotas: Aunque hay gaviotas que viven mar adentro, para los marineros la presencia de esta ave anuncia la proximidad de tierra, de un cercano puerto. En este sentido si las vemos en nuestro sueño, señalan que llegaremos, a no mucho tardar, a la meta que nos hemos propuesto. Si el sueño se presenta cuando estamos de viaje, indica que sentimos un fuerte deseo de regresar a nuestro hogar.

Gemas: Si vemos en sueños gemas, que no son más que las piedras preciosas de cualquier orden, es porque nuestro inconsciente nos lleva hacia un mundo de lujo y ostentación. Ambicionamos más de lo que tenemos, aunque tal vez es algo que nos ocultemos a nosotros mismos, aunque nos pierden los trajes de marca, los complementos ostentosos y las joyas exquisitas. Algunos autores dan otra interpretación a este sueño, ligándolo a un deseo de belleza pura, especialmente, si las gemas están sin engarzar ni montar, en su estado natural, sin que formen parte de ninguna joya.

Gemelos: Con esta palabra se designan conceptos diversos, según cuál sea, así debe ser su significación en el sueño. Si se trata de gemelos, como los adornos con que hombres y mujeres se sujetan los puños de camisas y blusas, representan el cuidado y la atención que el que los sueña pone en su persona. Buen gusto y refinamiento, especialmente en el vestir. Si son gemelos, como instrumento óptico que sirven para mirar de lejos, señalan precaución ante los acontecimientos futuros, así como cierto don de clarividencia ante sucesos inesperados por los demás. Por último si se trata de hermanos gemelos y nosotros no lo somos, soñamos con esta relación porque nos gustaría tener cerca alguien afín, bien en la familia, o fuera de ella, pero con el que pudiéramos compartir tanto las alegrías como las penas y los secretos más íntimos.

Genciana: Soñar con esta planta silvestre, simboliza la longevidad. Viviremos muchos años si nos vemos cogiéndola en un prado o en las laderas de montañas altas. Sin duda esta interpretación se deba a que la genciana florece cuando esta planta tiene ya diez años y puede vivir más de sesenta.

General: Si vemos a este cargo militar durante el sueño, desfilando o contemplando una parada, expresa nuestro temor a ser corregidos o castigados por algún superior. En el caso de que nos veamos a nosotros como generales, sin tener ninguna relación directa con la milicia, expresamos nuestras ganas de mandar y nuestra poco disposición a obedecer.

Gente o gentío: Si nos encontramos en medio de un gran número de personas, inmersos en la muchedumbre, significa que tenemos miedo a la vulgaridad, a no ser más que un número, a no destacar en nada. Sensación de barullo mental por estar más pendientes de la opiniones y actuaciones de los otros que de nuestras propias convicciones.

Geranio: Esta planta, tan común en jardines, ventanas y balcones, se identifica con la alegría de vivir y con la resistencia a las adversidades. No importa de qué color sean las flores que veamos en el sueño, siempre representarán que tendremos ánimos para seguir adelante, con buen humor y sin dejar que nos venzan los problemas.

Gigante: Si lo ves en tus sueños puede que en algún asunto te estés sintiendo pequeño ante los acontecimientos. Si el gigante lo eres tú representará lo contrario, aunque habrás de analizar muy detenidamente los sentimientos que acompañan a ese sueño. Algunos autores afirman que soñar con gigantes representa todo aquello que debemos vencer para liberarnos y expandir nuestra personalidad, o también, cierto temor a que nos supere la realidad.

Gimnasio: Puede ser una indicación de que necesitamos desarrollar más, con esfuerzo y disciplina, una parte de nosotros mismos. No necesariamente se ha de referir al aspecto físico, sino a alguna parte de nuestra personalidad, a las emociones, a la mente, o al terreno espiritual.

Ginseng: Conocida en Occidente no hace tanto, el ginseng es la más conocida y famosa de las plantas de la medicina china. Está considerada como una auténtica panacea y su nombre quiere decir hombre-raíz. Soñar que la ingerimos es presagio de vida larga, sana y feliz. También nos sentiremos fuertes, vitales... y enamorados, pues es un potente afrodisíaco. Si tenemos una copa de vino en la que, previamente hemos vertido extracto de esta planta, augura tranquilidad y agudeza intelectual.

Girasol: Un girasol en nuestro sueño puede estar advirtiéndonos de la necesidad de no perder de vista nuestros objetivos, vigilándolos y siguiéndolos, tal y como esta planta sigue el curso del sol. Capacidad de adaptación, fidelidad a los principios que nos enseñaron en nuestra infancia.

Gladiolos: Ver en sueños estas varas de lirios, indican armonía y belleza. Si están en un jarro, decorando nuestra casa, es que todo anda bien a nuestro alrededor y con los nuestros. Si nos lo regalan, buenas vibraciones con la persona que nos los obsequia. Si los regalamos nosotros, voluntad de agradar y de congraciarnos con los que reciben los gladiolos.

Globos: Soñar que viajamos en un globo aerostático expresa nuestra querencia a las experiencias arriesgadas y fuera de lo común. Si soñamos con globos infantiles, de esos que los niños llevan sujetos con un cordoncillo y tenemos pequeños en la casa, indica nuestro deseo de divertirles. En el caso de no ser así, pueden representar la añoranza de juegos de la niñez. Si lo que vemos es el globo terráqueo, es que vamos a hacer algún viaje y no nos importaría nada que este viaje fuese al otro extremo del mundo.

Golf: Estar jugando al golf o contemplar un partido, simboliza nuestro deseo de acertar en un negocio que pensamos realizar. También nos han pedido un consejo en un asunto grave y serio y estamos deseosos de hacerlo lo mejor posible.

Golosinas: Sentimos el apetito de algo que nos está vedado, bien por nuestra salud, o bien por nuestra condición social o laboral. Ver caramelos, bombones, anises, sobre un plato y coger algunos para comérnoslos, indica que hemos caído en la tentación, sea del tipo que sea. Si damos golosinas a los niños, señala nuestra ternura hacia ellos y el deseo de complacerles.

Golpear: Golpear en sueños contra algo sólido es pronóstico de querellas y conflictos. También los golpes que recibimos en sueños representan problemas, o intuiciones de penas para las que habrá que prepararse emocionalmente. Si golpeamos a alguien, es una muestra de nuestra ira, no contra esa persona determinada, sino más bien contra todo y contra todos. Deberíamos de controlarnos en vista a nuestra propia salud mental.

Goma: Si se trata de una goma de borrar y la estamos utilizando, denota que queremos poner fin a una etapa y cerrar un período de nuestra vida que nos ha causado hondos pesares. Si fuera goma de pegar y estuviéramos, también, usándola, es porque no queremos que nada se nos escape, queremos tenerlo todo bajo control, atado y bien atado.

Gorros: Llevar, en el sueño, puesto en gorro en la cabeza, especialmente si es de lana o de cualquier otro tipo de abrigo, pone de manifiesto que no quieres que nadie te llene la cabeza con murmuraciones y cotilleos acerca de los demás. No quieres prestar oídos a falsas opiniones. Si se trata de un gorro de adorno, significa que prestar atención a tu cuidado personal y te gusta distinguirte del resto, con complementos elegantes y exclusivos. Si lo llevas calado hasta los ojos, es porque estás más que harto de soportar a determinadas personas de tu entorno que sólo buscan aprovecharse de ti.

Gota: Ver una gota de agua, resbalando sobre una superficie, o sentir las gotas de agua de lluvia sobre la piel, es presagio de bienes abundantes y de comodidad en la vida. No careceremos de lo necesario e, incluso, podremos dar a otros lo que a nosotros nos sobre. Generosidad y solidaridad con las causas justas.

Goteras: En sueños, un agua que rezuma por donde no debe, simboliza las emociones no controladas y un fondo de problemas sentimentales. Si vemos las goteras en nuestro hogar, nos amenazan pérdidas, además de sufrir averías domésticas.

Granadas: Esta fruta, cuyos granos de un rojo encendido están guardados en su interior, es símbolo de la pasión amorosa, sobre todo, de pasiones pecaminosas y ocultas. Si soñamos con ellas, seguramente estamos enamorados de una persona ya casada o comprometida y sufrimos por un amor no correspondido, que presente muchos inconvenientes o que no puede demostrarse ante los demás. Si la granada está abierta o nos la estamos comiendo, denota que estamos dispuestos a afrontar cualquier crítica con tal de llevar a buen término esa pasión que nos consume.

Granizo: Ver cómo cae una tormenta de granizo o sufrirla directamente, nos anuncia pérdidas notables de las que nos recuperaremos con dificultad. Si nos guarecemos y esperamos a que pase, esas pérdidas serán menores y nos servirán de advertencia ante propuestas descabelladas que nos presenten como el negocio del siglo.

Granja: Si en el sueño estamos viviendo en ella representa el mundo de la administración de nuestros bienes, así que habrá que tomar buena nota de las connotaciones positivas o negativas que aparecen alrededor de la granja soñada. Si estamos visitando una granja, sin que sea nuestra, muestra el interés que sentimos por emprender un negocio relacionado con el campo y la naturaleza y tenemos muchas posibilidades de éxitos si, por fin, decidimos dedicarnos a él.

Grano: Sean del cereal que sean, si en el sueño nos vemos acarreando sacos de grano o los tenemos en las manos, simbolizan el éxito en nuestros negocios. La vida nos tratará bien. Si se trata de granos de arena, recibiremos una ayuda que, al principio, consideraremos insignificante pero que, con el tiempo, se demostrará que fue vital para nuestros intereses.

Grava: Un camino de grava que se nos presente en el sueño simboliza que tendremos dificultades, que se nos presenta una senda trabajosa en el terreno laboral y también, quizás en el terreno personal. Si la relaciones con nuestra pareja están pasando una época de crisis, y nosotros transitamos por encima de la grava, quiere decir que esa etapa va a prolongarse un tiempo, pero que al final resolveremos, con bien, nuestras diferencias.

Grieta: Algún asunto en el inconsciente está a punto de convertirse en un mal mayor. Quizás un sentimiento o una relación, o cualquier otro tema que pueda estar dando muestras de resquebrajamiento y sobre el que hace falta prestar más atención y cuidado. Amistades que están sufriendo un fuerte deterioro y no por nuestra causa. Convendría que analizásemos qué ha podido llevarnos a estos extremos.

Grifo: Abrir, en sueños, un grifo y de que él salga agua, representa que todo está en orden en nuestra existencia. Quizás hayamos pasado una época de carencias, tanto económicas como afectivas, pero, si aún no se han resuelto, estamos en camino de lograrlo y desde luego, no tardaremos en recobrar la estabilidad. Si por el contrario, de los grifos no mana ningún líquido, es porque tememos, íntimamente, que nos falte lo más necesario y tememos, también, que los demás nos den de lado.

Grilletes: Si en el sueño estamos sujetos por grilletes, es la expresión de nuestro miedo a que nos exploten en el trabajo, o que otros se aprovechen, en demasía, de buenas intenciones. Temor a atarnos a relaciones que nos atraen, profundamente, pero que, racionalmente, sabemos que nos nos convienen Sería interesante que fuésemos capaces de hacer prevalecer la razón sobre nuestro corazón. Si nosotros colocamos los grilletes a otro u otros, es porque deseamos dominar la situación, no queremos oposición en ningún sentido.

Grillo: Es posible que oigamos el canto de este insecto durante el sueño y si es época veraniega, cuando se tienen las ventanas abiertas, es también más que posible que este canto corresponda a la realidad. Pero si no es así, tal vez hayamos hecho algo de lo que no estamos muy satisfechos y el insistente canto del grillo, nos recuerde sin cesar, esa pequeña falta.

Gris: Todo lo que aparece impregnado de una tonalidad gris en nuestros sueños se interpreta como aquellos temores y angustias que se resisten a salir a la luz. Es el color que se identifica con las capas más profundas del inconsciente. También es un color neutro que señala nuestra actitud de apartarnos de discusiones y peleas estériles.

Grito o gritar: Puede tener varios significados, uno de advertencia, si nos vemos gritando solos, sobre un promontorio o en un espacio grande y vacío. Queremos decir a los demás, a la sociedad, que hay que tener cuidado sobre acontecimientos que se aproximan que consideramos perjudiciales. Si estamos gritando a alguien, denota enfado, estamos contrariados y lo expresamos de esta forma. Si somos nosotros los receptores de los gritos, puede que hayamos realizado alguna acción merecedora de estos gritos, o bien que despertemos la animadversión del que nos grita.

Grulla: Soñar con estas aves zancudas es símbolo de distinción y elegancia. Si las vemos andando, estaremos en el buen camino a la hora de seleccionar nuestro atuendo para un acontecimiento al que nos han invitado y en el que deseamos quedar bien. Gusto al seleccionar regalos y elementos de decoración para nuestro hogar. También elegancia moral y modelos refinados.

Gruta: Las grutas como las cavernas, en sueños, tienen una interpretación benéfica y un sentido terapéutico pues representan las entrañas de la tierra, y el contacto con las fuerzas telúricas. Sensación de protección relacionada con el útero materno.

Guadaña: Este instrumento, que se emplea para segar a ras de tierra, a menudo se emplea como símbolo de la muerte. Sin embargo, visto en el sueño no tiene esta significación aciaga. Si estamos segando con ella, recogeremos buenos frutos de nuestros negocios e inversiones. Si se acercan a nosotros con una guadaña, se trata de alguien que quiere eliminar nuestros malos hábitos en un sincero deseo de que nos volvamos mejores personas.

Guantes: Si nos soñamos perdiendo los guantes es que interiormente sabemos que hemos perdido una buena oportunidad en la vida. Si los llevamos puestos en un lugar no adecuado, demuestra nuestra preocupación por ocultar alguna parte de nosotros mismos, defectos o malas acciones. Si en el sueño nos sentimos torpes por tener que desarrollar una tarea con los guantes puestos, se trata de un complejo de inferioridad sobre el que debemos meditar. También, si se trata de guantes de lujo, de encaje o de fiesta, representa nuestro gusto por ir bien arreglados, por usar los complementos adecuados.

Guardamuebles: Si nos vemos arrinconando muebles de nuestro entorno y llevándolos a otro lugar para quitarlos de uso, el sueño expresa un deseo de renovarnos, de la cabeza a los pies. Queremos dar carpetazo a viejas inquietudes, a trabas familiares que nos han impedido realizar nuestras ambiciones para entrar en una época en la que podamos vivir y mostrarnos tal y como somos. Si son otros los que retiran muebles y nos son desconocidos, tanto los sujetos como los objetos, parece que esta renovación se está produciendo sin que la hayamos propiciado nosotros, sino más bien, que nos ha venido dada y la aceptamos con agrado.

Guardapolvo: Generalmente, el guardapolvo suele ser una bata, de tela ligera, que se coloca encima de los vestidos para preservarnos del polvo o del peligro de mancharnos. Verlo en sueño y puesto sobre nosotros, indica que se acercan a nuestra vida trabajos inesperados, que nos cogerán un poco por sorpresa, pero a los que hay que atender y hacer frente. El uso de guardapolvo señala que estamos dispuestos a ello y, que de nuestra buena voluntad, obtendremos resultados interesantes.

Guardar: Sentido del ahorro, precaución en los gastos, se guarde lo que se guarde en el sueño. Simboliza también tener cuidado ante situaciones que no vemos claras y obediencia ante las reglas que nos impone la sociedad.

Guerra y guerreros: Contemplar una contienda en el sueño, augura conflictos interiores y problemas de costosa resolución. Si participamos en ella, si somos nosotros los que guerreamos, es porque deseamos poner fin a esos conflictos y estamos dispuestos a todo con tal de recobrar la tranquilidad, especialmente, la espiritual.

Guía: Puede ser que transitemos por lugares desconocidos y alguien nos guíe por esas sendas. Denota nuestro deseo de encontrar una ayuda, alguien en quien confiar en un período de incertidumbres que estamos atravesando. Si nosotros somos los guías, es porque nos sentimos seguros de nuestras convicciones y posibilidades de ayudar a los demás. Si consultamos una guía, no importa de qué sea esta guía, de viajes, de carretera, de teléfonos... señala que no nos importa pedir ayuda y que estamos dispuestos a aceptar la que se nos ofrezca, bien de forma material o bien en forma de consejos y compañía.

Guirnalda: Si en el sueño vemos guirnaldas de flores implica un doble simbolismo, por una parte el de bienvenida que puede referirse a nuevos acontecimientos que aparecerán en nuestra vida, y en segundo lugar, el de lo efímero pues las flores se marchitan en un corto espacio de tiempo. Así que puede ser una advertencia sobre algún asunto venidero que, aunque de contenido amistoso y alegre, durará poco. Si somos nosotros los que estamos trenzando guirnaldas, colocándolas en algún lugar o entregándoselas a alguien viene a decir que estamos en buena predisposición ante la vida y ante los demás.

Guisar: Estar en la cocina, propia o ajena, en actitud de elaborar algún plato, es sinónimo de nuestro gusto por las tareas domésticas. Sentimos placer en ofrecer y ofrecernos un hogar agradable, ordenado, en lo que todo está donde debe. Puede ser que en realidad nos agrade el arte culinario y el sueño sea una expresión de esos momentos gratos que pasamos embebidos en las artes culinarias. Si vemos a otra persona guisando, es señal de que seremos bien recibidos y agasajados allí donde nos hayan invitado. Pero también puede indicar carencias materiales y preocupación por no tener la seguridad de qué vamos a poner en la mesa del día a día.

Guitarra: Si estamos tocando este instrumento indica nuestra pasión por la música, y tal vez que sepamos hacerlo cuando estamos despiertos. Si este acto se produce rodeados de amigos que nos escuchan, es señal de que participaremos en reuniones agradables con amigos y parientes en las que seremos el centro de atracción. Si asistimos a un concierto de guitarra o son otros los que la tocan, admiramos la destreza de los demás y sentimos cierta envida sana por no poseerla nosotros.

Gusano: Los gusanos que aparecen en sueños dentro de frutas, pueden estar hablando de corrupciones ocultas en situaciones que tienen un aspecto bueno y adecuado. También puede representar la aparición de intrusos o extraños en relaciones afectivas que creen problemas. Como en otros sueños, que a veces tienen un sentido contrapuesto al elemento en sí, los gusanos que suelen representar la putrefacción o la podredumbre, pueden significar un renacimiento, una nueva vida, porque en la inmundicia, en muchas ocasiones, florece la hermosura y es el abono de una vegetación fresca y renovada.

H

Haba: Si soñamos con esta leguminosa es un pronóstico de abundancia y felicidad. Tanto si vemos un campo de habas, si las estamos cultivando o comiendo, podemos tener la seguridad de que nos pronostican un período en el que no careceremos de nada, e incluso, en el que estaremos dispuestos a dar a los demás aquello que a nosotros nos sobra.

Hábito: Tanto si lo vestimos como si vemos a personajes con hábitos, frailes o monjas, indica arrepentimiento. Algunas acciones recientes que hemos realizado creemos que no han sido todo lo buenas que debieran, y quisiéramos enmendarnos, pero no sabemos qué penitencia imponernos. Tal vez si nos dirigiésemos a alguna persona del orden religioso y le contásemos nuestras cuitas, nos ayudaría a resolver el problema moral por el que nos sentimos acuciados.

Hablar: Estar hablando en el sueño, con una o varias personas, en un ambiente distendido, representa que tenemos facilidad de palabra y que nos encanta relacionarnos con los demás. Si el tono de la conversación es subido, discusiones con nuestro entorno. En el caso de que tengamos que dirigirnos a un auditorio para dar una conferencia, y estemos intranquilos por si sabremos hacerlo bien, este sueño nos augura el éxito.

Habitación: Representa el buen entendimiento con nuestra pareja, o, en general, la situación de nuestra vida sentimental. Por eso hemos de observar el ambiente de la habitación en el sueño. Si es desagradable simboliza temores y frustraciones y, si es armonioso, bienestar y serenidad. Si vemos goteras indica la presencia de emociones incontroladas y las grietas son presagios de futuras rupturas.

Hacha: El hacha tiene un fuerte simbolismo religioso, especialmente, en las culturas primitivas. Como instrumento cortante se asocia a la vida y a la muerte. Si nos vemos manejando un hacha, en nuestro sueño, indica que estamos tomando decisiones importantes en ella, unas decisiones que supondrán un cambio radical en nuestra vida, pero que son totalmente imprescindibles. Si nos dan un hachazo, significa que otros decidirán por nosotros, cosa que no nos conviene nada, pues sería mejor que tomásemos la riendas de nuestra existencia. Si personas desconocidas son las cortan con un hacha un árbol, un tronco, es porque conocemos los problemas de los demás y estamos expectantes para ver qué hacen para resolverlos.

Hachón: Esta vela gruesa y larga, que suele llevarse en las procesiones, manifiesta que deseamos poner luz en un asunto que nos preocupa. Hace tiempo que le estamos dando vueltas, pero no acabamos de ver el final del túnel. Esta solución llegará, pero no será de forma inmediata, sino a largo plazo.

Hacienda: Entendiendo por hacienda una finca agrícola o ganadera con su casa correspondiente, es la representación de nuestros deseos de tener una vida holgada, una forma de vida que tenga que ver con el campo. Estamos hastiados de las prisas, de las angustias de la ciudad y nos gustaría levantarnos y acostarnos contemplando tierras de labor o ganado que fuera nuestro. También presagia una herencia que tendrá alguno de los aspectos soñados.

Hadas: Simbolizan los poderes paranormales y las grandes capacidades de la imaginación, y soñar con ellas puede representar nuestros deseos de alcanzar algo que en la realidad no nos vemos capaces de conseguir, como si con el sueño estuviéramos tratando de compensar la frustración que nos produce nuestra incapacidad. Pero otros autores, sin embargo, consideran que soñar con hadas es un sueño profético que muestra la posibilidad de que se vaya a lograr algo que consideramos imposible. Facultades imaginativas fecundas, positivas, con posibilidades de emprender labores creativas importantes. Nos sonreirán las cosas que tengan que ver con la suerte como si hubiésemos sido tocados por una varita mágica.

Halcón: Soñar con este ave o cualquier otra de cetrería, indica poderío, fuerza, vigor. Su vuelo majestuoso, es presagio de que lograremos elevarnos sobre las miserias que nos rodean, para alcanzar las regiones del intelecto y, también, dejar de lado las preocupaciones de orden material.

Hamaca: Si estamos acostados en ella, meciéndonos plácidamente, es señal de que, por fin, conseguiremos descansar después de una época de actividades trabajosas y no siempre compensatorias. Si está vacía, sujeta entre dos árboles, expresa que necesitamos tomar unas vacaciones. Estamos cansados física y mentalmente y quisiéramos olvidarnos del mundo por una temporada.

Harapos: Debemos observar los sentimientos que acompañan al sueño que hablarán de nuestra preocupación por un incierto futuro económico si en el sueño nos vemos angustiados por nuestra apariencia. Pero si nos sentimos a gusto y confiados con nuestros harapos soñados indica una certidumbre de la importancia del yo más profundo que resulta más fuerte que todas las apariencias.

Harén: Para los varones soñar con un harén, presagia la presencia futura de circunstancias que tenderán a distraer y entorpecer nuestro camino hasta el objetivo trazado. Para las mujeres, el sueño muestra la inclinación por los valores materiales y también inclinaciones sexuales no muy bien definidas.

Harina: Seguridad en que nunca nos faltará con qué vivir, tanto a nosotros como a los nuestros. Si nos vemos trabajando la harina, realizando pan o dulces, felicidad en el hogar y con la familia.

Hatillo: Ir con hatillo al hombro, se interpreta como el deseo de dejar la rutina familiar, social y laboral, para emprender un camino incierto pero ante el que sentimos ilusión y ante el que nos sentimos esperanzados. No nos preocupa desembarazarnos de cierta comodidad con tal de conocer nuevos rumbos y experimentar nuevas sensaciones.

Haya: Soñar con este árbol, bien aislado o bien en conjunto, en un hayedo, augura protección y amparo para los que están a su sombra. Contemplarlo, simplemente, es anuncio de que pronto nos sentiremos la ayuda de los demás, una ayuda que, además, será totalmente desinteresada.

Haz: Haces de mieses, de leña, de lino... anuncian que recogeremos buenos resultados de lo que hemos sembrado, si no los hemos recogido ya. Hemos trabajo mucho, con paciencia y constancia para lograr las metas que nos habían propuesto y ahora recibimos los frutos de nuestra labor.

Hazañas: Un sueño en que realizamos hazañas, gestas muy superiores a nuestras fuerzas, es la expresión inconsciente, de que nos gustaría ser tal como nos soñamos, cuando la realidad está bastante alejada de este ideal. Pero no hay que desesperar, porque cuando se desea, de verdad, superarse, al fin se consigue. Si las hazañas, de la índole que sea, las están llevando a cabo otras personas, admiración por los héroes y cierta secreta envidia hacia ellas.

Hebillas: Si las hebillas aparecen en nuestro sueño, según las estemos abrochando o abriendo, tienen diferente significado. En el primer caso, estamos deseando poner los puntos sobre las íes en nuestro trabajo. Queremos hacer valer nuestros derechos y nuestra valía profesional. En el segundo supuesto, esperamos poder dar rienda suelta a nuestra afectividad y creatividad. La libertad impera en nuestros sentimientos y sólo estamos esperando el momento propicio para ponerla de manifiesto.

Hebras: De hilo, de seda de paja... una o varias hebras vistas en el sueño señalan la importancia de lo pequeño, de lo menudo, para alcanzar grandes retos. La apariencia insignificante de una hebra, no debe de engañarnos ni debemos despreciarla, pues es la base de labores importantes. Debemos apreciar cualquier ayuda, por simple que parezca, tener en cuenta cualquier detalle, y fijarnos en las cosas mínimas como los puntos de partida para lograr los grandes retos.

Hechiceros: Si van acompañados de temor a que te influyan negativamente con sus poderes, estos sueños representan tu tendencia a echar la culpa de tus dificultades a los demás. Si nos vemos consultando a un hechicero o hechicera, es que ya no sabemos a quién recurrir para que nos ayude en una etapa en la que estamos muy confusos.

Hélices: Ver hélices en movimiento, sean de barcos o aviones, presagian que nos vamos a ver inmersos en situaciones que supondrán para nosotros una auténtica vorágine, y a las que no estamos acostumbrados. Es sólo por poco tiempo, y debemos aceptar las circunstancias como vienen, aunque nos causen cierto desasosiego, porque de ese movimiento, desconcertante al principio, será al principio de una época feliz y estable.

Hemorragia: Puede ser un aviso de problemas circulatorios, pero también el sentimiento de que la vida se te escapa sin darte cuenta. Sensación de que nos rebasan las circunstancias, de que se nos escurren, entre las manos, las oportunidades. Si atajamos la hemorragia, es presagio de que lograremos controlar la vida y encauzarla de forma útil.

Heraldos: Estos mensajeros de la Edad Media que han pasado a designar a todos aquellos que anuncian noticias, auguran, precisamente eso, noticias. Pronto sabremos de personas que nos son muy queridas y hace tiempo que no sabemos de ellas. También puede ser que tengamos un importante ascenso en el trabajo, inesperado, que nos causará una sorpresa agradable.

Herbazal: Quizás nos veamos andando por un campo cubierto de hierbas, altas y espesas por el que avanzamos con dificultad. Se acercan problemas y dificultades, contra los que lucharemos con todas nuestras fuerzas. Si estas hierbas nos molestan o nos hieren las piernas, sufrimientos, especialmente, en el terreno afectivo, pero a los que lograremos sobreponernos.

Herbolario: Hace algún tiempo que no nos encontramos demasiado bien. Pequeñas molestias nos complican la vida y queremos ponernos bien sin recurrir al médico. En este sentido puede que soñemos que estamos en un herbolario buscando remedio. Si estamos comprando, indica que nosotros estamos bien, pero que alguien de nuestro alrededor es el afectado por estos males y estamos en la mejor disposición para ayudarle a sanar.

Heridas: Algunos autores interpretan soñar con heridas, como un aviso de posible accidente, por lo que es necesario evitar riesgos. Pero en general, y siempre teniendo en cuenta la circunstancia del soñador, se interpreta como el temor latente a sentirnos heridos en nuestra dignidad, amor propio, etc. Si, por ejemplo, recientemente se ha comenzado una relación de pareja, verte herido en el sueño puede revelar tu temor a que te hagan daño en tus sentimientos.

Herradura: Es el símbolo inequívoco de la buena suerte, por el material con la que está hecha, el hierro, que es un mineral sagrado, y por ser la protección de las patas de las cabalgaduras. Si nos encontramos una herradura, es presagio de que nos sonreirá la fortuna. Si la vemos clavada sobre una puerta o una pared, en sentido invertido, con las puntas hacia arriba como si fuera una copa, representa que todo lo bueno se recogerá en ella, protegiendo nuestro hogar y nuestro trabajo.

Herramientas: Si en el sueño te ves utilizándolas indica que vas a necesitar, por algún asunto que te llegará, echar mano de todas las ayudas que encuentres a tu alrededor. Pero si sólo las miras en tu sueño, entonces simboliza la dificultad para aceptar la ayuda de los demás. También depende de qué tipo de herramientas sean las que aparezcan para determinar el sentido de la interpretación. Si se trata de herramientas de campo, es posible que el asunto en cuestión tenga que ver con este tema, o con tierras que piensas comprar o vender. Si son las típicas de la mecánica del automóvil, la relación se establece con un coche o con un viaje y, si por último, se trata de herramientas que tengan que ver con los arreglos domésticos, el tema se referirá a las cuestiones familiares.

Hervir: Si nos vemos en el acto de estar hirviendo algún líquido, o de tener hirviendo ropa, simboliza nuestro deseo de acabar, de una vez por todas, con comportamientos del pasado que consideramos oscuros y no del todo bueno. Estamos empeñados en vivir una especie de purificación que nos haga mejores personas y continuar por esta línea. Algunos autores interpretan que puede representar pasiones intensas en cualquier campo.

Hiedra: Representa el crecimiento pero también los apegos y un cierto desorden. No te aferres tanto a las situaciones pues hace falta un cierto distanciamiento para ver con objetividad. Tenacidad a lo hora de intentar conseguir lo que se desea y, a veces, excesiva fijación en asunto que deberíamos dejar de lado porque no vamos a lograr nada si nos obstinamos en seguir con él.

Hielo: Suele interpretarse como enfriamiento en las relaciones, ya sean sentimentales como comerciales, laborales, etc. Pero también puede simbolizar un tiempo de espera que lo vives como demasiado largo. Miedo a perder una buena etapa que estamos viviendo por circunstancias ajenas a nuestra voluntad, como si ese buen momento fuera a diluirse como le ocurre al hielo. También puede representar sorpresa, pasmo, ante un acontecimiento que no esperábamos.

Hienas: Estos animales, que tienen muy mala prensa, por ser depredadores y carroñeros, si los vemos en nuestro sueño tienen un significado positivo. Pondremos orden y organizaremos nuestra vida y nuestros asuntos. Limpiaremos nuestra mente de aquellos aspectos que nos preocupaban y nuestro cuerpo de malos hábitos que nos causaban molestias y alteraciones de salud.

Hierba: Si estamos tumbados sobre la hierba o rodeados de ella, el sueño nos habla de nuestro deseo de libertad y vida natural. Si además entre las hierbas que nos rodean, reconocemos hierbas medicinales, el sueño será un buen presagio de conocimiento y sabiduría. El sueño también puede llevar el mensaje de la necesidad de revisar el tipo de normas y convenciones antinaturales que hemos aceptado en nuestra vida cotidiana.

Hierro: En los sueños el hierro simboliza el poder adquirido por la fuerza, y es una forma que tiene nuestro subconsciente de mostrar nuestra inflexibilidad o rigor excesivo. Posiblemente esta interpretación sea deudora de la creencia antigua de que con el hierro se forjaban las armas de guerra y, por lo tanto, se asociaba a la muerte y a la destrucción. Sin embargo, las joyas de hierro, especialmente los anillos se otorgaban, sólo, a los muy valientes. Si en el sueño vemos objetos de hierro en nuestro hogar, estará protegido de todo mal. También llevar encima algo de hierro, asegura buena salud.

Higuera: Sestear a la sombra de una higuera, es presagio de tranquilidad, de bienestar. Si estamos recogiendo sus frutos o comiéndolos, representa alivio, si estamos apenados, y abundancia en el terreno económico.

Hijos: Soñar con nuestros hijos, señala que nos sentimos preocupados por ellos. Quizás no marchen bien en los estudios, tengan problemas de salud o económicos. Si no los tenemos y vemos a niños o a personajes que en el sueño consideramos hijos nuestros, expresa un deseo vehemente de ser padres o de haberlo sido en su momento. Nostalgia de la maternidad o paternidad.

Hilar: Si estamos hilando a la manera tradicional, con la típica rueca, simboliza la añoranza de momentos plácidos y tranquilos y, tal vez, recuerdos de la niñez. También sentido del ahorro y aprovechamiento de los recursos de los que disponemos.

Hilo: Madejas o bobinas de hilos simbolizan la continuidad de nuestros afectos y sentimientos. Sentido práctico de la vida, así como aptitudes y buena disposición para labores creativas. De todas formas, si el hilo se rompe en el sueño, puede representar que nos amenaza un peligro, o que, de forma inesperada, se nos vendrá encima un problema con el que no contábamos.

Hincha: Puede ser que nos veamos formando parte de un grupo de entusiastas deportivos, o vitoreando a algún político. Es la representación de que somos personas apasionadas, que defendemos lo que creemos con fe constante, sin caer en el desánimo.

Hinchazón: Simboliza un orgullo mal entendido pero también puede referirse a una tendencia a exagerar las situaciones. Vanidad, presunción vana y cierta necedad. También puede que tengamos alguna hinchazón física, alguna ampolla, y el sueño no sea más que un reflejo de esta molestia.

Hipnosis: Un sueño en el que nos veamos en estado hipnótico o que sintamos cómo nos hipnotizan, revela el miedo a que no podamos decidir, por nuestra cuenta, una situación que sólo de nosotros depende. Temor a que otros intervengan en asuntos vitales de nuestra existencia. Pero si somos nosotros los que hipnotizamos a alguien, seguridad en que vamos a saber, siempre, mantener la riendas de lo que nos atañe, despreciando las intervenciones ajenas.

Hipo: Soñar que tenemos hipo, nos dice que una persona que nos quiere y a la que queremos, desea ponerse en contacto con nosotros, pero, hasta el momento, no ha podido conseguirlo. Por medio del hipo, como un toque de atención, quiere darnos a entender su insistencia. Si son otras personas las que están hipando y nos resultan familiares o conocidas, es augurio de que pueden sufrir pequeños accidentes, quizás domésticos.

Hogar: Si estamos en nuestra propia casa o en el hogar de nuestra infancia, la casa de los padres, simboliza que nos encontramos bien tal y como estamos. No deseamos cambios pues estamos satisfechos con lo que hemos conseguido, sea poco o mucho. Acaso, tal vez, añoranza de nuestra niñez , de los cuidados y mimos que recibíamos en la casa paterna.

Hogaza: Aunque se interpreta como abundancia, puede tener otros significados según cómo aparezca en el sueño. Si estamos comiendo de un hogaza, a lo mejor, sentimos hambre física, pero también es símbolo de que no carecemos de lo más necesario. Si damos un trozo a otros, conocidos o ajenos, denota nuestra voluntad de ayudar a los demás, de socorrerlos en lo más preciso. Si estamos amasando o cociendo hogazas de pan, es sinónimo de prosperidad.

Hoguera: El fuego, símbolo de calor, lo es también de protección. En muchas culturas el fuego es un elemento sagrado que agrada a los dioses y a los humanos, y las hogueras se encienden en su honor. Si estamos calentándonos junto a una hoguera, en compañía de otras personas, augura buen entendimiento social. Si estamos encendiendo una hoguera, estamos demostrando nuestro interés en cuidar de los nuestros y de ofrecer comprensión a aquellos que nos soliciten consejo. Si estamos saltando hogueras, como por ejemplo, se hace en la noche de San Juan, además del sentido mágico de esta acción en la que se suele pedir buenas cosechas y que nuestros deseos se vean cumplidos, simboliza alegría y ganas de vivir.

Holgazanear: Es posible que en el sueño nos veamos remisos a trabajar, rehuyendo tareas o, simplemente, sesteando. Indica que estamos cansados, o que el panorama laboral que tenemos ante nosotros no nos atrae en absoluto. También puede interpretarse como unas vacaciones bien ganadas.

Horca: Si este terrible instrumento de muerte aparece en nuestro sueño, hemos de prepararnos para hacer grandes sacrificios. Inquietudes, sobresaltos con nuestra pareja y con el ambiente social que nos rodea. Sentimientos de agobio por deudas o por acciones que hemos realizado y de las que estamos sinceramente arrepentidos.

Hormigas: Se interpretan como un toque de atención a la necesidad de trabajo organizado y previsión, pero también como un presagio de pequeñas incomodidades que nos pueden alterar el bienestar. Como insectos sociales que son, las hormigas también simbolizan buenas relaciones sociales y entendimiento con nuestros compañeros de trabajo.

Horno: Estar horneando viandas o pan, augura tranquilidad económica y bienestar. Armonía familiar y reuniones agradables con gentes de nuestro entorno.

Hortelano, huerta u hortalizas: Todo lo que tenga que ver con estos tres elementos, indica el gusto por las labores relacionadas con el campo. Tal vez nos encontramos demasiado agobiados por un trabajo de oficina o burocrático, cuando lo que nos gustaría, de verdad, es cultivar, con nuestras propias manos, alimentos que llevar a la mesa. Amamos los placeres sencillos y la vida al aire libre y, sin embargo, nos vemos constreñidos a una vida urbana. Esperanzas fundadas de que podremos dedicarnos a lo que deseamos.

Hospedaje: Si ofrecemos hospedaje a alguien, simboliza que somos acogedores de forma natural, que nos gusta recibir visitas y disfrutar de su compañía. Si somos nosotros los que buscamos hospedaje o entramos en una posada, es que buscamos seguridad y un lugar en la vida y en la sociedad, cosa que hasta el momento, tenemos un poco confuso.

Hospital: Vernos en sueños, internados en un hospital, indica nuestro temor a caer enfermos o a ser confinados en un lugar donde no deseamos estar. Si el sueño se refiere a que visitamos un hospital pero no estamos allí ingresados, algunos autores lo interpretan como el aviso de que nos estamos metiendo en situaciones o envolviendo en negocios no aconsejables. Si en la realidad, no nos encontramos demasiado bien, el hospital sugeriría nuestro deseo de curación.

Hostilidad: Sentirnos rechazados por otros, y soñar, por ejemplo, que estamos en algún lugar o reunión en los que notamos que nos miran con recelo o, sencillamente, con hostilidad, expresa nuestro temor a sufrir esa reacción en la vida real. No obstante, si analizamos bien la situación, no es así, es más, se trata sólo de una impresión personal debida a la falta de confianza que tenemos en nosotros mismos.

Hotel: La mayoría de las veces es un sueño que refleja inquietud e inseguridad, ante situaciones que nos están apartando de lo acostumbrado. También suele señalar la posibilidad de un viaje cercano, quizás algún lugar exótico e, incluso, a casa de un familiar.

Hucha: Las huchas, vistas en sueños, simbolizan siempre el ahorro o la necesidad de ahorrar, de hacer previsiones para un futuro que se presenta incierto en el terreno material. Si nosotros regalamos una hucha, significa generosidad y buenos deseos; si nos la dan a nosotros, quieren advertirnos de que reduzcamos nuestros gastos inútiles. Si estamos abriendo una hucha es porque tenemos necesidades económicas, pero si estamos echando dinero en ella, es que tenemos intenciones de ahorrar para un fin determinado.

Huellas: Si aparecen huellas en nuestro sueño, de personas o de animales, significa que estamos deseando ver a familiares y amigos que no vemos hace tiempo. Si seguimos esas huellas, pronto recibiremos noticias suyas. Si las vemos, simplemente, abundan en este deseo de reencontrarnos con las personas que queremos y que han dejado huella en nuestra vida y en nuestro corazón.

Huerta: Ver una huerta, bien cuidada, es sinónimo de abundancia y de felicidad. Buena relación con la familia y los amigos. También gusto por la naturaleza y amor por las labores del campo.

Huesos: Se consideran sueños que presagian penas y contratiempos. Se interpreta como una pérdida de la esperanza y las ilusiones y habrá que tomar buena nota por si estamos entrando en un período de depresión. A veces, también puede tener un sentido distinto, considerándose los huesos como una ayuda que recibiremos, próximamente, y que resultará vital para nosotros, para sobrellevar una situación que amenazaba con dar al traste nuestras esperanzas. Este sentido tal vez tenga su origen en que los huesos, humanos o animales, son el sostén del cuerpo, la estructura que sustenta todo lo demás y lo único que queda cuando desaparece la carne.

Huevos: Como germen de vida, cuando en el sueño aparecen huevos, simbolizan el renacimiento, la salida de un túnel que nos tenía sumidos en la tristeza y en la depresión. Si se nos rompen, pérdida de esperanzas e ilusiones. Si alguien, conocido o extraño, nos regala huevos se interpreta como una nueva oportunidad en nuestras vidas y, quizás, como un nacimiento cercano en el ámbito familiar o en el de los amigos.

Humareda: Si soñamos que estamos en medio de ella, se interpreta como incapacidad para ver correctamente los problemas en los que estamos inmersos. Confusión mental y posibles enemigos ocultos. Miedo a sentirnos envueltos en situaciones que no podemos dominar, pero también deseos de pasar desapercibidos, como si la humareda nos ocultase a los ojos de los demás.

Hundir: La acción de meter en lo hondo a algo o a alguien, simboliza que queremos eliminar, de una vez por todas, aquellos problemas que nos agobian y que no sabemos cómo resolver. Si nos sentimos nosotros hundidos por alguna fuerza superior, o empujados por alguna persona, es temor a que nuestros enemigos intenten deshacerse de nosotros sea como sea. Temor a no poder enfrentar las circunstancias adversas que nos presenta la vida, o a no saber qué hacer para salir de ellas satisfactoriamente.

Huracán: Si el sueño está acompañado de tranquilidad y confianza, indicará que nos sentimos preparados para posibles pruebas que nos esperan, pero si el sueño viene lleno de emociones negativas refleja que estamos intuyendo que seremos incapaces de afrontar los acontecimientos. Tal vez que se está acercando a nuestra vida una situación convulsa, que alterará todos nuestros planes, pero al igual que sucede con los huracanes, después de la tempestad vendrá la calma y todo recuperará su pulso normal.

Hurón: Esta animal, que se parece al visón y que se emplea para la caza en madrigueras, simboliza, si lo vemos en sueños, que nos estamos introduciendo en lugares o temas que no son de nuestra incumbencia. Queremos averiguar, incluso cotillear, en asuntos peligrosos y deberíamos ser más prudentes y más cautos.

Hurtar: Vernos hurtando alguna pequeña cosa en una tienda o a una persona, puede que corresponda a que, en la realidad, estamos pasando una mala etapa económica. El sueño equivaldría al deseo inconsciente de acabar con esa racha de carencias. Si nosotros somos los que sufrimos el hurto, significaría que tememos ser despojados de un cargo al que nos consideramos con derecho legítimo, así como a sufrir un atraco en la calle o en hogar.

I

Ídolo: Si en el sueño aparecen deidades extrañas, simboliza cierta confusión espiritual, no sólo religiosa, sino también confusión ética y moral. Quizás estemos en una situación que nos plantea el actuar en nuestro beneficio, pero que significaría dejar a un lado nuestros principios y no tenemos claro si nos va a compensar renunciar a ellos. Por otro lado, si los ídolos se refieren a personas como artistas, actores, cantantes, que son un referente para nosotros, puede indicar deseo de fama, de gloria, de aceptación por parte de los demás.

Iglesia: Si estamos dentro de una iglesia, nuestro sueño presagia la realización de nuestras esperanzas, pero si la iglesia la vemos en la lejanía y no logramos alcanzar su entrada, el presagio es de desilusiones. Atendiendo a las creencias de la persona que sueña, algunos autores interpretan que las iglesias simbolizan protección y paz, u opresión.

Ignorancia: Puede que soñemos que estamos ante un tribunal de exámenes o en un reunión social, y nos encontremos perplejos, sin saber contestar a las preguntas que nos dirigen. Indica falta de seguridad en nosotros mismos y miedo a no saber estar a la altura que se espera de nosotros. Si estamos estudiando o preparando oposiciones, puede que éste sea un sueño recurrente, provocado por la tensión que genera el creer que no estamos suficientemente listos para enfrentarnos a lo que se nos avecina, aunque en la realidad no sea así.

Iluminación: Encontrarnos en una calle, en una habitación o ante una casa iluminada, es sinónimo de que nos sentimos seguros en el terreno material y espiritual. No hay tinieblas que enturbien nuestro presente, y si las hubiera, pronto se disiparán para dar paso a una época de claridad, de luz, en la que no tendremos nada que nos inquiete.

Ilustración: Una ilustración colgada en una pared, según el tema que represente, puede tener significados diversos. Si se trata de un paisaje, indica gusto por la naturaleza; si es una marina o un combate naval, afición a la historia; si se trata de una o varias imágenes de personas, relaciones agradables con nuestros semejantes. En el caso de que estemos ilustrando algo en un papel, simboliza nuestras potencias creativas que aún no hemos desarrollado en plenitud y que nos convendría poner en marcha para una mayor satisfacción personal.

Imagen: Ver una imagen religiosa señala que estamos requiriendo la ayuda celestial para salir de algún problema que nos preocupa. Si se trata de imágenes de personas conocidas, es que pronto nos reuniremos con ellas para una fiesta o celebración. Si son de familiares y amigos que hace tiempo que no vemos, su aparición en el sueño refleja cuánto nos gustaría poder tenerlas cerca, de nuevo, abrazarlas y disfrutar de su compañía como antaño.

Ímpetu: Un sueño en el que nos veamos realizando algo con fuerza, con vigor, con ímpetu, sea correr, trabajar, hablar... suele simbolizar nuestra impaciencia por lograr los objetivos que nos habíamos marcado. Hemos pasado por un tiempo en que creíamos que estos planes se iban a cumplir con el devenir normal de los días, pero, al no ser así, hemos decidido actuar con la mayor celeridad posible, temerosos de que puedan malograrse si no vamos hacia nuestra meta con los cinco sentidos.

Imprenta: Si estamos imprimiendo algo o si, simplemente, estamos en una imprenta viendo cómo trabajan los demás, denota que sentimos afición tanto por la lectura como por la escritura. Tenemos un empleo poco relacionado con estas dos actividades y el sueño pone de manifiesto estas aficiones solapadas por las necesidades de la vida que nos han llevado hacia aspectos más prácticos y productivos, aunque en el fondo nuestra verdadera vocación sea muy otra.

Improperios: Ser objeto de improperios e insultos, o lanzarlos nosotros hacia los demás, significa nuestro malestar con nosotros mismos y con el entorno que nos rodea. Insatisfacción reprimida que nos gustaría exteriorizar para liberarnos de la tensión que almacenamos, pero que por convenciones sociales nos callamos.

Improvisar: La audacia y el ingenio que muestras en el sueño puedes hacerlos brotar en la realidad. Facultades para salir de situaciones comprometidas con habilidad y buen hacer. También puede reflejar tu temor a que hayan quedado sueltos demasiados cabos en algún asunto en el que estés implicado.

Incapacidad: Sentirnos incapaces ante un hecho o una situación que se nos presente en el sueño, sea del tipo que sea, tiene dos significados: por un lado, creemos que estamos sobrepasados por las circunstancias y, por otro, estamos físicamente cansados y todo nos parece un mundo. Es posible que si nos reponemos de ese cansancio, este sueño no se nos vuelva a presentar en mucho tiempo.

Incendio: Cuando soñamos con fuego, estamos presintiendo algún tipo de peligro aunque en la veces realidad se manifieste de una forma muy distinta. Se interpreta también como pasiones violentas que nos embargan y si el fuego soñado es en forma de hoguera, puede hablarnos de un intenso deseo de terminar con asuntos del pasado. Hay interpretaciones que lo catalogan como un símbolo de purificación y de instintos de destrucción, especialmente si vemos que el incendio devora un bosque o una ciudad.

Incentivo: Soñar que recibimos un premio material o un nuevo y mejor puesto, es siempre placentero y, a menudo, simboliza que lo estamos esperando en la vida real. Tenemos muchas posibilidades de que esa espera se concrete muy pronto y se nos otorguen las distinciones reales y soñadas.

Incertidumbre: Sentir esa sensación de duda, de expectación ante un futuro que no vemos claro, revela temores fundados ante la etapa que estamos viviendo cuando estamos despiertos. Todo se nos presenta confuso y no vemos qué camino tomar para sentar nuestra posición material y anímica.

Incienso: Esta resina aromática, quemada, se ofrenda, desde la antigüedad, a los dioses y a los héroes. Sentir su aroma, o vernos agasajados con incienso en el sueño, representa que nos sentimos por encima del resto de los mortales. Nos consideramos mejores, más inteligentes y más capaces que los demás y cierta dosis de humildad nos vendría pero que muy bien, para entablar relaciones fluidas con nuestro entorno. Conviene no olvidar que cuanto más nos encumbremos, la caída será más dura y más difícil de superar.

Inclinarse: Quizás se trata de una baja autoestima o que sientes que algún problema te está pesando demasiado y prefieres que otros lleven esa responsabilidad. Cierto servilismo, especialmente, en el terreno laboral, por miedo a perder prebendas que, tal vez, no hemos ganado en buena lid.

Incomunicación o incomunicado: Sensación de aislamiento, de marginación, de autoexclusión. Nos sentimos despreciados por los demás, aunque es una apreciación personal más que una realidad. Tendríamos que poner más de nuestra parte para acercarnos a los que no rodean. Con un poco de buena voluntad, ese mundo que consideramos hostil hacia nosotros, se convertiría en un lugar de relaciones agradables y cómodas.

Indios: Sean de la India o indios americanos, suelen marcar un deseo de conocer nuevas culturas, de viajar a lugares lejanos, principalmente exóticos, que aporten novedad a nuestra existencia que consideramos demasiado rutinaria.

Indolencia: Puede que en el sueño sintamos o nos veamos sin ganas de hacer nada, con un gran cansancio y un gran desinterés hacia todo y hacia todos. Tal vez se trate de una advertencia de nuestro organismo, debilitado por un esfuerzo excesivo o abrumado por un sinfin de problemas. Si la realidad no es así, presagia que pronto entraremos en una etapa en la que todo nos dará igual y deberíamos esforzarnos para que esto no suceda.

Industria: Encontrarnos trabajando en una industria, en una gran fábrica, ofrece dos interpretaciones. Si estamos en el paro, indica unos grandes deseos de encontrar empleo en lo que sea. Si tenemos trabajo, y éste no tiene nada que ver con la industria, significa que consideramos que estaríamos mejor pagados y considerados si estuviéramos empleados allí. Si vemos cómo otros trabajan, es señal de que, a no mucho tardar, recibiremos beneficios importantes de las inversiones que hemos realizado.

Infamia: Ver o sentir que hablan mal de nosotros, que nos desacreditan y que nos hieren en nuestro honor, expresa la desconfianza hacia los que nos rodean. Tememos que nuestras actuaciones hayan sido mal interpretadas, por lo que somos objetos de las habladurías de los otros. Quizás hemos tenido encontronazos con compañeros de trabajo y con familiares, lo que nos ha dejado un poso de amargura que se manifiesta en el sueño con un clara reacción contra nosotros.

Infelicidad: Es bastante posible que estemos pasando unos momentos desafortunados en la vida real. Problemas de dinero, de amistad o de pareja y llevamos a nuestro mundo onírico esas sensaciones tristes que nos invaden. Pero, como en otros muchos sueños, esta infelicidad será superada pronto y de nuevo volveremos a días más tranquilos y alegres.

Infidelidad: Puede estar representando la disconformidad con algún rasgo del comportamiento de nuestra pareja, o la necesidad de encontrar alguna cualidad que, hasta ahora, no hemos descubierto en nuestra relación. Esto en el caso de que nos sea infiel nuestra pareja. Si somos nosotros los infieles, tal vez hayamos dejado de querer a esa persona con la que compartíamos la vida y, también, puede representar que queremos llamar su atención para que esté más pendiente de nuestro cariño.

Infierno: Soñar con el infierno, con sus tormentos y sus diablos, es un indicio, bastante claro, de que tenemos mala conciencia. Últimamente hemos actuado con egoísmo, con desconsideración hacia los otros, atentos sólo a nuestros deseos, tanto de orden material como sexual. Esto nos ha producido una satisfacción momentánea, pero nuestra conciencia nos está avisando que no estamos haciendo lo correcto. También puede ser un augurio de dudas religiosas y morales.

Infinito: Contemplar la línea del infinito expresa un deseo de alcanzar horizontes elevados, de grandes miras espirituales. Encuentras la vida cotidiana un tanto ramplona, y en tu corazón anida un deseo de perfección, de ayuda a los demás, de experimentar otras expectativas que satisfagan tu necesidad de amor y entrega.

Infracción: Este sueño se interpreta como un deseo de rebeldía, de que no te controlen ni te impongan normas. Te gusta vivir a tu aire y te molesta, en sobremanera, todo aquello que representa el ceñirse a la ley y el orden preestablecidos. Algunos creen que este sueño avisa de que pronto se recibirá una multa.

Ingenio: Vernos ocurrentes, divertidos, con capacidad de resolución, simboliza que nos sentimos seguros de nosotros mismos. Nos encontramos en un momento en el que no nos asustan los contratiempos, pues estaremos en disposición de solventarlos con rapidez y agudeza.

Ingratitud o ingrato: Experimentar durante el sueño la sensación de que no nos agradecen lo que hemos hecho o que, nosotros mismos, nos mostramos ingratos con los demás, indica desazón, sentimientos confusos de pesar. Estamos en un estado de disconformidad con lo que nos rodea y buscamos un equilibrio que, hasta ahora, no hemos logrado.

Iniciación: Posiblemente estás intuyendo que una nueva etapa va a comenzar en algún área de tu vida. Puede tratarse de un nuevo trabajo o una nueva pareja. Será un buen momento para aprender y experimentar. Si se sueña con una iniciación en alguna sociedad secreta, señala curiosidad e interés por los conocimientos esotéricos.

Inmortalidad: Lo que más nos gustaría en el mundo se encontraría en la fama y en la gloria. Quisiéramos que todos supieran quiénes somos y hacer méritos para que se nos recordase como personajes con fuerza e identidad, cuando lo cierto es que en nuestra vida diaria, pasamos bastante desapercibidos, pero soñar no cuesta nada. También, en personas de fuertes convicciones religiosas, simbolizan el afán de espiritualidad y de vida eterna.

Inmovilidad: Detrás de este sueño se oculta alguna frustración por no saber dar el paso adecuado o un temor a no saber comportarnos como lo requiere la ocasión. Puede que nos sintamos maniatados por las circunstancias y estamos descontentos como nosotros mismos porque no actuamos con prontitud.

Inmueble: Si nos vemos dentro de una casa o edificio que no conocemos es porque, posiblemente, estamos deseando cambiar de casa. Hace tiempo que nos pasa por la cabeza buscar otro espacio para vivir, pero no acabamos de decidirnos y el sueño refleja esta situación. Si el espacio en que nos encontramos nos resulta familiar, es nuestro hogar o la casa de algún amigo o familiar, nos sentimos bien donde estamos y no sentimos necesidad de variar nuestra ubicación física.

Inocentada: Ser objeto de una inocentada señala nuestro carácter ingenuo y un tanto bonachón, poco proclive al enfado y la as rabietas. Si gastamos nosotros una inocentada a los demás, sugiere ganas de diversión, un poco a costa de los demás, pero carente de mala intención. Algunos autores consideran que este sueño puede interpretarse como temer ser objeto de burla, aunque sin causa justificada.

Inquietud o inquieto: Es una señal de alarma interna. Señales que no acabas de comprender y que percibes a tu alrededor. También puede ser una molestia real, producida por una cena copiosa o un malestar físico. Si estamos viviendo pasando una etapa de preocupaciones, es muy posible que hayamos trasladado al sueño nuestra inquietud personal.

Insatisfacción: Hallarnos en esta situación en el sueño, al igual que en caso anterior, muy bien puede ser que nuestra existencia esté transcurriendo por caminos que no nos gustan. La situación familiar está complicada y la laboral no es, precisamente, muy placentera. No es de extrañar que esta disconformidad con la vida se haga patente mientras dormimos. Quizás sería conveniente que diéramos un golpe de timón y que cambiásemos aspectos fundamentales para sentirnos a gusto con nosotros mismos.

Insectos: Sea cual sea la clase zoológica a la que pertenecen nos están hablando en nuestros sueños de instintos reprimidos ya sean hacia nosotros o hacia los demás. Tal vez estemos temiendo el juicio y las murmuraciones ajenas, o tenemos miedo de dar rienda suelta a actuaciones que están en desacuerdo con nuestro criterio moral. Puede señalar, también, el aviso de un peligro cercano ya que los insectos son capaces de detectar fenómenos físicos, como seísmos, mucho antes de que lleguen a producirse.

Insignia: Soñar que nos colocan una insignia o que la colocamos a otra persona, señala nuestro deseo de pertenencia a un grupo social determinado, en el que esperamos entrar y en el que esperamos que se nos acepte. Puede tratarse de una congregación religiosa, un club social o un partido político, pero, en cualquier caso siempre se interpreta como un afán de integración.

Inspección: Si soñamos que vienen a inspeccionar nuestro trabajo, el sueño refleja el temor a que se descubra alguna faceta de nuestra personalidad, o manera de ser, que mantenemos oculta. Y si somos nosotros los que inspeccionamos a otros en el sueño, queda reflejado un sentimiento de superioridad y deseo de dominar las situaciones a nuestro alrededor.

Instruir: Estar enseñando algo a alguien durante el sueño, refleja nuestra buena voluntad de transmitir los conocimientos que poseemos a los demás, aunque, a veces, denota un cierto sentimiento de superioridad pues nos sentimos los maestros ante un público que consideramos más inexperto que nosotros. En el caso de que estemos recibiendo lecciones, no importa sobre qué materia, expresa nuestra curiosidad y deseo de aprender con humildad y paciencia.

Instrumentos: Según sea el tipo de instrumentos que aparezcan en el sueño, así es su significado. Si vemos instrumentos musicales, es posible que, en la vida real, toquemos alguno, nos guste mucho la música o estemos pensando en aprender sobre este tema; si se trata de instrumentos de labranza y no tenemos relación con el campo, tal vez, nos gustaría dedicarnos a este tipo de labores; si son instrumentos con los que habitualmente trabajamos, señalan cierta preocupación por emplearlos cada vez mejor. Si vemos instrumentos médicos, inquietud por nuestro estado de salud.

Insultos: Rabia, impotencia, pequeñas fricciones que se quedan en el tintero, que no hemos resuelto y que en el sueño brotan con fuerza. Quizás no estamos a gusto con las decisiones que hemos tomado y esto nos provoca desazón y enfado.

Intentos: No importa cuáles sean los objetivos de esos intentos en el sueño. Se interpreta como un buen momento para empezar proyectos. Cuida la confianza en ti mismo para afianzar esos impulsos naturales.

Internar: Si nos vemos penetrando en un bosque, o mar adentro, supone que estamos dispuestos a tirar hacia delante, sin importarnos los peligros que puedan acecharnos. Estamos en un momento de decisiones tajantes y pensamos llevarlas a cabo como sea. Si en la visión del sueño nos internan en un hospital, en un colegio o en un establecimiento benéfico, simboliza que hay gente que se preocupará por nosotros, pero, también, temor a que interfieran en nuestros propósitos.

Intervenir: Puede que nos veamos en una conferencia, en una reunión y que intervengamos en estos actos con mayor o menor pasión. Simboliza nuestro deseo de sobresalir, de hacernos notar, de reclamar la atención sobre nosotros. Sin embargo, si nuestra intervención es, por ejemplo, para separar a dos personas que pelean o para poner orden, denota buenos sentimientos y deseos de ayudar.

Inundación: Algunos autores la interpretan como el peligro de que se desborden nuestras emociones, aconsejando tener en cuenta los daños que tal inundación produce en el sueño para valorar los perjuicios que nos traerán nuestros excesos pasionales. Otros autores descifran los sueños de inundaciones como la posibilidad de desastres económicos, premonición de que nos podemos ver con el agua al cuello en temas de dinero, deudas.

Invalidez o inválido: Verse de esta forma o sentirse en estado de invalidez, se interpreta como que estamos atados de pies y manos ante situaciones comprometidas. Desearíamos actuar, atajar los problemas que nos acucian, tanto a nosotros a como a los que nos rodean, pero las circunstancias adversas nos niegan toda posibilidad. No obstante, es muy posible que esta coyuntura no se mantenga por mucho tiempo.

Inventario: Si estamos realizando un inventario, en nuestro hogar o en nuestro trabajo, pone de manifiesto que esperamos poner orden en la vida. Queremos reorganizar aspectos de la misma que, hasta ahora, teníamos un tanto descuidados y que han cobrado, para nosotros, nueva importancia. Carácter reflexivo, poco dado a los excesos.

Invierno: Indica el fin de un ciclo o una etapa. Si se nos presenta nevado se considera un buen presagio que puede traer aumento de bienes, pero es símbolo de vejez y cansancio si el invierno aparece seco y árido en el sueño. Frialdad en el alma, en una etapa en la que, quizás, hayamos roto con nuestra pareja o perdido alguna amistad importante y nos sentimos vacíos, sin fuerza ni capacidad para buscar nuevas relaciones ni para amar.

Invitación: En general, se muestra con este sueño, un deseo de nuevas relaciones, o de ampliar nuestros contactos personales. En particular, si somos nosotros quienes recibimos la invitación, el sueño augura éxito dentro de un nuevo ambiente social, y si somos nosotros quienes invitamos a otros, algunos autores lo interpretan como el aviso de nuevas obligaciones y la necesidad de ser prudentes en nuestros actos frente al entorno social.

Itinerario: Si consultamos un mapa y marcamos en él un camino, un itinerario a seguir, expresamos en el sueño, que queremos marchar sobre seguro. No deseamos que el azar intervenga en nuestras decisiones. Preferimos, de antemano, trazarnos una vía segura para alcanzar nuestros objetivos.

J

Jabalí: Soñar con este animal simboliza fuerza y vigor, pero también, miedo a que nos puedan zaherir en nuestros sentimientos. Los grandes colmillos del jabalí, capaces de abrir en canal a cualquier animal, pueden inducirnos a creer que podemos ser víctimas de ataques injustificados. Algunas interpretaciones se centran en la piel de este animal, cubierta de un pelaje muy tupido, y que vendría a decir que todo nos resbala, que cualquier cosa que puedan decir de nosotros no nos produce la más mínima inquietud.

Jabalina: Esta arma, tan empleada en la antigüedad y hoy sólo utilizada para el lanzamiento deportivo, representa un gran deseo de alcanzar metas lejanas de forma certera. También, si somos nosotros los que estamos lanzando la jabalina, puede indicar que nos gustaría estar en mejor forma física de la que estamos, pues, hemos cedido terreno a la vida sedentaria y a la comodidad.

Jabón: En cualquier forma que se presente, y hagamos el uso que hagamos de él, el jabón nos está indicando un anhelo, quizás inconsciente, de limpieza que va más allá del aspecto físico. Queremos desprendernos de las malas intenciones, de las actuaciones hipócritas, de todo aquello que pueda enturbiar una vida que anhelamos más pura y espiritual de la que hemos llevado hasta ahora.

Jacinto: En sueños, esta flor se toma por un símbolo de amistad y benevolencia. Buenos momentos sentimentales. En la mitología, Jacinto era hijo del rey de Esparta, y su hermosura enamoró al dios del Sol. Pero, también Céfiro, dios del viento de poniente albergaba estos mismos sentimientos hacia Jacinto. Un día, con su potente soplido, desvió el disco con el que jugaban el dios del sol y el bello mortal, matando a Jacinto. Helios, consumido por la pena, convirtió a su amante en la flor que lleva su nombre. Por ello, soñar con jacintos se asocia a los juegos peligrosos.

Jade: Soñar con esta piedra, que suele ser de color verde y que se emplea en bellos objetos decorativos y como adorno en joyas, simboliza, siempre, buena suerte. El verde se asocia a la esperanza y a la resurrección y la dureza del jade, a la tenacidad y al esfuerzo continuado. Muy apreciada en China se utiliza como amuleto contra muchos males.

Jaguar: Si en el sueño lo eres, según antiguas tradiciones tienes alma de guerrero aunque aún no lo hayas podido demostrar. Te sentirás fuerte y astuto ante posibles problemas que puedan presentarse.

También puede interpretarse como que intuyes la llegada de un enemigo difícil, pero ante el que no sientes miedo, pues confías en tus capacidades para vencerlo.

Jamón: Ver en el sueño un jamón augura abundancia y la seguridad de que no pasaremos carencias en nuestro diario vivir. Si nos lo regalan o lo regalamos, se interpreta como buenos deseos hacia nosotros y hacia otros, de ayudarles en lo que se les sea más preciso.

Jaqueca: Al igual que en otros sueños, si sentimos dolor de cabeza, tal vez es que lo estemos padeciendo mientras estamos despiertos y esa sensación física se haga patente al estar dormidos. Si no es así, tal vez se estén acercando a nuestra vida preocupaciones importantes que nos va a costar resolver.

Jardín: Muchos autores consideran que los jardines que aparecen en nuestro sueño simbolizan nuestra vida interior, y su aspecto, sea cuidado o abandonado, el ideal que tenemos de nosotros mismos. Otros autores interpretan que cuando nuestro sueño muestra un jardín muy arreglado significa que gozamos de alguna protección espiritual. Sensaciones placenteras si estamos paseando por él, solos o acompañados. Si somos nosotros los jardineros, simboliza que queremos poner orden tanto en nuestro espíritu como en nuestro cuerpo. Amor por las plantas, aunque en la realidad, sólo tengamos un geranio en el balcón y respeto por el medio ambiente.

Jarra: Si el líquido que contiene se considera bueno como el agua, el vino, el aceite, etc. se dice que presagia la obtención de cosas buenas, mientras que si contiene líquidos nocivos el presagio será desfavorable. Andar con una jarra de acá para allá, expresa que nos gustaría satisfacer las necesidades de otros, proporcionándoles todo aquello que precisasen de una forma urgente. Si la jarra aparece en un estante, en la cocina o en alguna habitación de casa, es muestra de egoísmo y de que no estamos dispuestos a dar nada a los demás.

Jaspe: Según la tradición, el jaspe es el símbolo de la fertilidad y la fecundidad. Por eso cuando lo vemos en nuestro sueño, muchos autores interpretan que es un presagio de embarazo, o de parto inminente, cuando se está en período de gestación. Ver un suelo o una pared de jaspe, es sinónimo de lujo y, también de gusto estético refinado.

Jaula: Muestra aislamiento y limitación. Debes de pensar en las razones por las que te encierras tanto sobre ti mismo. Si vemos a un animal enjaulado, es señal de desamparo y también de libertad coaccionada. Si abrimos la jaula y el animal escapa, recobraremos nuestra capacidad de acción.

Jazmines: Especialmente si en el sueño vemos jazmines blancos, representan lealtad ya sea en referencia a una amistad, un amor, o una asociación profesional. También pueden representar amabilidad en el trato. Otros autores los consideran símbolo del crecimiento espiritual y de la conexión con otras realidades. Si nos regalan jazmines, en ramo o en planta, es que la persona que nos los ofrece nos ama con sinceridad y lo mismo si lo hacemos nosotros hacia ella.

Jefe o Jefa: Si en el sueño vemos a las personas que son nuestros jefes en el trabajo y según sea su actitud, puede interpretarse como que estamos pasando una buena o mala etapa en nuestra relación con ellos. Temor ante una posible reprimenda por no haber hecho algo bien o rebeldía ante la autoridad.

Jergón: Estar tumbados sobre un colchón mísero de paja o hierbas, augura pobreza material y pobreza de espíritu. También puede simbolizar el espíritu de sacrificio y el sentido exacerbado del ahorro, rayando en la avaricia.

Jeringuilla: Soñar con este instrumento que se emplea, especialmente, para poner inyecciones, se asocia al miedo de padecer enfermedades, tanto si somos nosotros los que la tenemos en la mano como si la vemos en manos de otros o formando parte de utensilios de un médico. Quizás somos un poco hipocondríacos y cualquier pequeña molestia nos lleva a pensar en enfermedades graves. Convendría que dejásemos a parte tanta aprehensión para vivir más felices y relajados.

Jeroglíficos: Encontrarnos ante un texto o ante una pared con jeroglíficos o una escritura incomprensible para nosotros, simboliza dudas con respecto a nuestros conocimientos reales. Si hace poco que hemos cambiado de empleo, estamos preocupados por nuestras nuevas funciones pensando que tal vez no estemos capacitados para ejercerlas con eficacia. También puede asimilarse a la curiosidad por ciencias antiguas y esotéricas.

Jersey: Esta prenda de abrigo si aparece durante el sueño, bien llevándola puesta, bien colgada en un armario, se interpreta como un deseo de estar protegidos ante los pequeños avatares de nuestra existencia. Nos gustaría no darle tanta importancia a situaciones simples, que pueden resolverse con facilidad, pero por nuestra forma de ser, todo se nos hace un mundo.

Jilguero: Esta pajarillo, muy común en parques, jardines, e incluso abundante en las ciudades, augura felicidad y buena suerte. Si lo vemos cantando en nuestra ventana, la armonía con la familia será total. Si aparece volando, solo o con otros jilgueros, buena relación con los amigos y con el entorno social. Pero si lo vemos herido o muerto, presagia desgracias y discordias.

Jinete: Serlo nosotros o ver a alguien montando a caballo y hacerlo bien, augura seguridad en sí mismos. Elegancia de maneras, buena educación y comportamiento social adecuado a las circunstancias. Si en el sueño, nos caemos del caballo o éste nos tira, puede interpretarse como la pérdida de nuestras convicciones morales y el temor al ridículo ante los demás.

Jirafa: Ver un rebaño de jirafas pastando, o aunque sea una sola, simboliza nuestro afán por alcanzar metas elevadas en el terreno laboral. A veces somos un poco soberbios, nos sentimos por encima de los demás, cuando lo cierto es que no tenemos motivos para ello. Deberíamos ser más humildes y estar dispuestos a escuchar a los que con aconsejan con buena voluntad.

Jolgorio: Encontrarnos en una situación de alegría compartida, augura buenos momentos vividos en compañía de personas queridas o extrañas. Se aproximan fechas dichosas, de fiesta, de comidas y agasajos que disfrutaremos con toda plenitud.

Jorobado: Siempre es un personaje benéfico que transmite buena suerte. Si tocamos su joroba, tendremos éxito en los juegos de azar. En siglos pasados, los jorobados eran llevados, a menudo, a las cortes reales como divertimento de la corte. Los reyes y cortesanos solían acariciar su joroba como símbolo de cariño y de amabilidad y se sobrentendía que ese gesto tenía su recompensa, de lo que derivaría el sentido benefactor atribuido a los jorobados y a sus jorobas.

Joven: Ver jóvenes en un sueño, en grupo charlando, jugando o bailando, suele representar la añoranza de nuestra propia juventud... la añoranza de actividades y aficiones que desarrollábamos en esa etapa de la vida. Si estamos todavía en ella, si somos jóvenes, deseo de disfrutar con gentes afines a nosotros en sintonía con nuestra edad.

Joyas: Es importante analizar si las joyas que aparecen en el sueño son verdaderas o falsas, pues si son bisutería simbolizan que estás intentando mantener una situación, ya sea económica, social o afectiva que no tiene base suficiente. Si las joyas del sueño son verdaderas es un presagio de suerte y de que mejorará tu estatus social, profesional o de relaciones de amistad y cariño. Si se trata de tus joyas personales las que aparecen en el sueño, representan tu seguridad personal. Si te regalan joyas o las heredas, suponen el amor de las personas que te las dan o te las legan y también que valoran tus cualidades como persona de bien.

Jubilación o jubilado: Sentirnos así puede tener dos significados contrapuestos: el primero que deseamos dejar de trabajar y disfrutar de aquellas parcelas de la vida que más gustan y que, debido a nuestro empleo, tenemos abandonadas. Pero, también puede ser, que nos dé miedo y desconfianza vernos sin nada que hacer, sin una obligación que llene nuestro tiempo. Si estamos cercanos a la edad de jubilación este sueño puede presentarse a menudo, como un reflejo de una realidad que nos preocupa.

Judías: Estar comiendo o guisando judías augura abundancia y salud. No tendremos que preocuparnos ni por la comida diaria ni por nuestro trabajo, pues no nos faltarán y viviremos una época de tranquilidad. Si vemos sacos de judías o las estamos almacenando, es símbolo de un talante ahorrativo y previsor.

Juego y juguetes: Sensaciones de holganza, necesidad de dedicar algún tiempo para actividades lúdicas, pues estás necesitando un alto en el camino que te permita descansar y olvidarte de una etapa de trabajo dura y muy laboriosa. Nostalgia de los tiempos infantiles, cuando los juegos y los juguetes eran una parte sustancial de nuestra vida. Si tienes hijos pequeños, deseos de darles todo aquello que tal tú, no tuviste a su edad. Sólo en el caso que en el sueño estemos jugando a las cartas, o los juegos de un casino, puede tener un sentido negativo, con posibilidad de pérdidas importantes de dinero.

Juez: Ver esta figura en el sueño, revestido con sus ropas tradicionales, se interpreta como el temor a que seamos juzgados por los demás con demasiada severidad. También puede que represente un deseo de que se nos haga justicia ante una situación que estamos padeciendo y ante la que nos sentimos maltratados. Si los jueces somos nosotros, la mirada que dirigimos a nuestro entorno es demasiado crítica. Deberíamos ser más tolerantes, más benevolentes, pues todos, sin excepción, en algún momento, hacemos algo que merece reprensión.

Juglar: Esta figura medieval representa una tendencia al amor y al romanticismo que tu alma poética y bohemia está añorando, por no haberla llevado a cabo todavía. Te gusta la poesía, e incluso tienes algo de poeta, pero, hasta el momento, no has desarrollado estas aptitudes porque estás mediatizado por las necesidades de la vida que te han llevado a trabajos prácticos, alejados de ese mundo ideal con el que sueñas.

Juicio: Estar inmersos en un juicio, o asistir a él como espectadores, supone, siempre, que no sentimos seguros en las circunstancias que nos rodean. Las críticas ajenas nos preocupan, desconfiamos de nuestros compañeros de trabajo y también de nuestros familiares. Tal vez nos remuerda la conciencia por algo que hemos hecho y tememos que se descubra y recibamos por ello un justo castigo.

Juncos: Esta planta, de esbeltos tallos, que se cría en los terrenos húmedos, es símbolo de la comprensión y la tolerancia, especialmente si los vemos meciéndose con el viento. También significa que sabremos adaptarnos a lo que la vida nos traiga, de bueno y de malo, sabiendo sobrellevar, con elegancia y dignidad, los momentos adversos.

Jungla: Este tipo de vegetación, espesa, compacta, a veces muy difícil de atravesar e incluso, de penetrar en ella, expresan tus temores a lo desconocido y a la inestabilidad. También te habla el sueño de una tendencia a perder el control sobre las cosas. Temor a perdernos en situaciones que se escapan de nuestras posibilidades o de vernos envueltos en una maraña de acontecimientos que nos sobrepasan.

Juntar: Este sueño simboliza nuestra capacidad de liderazgo o de convocatoria y presagia las posibilidades de obtener apoyos para algún proyecto que tenemos en mente. Otros autores creen que simboliza nuestro deseo de compromiso y solidaridad. No nos gusta la soledad ni el aislamiento y, con frecuencia, recurrimos a los amigos para pasar nuestros ratos de ocio.

Jurado: Verlo en el sueño indica el miedo a que te señalen y te juzguen. Deberías revisar tu sentido de la independencia y la seguridad en ti mismo. Si formamos parte de un jurado, denota que tenemos un excesivo sentido crítico para con las acciones de los demás, aunque puede interpretarse como que poseemos un innato sentido de la justicia.

Juramento: Indica desconfianza tanto si en el sueño queremos que otros nos juren algo como si somos nosotros los que juramos. Algunos autores le dan el simbolismo de compromiso total cuando los que sueñan son, a la vez, los que juran, ya que el juramento se toma aquí como estar dispuesto a ayudar o someterse de manera incondicional.

Justa: Si contemplamos una justa, el combate medieval en que dos caballeros se batían con lanza, a caballo, es posible que, recientemente, hayamos leído algo sobre este tema o hayamos visto una película ambientada en esa época y nuestro recuerdo nos la ha hecho presente en el sueño. Si no es así, y somos nosotros uno de los participantes en esta justa, señala un sentido de caballerosidad, de educación un tanto pretérita y nostalgia por los modos del pasado, que consideramos mucho más exquisitos que los actuales. Si se tratase de una justa como concurso, de ciencias o de letras, significaría que nos sentimos seguros de nuestros conocimientos y estaríamos dispuestos a medirnos con los demás en las materias que dominamos.

Juzgado: Como el resto de los sueños que tienen que ver con la justicia, vernos dentro de un juzgado o estar en él a la espera, tiene el sentido de que nos sentimos enjuiciado por los otros y tememos su opinión sobre nosotros, así como una excesiva actitud crítica por nuestra parte, que deberíamos revisar pues a nadie le gusta recibir juicios desfavorables y todos podemos ser acreedores de ellos en algún momento de la vida.

K

Kárate: Ver a otras personas hacer kárate en el sueño, indica deseos de una mayor fuerza y seguridad, practicarlo significa un intento de defensa. En cualquier caso una intuición de debilidad y temor a los ataques físicos.

Kermés: Soñar que participamos en una fiesta popular, algo así como una verbena, con bailes y al aire libre, denota que estamos deseando divertirnos y pasarlo bien, tal vez con gente de nuestro barrio y nuestro entorno. Nos gusta el contacto con la gente en un ambiente distendido y familiar, alejado de protocolos incómodos y encorsetados.

Kiosco: Si es de prensa posiblemente recibirás noticias muy pronto, y si el kiosco está vacío puede interpretarse como el deseo de montar tu propio negocio, empezar algo con tus propios medios. Si se trata de un kiosco en el que se sirven bebidas y que suelen estar en terrazas o cerca del mar, posiblemente, estés deseando tomarte un tiempo de descanso, de vacaciones y pasar el tiempo sin preocupaciones, rompiendo la rutina diaria.

L

Laberinto: Confusión, desorientación. Si en el sueño no logras salir de él, quizás sea un aviso de que estás manteniéndote en un camino equivocado. Angustia ante varias vías de escape que tienes ante ti y que no sabes cuál elegir para acabar con las dudas que te corroen. Si logras salir puede ser el presagio de un éxito que parecía muy incierto. También depende si sales por tus propios medios o con la ayuda de alguien que la significación del sueño revele un apoyo recibido, al modo del hilo de Ariadna que condujo al héroe Teseo fuera del laberinto de Creta.

Labor: Si nos vemos ocupados en una tarea, sea ésta la de la índole que sea, es porque no nos asusta el trabajo. Preferimos estar ocupados siempre en algo, y nos encantan los trabajos de manualidades. Si estamos en paro, el sueño augura que pronto encontraremos un empleo.

Laboratorio: Estar en un laboratorio, trabajando en él, o como simples espectadores, denota curiosidad científica por nuestra parte. Nos gusta experimentar sensaciones nuevas, que pueden ir, desde un cambio de empleo a un cambio de pareja o de amistades. Nos atrae lo nuevo, lo diferente, lo desconocido y estamos dispuestos a ir hacia ello mediante el estudio o lanzándonos a la aventura si es preciso. Sin embargo, sería conveniente que ese afán de nuevos conocimientos lo canalizásemos paso a paso, para no sufrir imprevistos ni decepciones.

Labrador: Vernos como labradores, trabajando en el campo, en una huerta o recogiendo frutos, señala trabajos intensos, a veces, penosos, pero que tendrán su recompensa. Al igual que el labrador hace fructificar los campos, también nosotros lograremos sacar provecho de los esfuerzos que realicemos. Si son otros los labradores, augura una actitud pasiva por nuestra parte ante los trabajos de los demás, lo que nos llevará a tener mala conciencia por haber permanecido con los brazos cruzados.

Labrar: Puede ser que estemos labrando la tierra, una madera o una piedra y también, realizando una labor de costura. Soñar con alguna de estas funciones simboliza un deseo creativo y de utilidad pues convertimos la materia en algo nuevo: un campo listo para sembrar, una madera convertida en un utensilio que puede usarse, una piedra como adorno y construcción, y una tela en un vestido o en una pieza bordada. También supone un trabajo constante que no siempre da los resultados apetecidos en el tiempo previsto.

Lacre: Verlo en una carta o un paquete indica secreto o la necesidad de que no se sepa un asunto importante. Misterio en torno a alguna noticia que has recibido y que no está suficientemente clara. Si rompes el lacre, es símbolo de que estás dispuesto a llegar al fondo de la cuestión, pero si no lo tocas, es porque sientes tanto respeto como miedo a que el paquete, la carta o el documento lacrado contenga secretos que pueden afectar a tu reputación y prefieres que se mantengan ocultos.

Lactante: Un sueño en que veamos a una mujer amamantando a un niño, desvela nuestra añoranza de los cuidados maternales, de nuestra niñez, cuando los padres nos resolvían todos los problemas y nosotros sólo teníamos que dejarnos querer, en contraposición a la época que estamos atravesando, erizada de problemas materiales. Puede que también haya habido un nacimiento en la familia o entre nuestras amistades, y sería el reflejo de nuestro cariño por ese niño y por la infancia en general.

Ladrar: Si nos ladra un perro, o una persona se dirige a nosotros con malos modos y palabras soeces, representa que nos sentimos acosados por los demás de forma imperiosa. Sensación de estar amenazados por la calumnia y las murmuraciones ajenas. Sin embargo, no deberíamos dejarnos intimidar por muy constantes y fuertes que sean los ladridos percibidos, pues tarde o temprano, cesarán sin causarnos mayor daño.

Ladrillo: El ladrillo simboliza, al aparecer en nuestro sueño, la estabilidad y uniformidad. Es una muestra de nuestro deseo consciente o inconsciente de integrarnos en una vida tranquila y convencional, o de construir una base dentro de las reglas para algún proyecto en cualquier aspecto de nuestra vida. Deseo de tener una casa propia, de vivir nuestra vida en un lugar que nos pertenezca sin injerencias ajenas. Algunas veces, puede significar algo excesivamente pesado, latoso y aburrido, sea un trabajo, un estudio o una persona.

Ladrón: Refleja nuestro temor a perder algo, o a padecer limitaciones de algún tipo. Si en el sueño el ladrón somos nosotros quizás tengamos remordimiento de estar usurpando los derechos de otra persona. Nuestra situación actual no es, precisamente, muy boyante y, de manera inconsciente, nos gustaría salir de ella como fuera, aunque fuera robando.

Lagar: Ver o estar en un lagar, pisando uva, extrayendo el aceite de las aceitunas o la sidra de las manzanas, augura bienestar material y abundancia de bienes. Es posible que, muy pronto, pasemos momentos de alegría con amigos y familiares para festejar los beneficios obtenidos de un negocio o de un inversión.

Lagartijas y lagartos: Si estos animales aparecen en nuestro sueño, presagian prosperidad y salud, pues desde la más remota antigüedad se consideran que tienen muchas virtudes curativas. También advierten de un peligro cercano pues se acercan al hombre e incluso, pasan sobre él para avisarle de la proximidad de una serpiente. No obstante, algunos interpretan que soñar con lagartos y lagartijas, pronostica posibles desgracias que nos sucederán por la traición de gentes que considerábamos nuestros amigos.

Lago y laguna: Estas extensiones de agua, presentes en nuestro sueño, pueden tener diversos significados. Si sus aguas son claras denotan tranquilidad de espíritu, ánimo resignado y opiniones justas y ecuánimes. Si, por el contrario, se nos presentan con aguas oscuras, enturbiadas o agitadas, una época de turbulencias y de confusión se aproxima a nuestra existencia. Sentimos miedo ante lo que puedan ocultar esas aguas de las que no vemos el fondo y que pueden encerrar procelosos secretos. Si tenemos que atravesar el lago o la laguna y no sabemos cómo hacerlo, poca seguridad en nosotros mismos, debilidad ante los problemas, pero si vamos hacia ellos con decisión, sin importarnos cruzar andando o a nado, indica determinación y arrojo. Valentía y fuerza de voluntad para vencer cualquier obstáculo con el que no contábamos.

Lágrimas: Llorar o ver a otros que lloran, es la manifestación de aflicciones y penas. Puede que en el mundo real hayamos perdido algo o alguien que nos es muy querido y el sueño ponga de manifiesto un pesar que nos agobia íntimamente y que, tal vez, hayamos reprimido. También puede que sean lágrimas de alegría o de ternura, ante una situación emocionante o de una sorpresa inesperada y muy grata, en cuyo caso su significación no sería negativa.

Lámpara: Simboliza ayudas externas que pueden favorecerte en la búsqueda de soluciones para tus preocupaciones, si la ves encendida. En este caso, y si pasamos por un momento en que el porvenir y el presente se nos presentan oscuro, augura que, pronto, se hará la luz en nuestra situación personal. Si aparece apagada pueden indicar que te estás perdiendo en discusiones o intentos estériles.

Lana: Si vemos mechones de lana en el sueño es señal de que nos sentiremos protegidos y seguros ante posibles problemas que puedan presentársenos en el seno del hogar. Si nos abrigamos con prendas de lana, protección material y espiritual aseguradas. Si estamos hilando, al modo antiguo, con la rueca denota que somos hacendosos y que preferimos hacer las cosas por nosotros mismos. También significa que queremos dar una sorpresa agradable a nuestros familiares.

Lancha: Como todos los sueños en los que aparece un barco, o cualquier vehículo para hacernos a la mar, vernos en un lancha como pasajeros o como pilotos, indica un viaje. Si estamos partiendo, deseos de dejar atrás a personas o situaciones que nos agobian y si estamos arribando, deseos de regresar, de tocar tierra firme y de estar con los nuestros. Si nos apasionan los deportes marítimos, puede ser que el sueño haga referencia a lo mucho que nos gustaría poseer una lancha para realizar excursiones marítimas.

Landó: El landó es un antiguo carruaje de paseo, tirado por caballos que se puede capotar o usar al descubierto. Verlo en sueños, o ver cualquier otro carruaje de tracción animal de los que se empleaban para el transporte de personas, no de mercancías, pone de manifiesto una cierta melancolía que nos lleva a suspirar por tiempos pasados, considerando que éstos eran mejores que los actuales. Nos gustaría vivir en un ambiente más relajado, disfrutar, sin prisas, de nuestro tiempo de ocio y dejar que los días transcurrieran con la placidez de antaño. Quizás nos sentimos un tanto desplazados en nuestra sociedad actual.

Languidez: Si experimentamos esta sensación de debilidad física o de ánimo, si no nos sentimos capaces de hacer frente a cualquier problema por pequeño que sea, muy bien puede ser que nos esté rondando alguna enfermedad, malestar e incluso, anemia. Deberíamos visitar, en el mundo real, al médico antes de que la cosa vaya a mayores. También puede ser que hayamos pasado por una época de mucho nerviosismo y que, superada, nos haya dejado agotados.

Lanza y lanzada: Soñar con este arma arrojadiza supone siempre, disgustos y problemas y más si agredimos a alguien con ella. Pero si nos vemos rompiendo lanzas simboliza que estamos eliminando cualquier estorbo o dificultad que se interponga en el camino para ejecutar nuestros propósitos.

Lanzar: Si en el sueño lanzas piedras o amenazas indica que estás en disposición de conseguir tus objetivos pero no reparas en los medios y sería bueno tener más miramientos para evitar las malas consecuencias de tus actos impulsivos. Puede ser que nos vemos lanzando flores al paso de algún personaje, nos sea conocido o no, lo que revelaría nuestra admiración por él. Si estamos lanzado serpentinas o confetis, en una fiesta o en una cabalgata, demuestra que tenemos el ánimo alegre, y que estaríamos encantados de participar en actos lúdicos.

Lápida: Ver una lápida tendrá distintas interpretaciones según la inscripción que figure en ella. Una lápida conmemorativa, de un personaje o de un hecho histórico, denota que estamos interesados, que nos gustan, los temas biográficos y los relatos de historia y leyenda. También disfrutamos en los viajes de contenido cultural. Si se trata de lápidas funerarias auguran aflicciones y penas. Tal vez haga poco tiempo que hemos perdido a un ser querido y el sueño refleja ese sentimiento de pesar en las lápidas de un cementerio.

Lapislázuli: Esta hermosa piedra, de intenso color azul, tan dura como el acero, si soñamos que la tenemos en algún adorno o joya y la llevamos puesta, augura constancia en nuestros afectos y tenacidad en los asuntos laborales. Su color azul significa que tendremos el ánimo tranquilo y dispuesto para disfrutar de todo cuanto la vida nos ofrece.

Lápiz: Tener un lápiz en la mano o estar escribiendo con él, denota aplicación en las tareas que nos han encomendado, pero también cierta inseguridad en el desarrollo de las mismas. Por ello preferimos el lápiz porque, en el caso de equivocarnos, siempre podemos borrar y rectificar. Si en el sueño vemos lápices de colores es un retroceso a la infancia. Nos pueden los recuerdos de la niñez, del colegio, de nuestros amigos y compañeros, especialmente si nos encontramos, en la actualidad en una etapa un tanto convulsa.

Largueza: Es símbolo de generosidad, de darse a los demás en el plano material y espiritual. Si estamos repartiendo monedas, ropa o alimentos estamos expresando un sentido de ayuda y de compasión hacia las necesidades ajenas.

Lástima: Experimentar sentimientos de lástima, de ternura ante las desgracias de otros, significa que estamos íntimamente preocupados por situaciones generales de carencias o de desastres que afligen a gran parte de la población. También puede ser que sintamos lástima de nosotros mismos, lo que denota indefensión ante los problemas.

Lata: Si vemos latas de conservas supone que nuestras aptitudes culinarias son escasas, aunque, también indican que tenemos la despensa bien surtida, o que debemos hacer la compra. Si las latas están vacías o jugamos con ellas, necesidades y privaciones.

Látigo: Es símbolo de dominio y poder irracional. Por eso se interpreta como una advertencia de que estamos cometiendo acciones arbitrarias o, por el contrario, que podemos ser humillados. Situación opresiva en el terreno sentimental y laboral que consideramos totalmente injusta y ante la que reaccionaremos muy pronto.

Laúd: Oír los acordes de un laúd en el sueño o estar tocándolo, señala nuestro gusto por la música, especialmente, por la clásica. Algunos autores interpretan la aparición de este instrumento musical en un sueño como elegancia moral, gusto refinado y cierto romanticismo que aplicamos a nuestra vida.

Laurel: Representa, desde tiempos remotos, la gloria y la victoria. Consagrado al dios Apolo, tiene una curiosa leyenda: enamorado de la diosa Dafne, la perseguía con auténtica pasión. Ella pidió ayuda a su padre para huir del acoso del dios y se convirtió en laurel. Apolo cuando vio a su amada así, se abrazó al árbol cubriéndolo de besos, y predijo que sus hojas estarían siempre verdes y que se coronaría con ellas. Desde entonces, el laurel corona a los vencedores deportivos, a los artistas y a los poetas. Si en nuestro sueño aparece el laurel es porque deseamos vernos reconocidos por los demás. No nos conformamos con medias tintas, sino que queremos sobresalir en todo, sentir, sobre nuestra frente la corona que nos señalaría como el mejor entre los mejores. Soñar con laurel, siempre tiene aspectos positivos y benéficos.

Lava: La lava de un volcán, derramándose, vertiéndose, bien hacia el cielo o bien montaña abajo, es símbolo de pasiones profundas, de deseos incontrolados que hemos tenido reprimidos durante mucho tiempo, hasta que nuestro ánimo los ha dejado aflorar. Pese a quien pese, rotas las ataduras que nos imponía la sociedad, mostramos nuestras verdaderas intenciones, un tanto desbocadas, pero que expresan nuestros sentimientos tal como son. También puede augurar un peligro inminente, difícil de controlar.

Lavanda: Simboliza la renovación y puede ser un buen momento para hacer una limpieza general, en todos los campos de nuestra vida. Necesitamos nuevos aires que barran todo cuanto de negativo y oscuro nos ha estado agobiando. Una etapa positiva está por venir con prontitud. Relaciones de felicidad con nuestro entorno familiar. Orden y cuidado de nuestro hogar.

Lavar y lavadero: Todo sueño que tenga que ver con la acción de lavar, de limpiar, bien sea ropa, platos, o suelos, paredes, etc., supone, siempre, un deseo de pureza, de liberarnos de sentimientos o circunstancias que consideramos sucias o impuras. En un terreno más prosaico, quizás estemos pensando en hacer limpieza general en nuestro hogar, o limpieza de papeles en la oficina. Si nos vemos en un lavadero, junto a otras personas, indica que somos un tanto murmuradores y nos encanta el cotilleo, aspecto este que deberíamos vigilar para no emitir falsos juicios de valor.

Lazo: Lazos de adorno, en vestidos o en el pelo, señalan que somos cuidadosos en nuestro aspecto personal, que nos gusta acicalarnos, especialmente, para la galería, lo que nos hace sentirnos íntimamente satisfechos. Si se trata de lazos como ataduras, muestran nuestro deseo de tenerlo todo bajo control. No dejamos nada al azar y preferimos tenerlo todo atado y bien atado. Lazos de los que se colocan en los regalos indican que pronto nos obsequiarán con algo que no va a gustar mucho. Los lazos con cuerdas que se preparan para la caza, vendría a decir que queremos atraernos la voluntad de otros mediante engaño o por procedimientos poco claros.

Lebrel: Este perro, empleado especialmente para la caza, de figura esbelta y magnífico corredor, se asocia a la rapidez en la consecución de nuestras metas. Verlo en carrera, en compañía de otros perros, supone que formaremos una asociación con gentes afines a nuestros ideales y a nuestras propuestas, con las que compartiremos actuaciones y fines altruistas.

Lección: Estar impartiendo una lección o ser nosotros los que la recibimos, señala nuestra buena disposición para aprender y enseñar lo que sabemos a otros, especialmente en el terreno laboral. Tal vez, haga poco, que tenemos un nuevo empleo y deseamos ponernos al día en las atribuciones y tareas que ahora desempeñamos y que aún no dominamos. Puede ser que tengamos nuevos trabajadores a nuestro cargo y debamos instruirlos para que desarrollen sus labor con eficacia, para lo que nos sentimos totalmente dispuestos. Si estamos estudiando, este sueño es la expresión de que asistimos a clase con gusto.

Leche: Este alimento, básico en algunas etapas de la vida tanto para el ser humano como para los animales mamíferos, augura salud y atenciones maternales. Estar bebiendo leche, darla a un niño, ver cómo la mama de su madre un animal o dársela nosotros, indica que nos preocupamos porque a nadie de nuestro entorno le falte lo más imprescindible para la vida, así como el deseo de mantenernos sanos.

Lecho: Ver una cama bien hecha, bien dispuesta, es sinónimo de que deseamos descansar. Si nos acostamos en ella y nos tapamos bien, expresa el deseo de olvidarnos de los avatares del día y gozar de un tiempo de relax. Si por el contrario el lecho que vemos en sueños, está revuelto, es pobre o está sucio, señala una época de problemas, especialmente, con nuestra pareja. Además, otras situaciones nos quitarán el sueño, manteniéndonos desasosegados e inquietos.

Lechuza: Esta ave nocturna, de grandes ojos, es pariente cercana del búho y como tal, está considerada como el emblema de la sabiduría. Acompañaba a la Palas Atenea, la diosa griega del conocimiento y del saber, y su figura se utilizaba y aún se utiliza, como un fetiche de buena suerte. Soñar con una lechuza supone que nuestras dotes intuitivas van a estar despejadas y seremos capaces de comprender y solucionar problemas antes que nadie. Sin embargo, algunos dicen que si se la oye graznar, augura una muerte cercana y ver a más de una lechuza es señal de funerales y aflicciones.

Lector y lectura: Si estamos leyendo en voz alta, ante un auditorio, no importa sobre qué materia, señala que tenemos confianza en nosotros mismos y que consideramos que podemos aportar algo útil a los conocimientos de los demás. Si estamos leyendo un libro, un escrito, de manera personal efectuando una lectura para nosotros, es símbolo de que nos gusta esta actividad. Leemos cuanto cae en nuestras manos, en la seguridad de que algo aprenderemos o, simplemente, como entretenimiento y disfrute.

Legado: Soñar con que recibimos una herencia, y más si ésta es inesperada, puede ser una premonición de que pronto obtendremos un dinero inesperado, o bienes que nos llegan un poco caídos del cielo. Si conocemos a la persona que nos ha legado ese dinero o ese bien, tal vez un pariente cercano o un amigo, señala su cariño hacia nosotros. Si no sabemos quién nos favorece, tal vez el beneficio que obtengamos provenga de un juego de azar como la lotería, un sorteo o una rifa.

Lejanía y lejos: Experimentar en sueños la sensación de que marchamos hacia algún lugar y siempre está lejos de nosotros, de que lo vemos en la lejanía pero nunca lo alcanzamos, es la expresión del cansancio y la frustración que sentimos porque no parece que, las metas que nos hemos impuesto, estén a nuestro alcance a pesar de que las perseguimos con constancia. Sin embargo, no deberíamos desanimarnos pues, paso a paso, un día tras otro, prosiguiendo en la dirección adecuada, esa lejanía acabará por convertirse en el lugar al que anhelábamos llegar y al que llegaremos con toda seguridad.

Lejía: Estar trajinando con lejía, lavando una prenda o procediendo a la limpieza del hogar, denota que somos muy escrupulosos en los temas de higiene, no sólo en el aspecto formal, sino también en el tema de higiene mental. No nos gustan las medias tintas, ni los negocios pocos claros, preferimos las actitudes francas y sinceras aunque supongan cierto desengaño, pero a veces somos demasiado acres, demasiado severos al juzgar a los demás.

Lencería: La lencería no es sólo el conjunto de ropa interior femenina a la que se le da este nombre, sino también, en general, la ropa del hogar, sábanas, manteles, toallas. Si soñamos con este tipo de lencería y estamos solteros o solteras, es augurio de que pronto encontraremos pareja y que con ella formaremos una familia, tal como estábamos deseando. Si soñamos con prendas femeninas, y somos hombres, deseos sexuales. En el caso de ser mujeres, también indica deseos de compartir la intimidad, acompañados por un cuidado y atención hacia la ropa interior que nos gusta sea lo más bonita y seductora posible.

Lengua: La lengua como órgano que nos permite gustar, deglutir y articular los sonidos de la voz, se asocia a una llama de fuego, por su poder de destruir, reputaciones, por ejemplo, si se emplea para difamar y para purificar si se emplea para enaltecer y para contar las bondades ajenas. Verla en sueños en la boca de otros, significa que tememos su juicio. Si se trata de nuestra lengua quizás nos esté advirtiendo de que somos demasiado parlanchines y que por lo que decimos podemos buscarnos algún que otro problema.

Lentejas: Como todas las legumbres, suponen abundancia y comida asegurada, tanto si las estamos guisando como si las estamos comiendo. Durante muchos años, las lentejas fueron un alimento básico para la población menos pudiente y en este sentido, la interpretación del sueño, como decíamos al principio, nos da la tranquilidad de que siempre tendremos algo que llevarnos a la boca, aunque se presenten tiempos difíciles.

Lentitud: Intuyes el peligro de no llegar a tiempo y que te alcancen más problemas antes de encontrar nuevas soluciones. Si nos vemos andando muy despacio, o realizando alguna tarea como a cámara lenta, es posible que estemos muy cansados físicamente y cualquier trabajo se nos haga un mundo. Sería conveniente, cuando estemos despiertos, ver si el sueño nos advierte de que debemos cuidarnos y descansar.

Leña: Estar buscando leña en un bosque, o partiendo troncos para hacer leña, simboliza que estamos preocupados por atender a las necesidades de nuestro hogar. En este orden, no nos importará hacer cualquier tipo de sacrificio para que nuestros seres más cercanos disfruten de un entorno agradable, confortable. Algunas interpretaciones, sin embargo, dan a este sueño un sentido negativo, como el de que atizaremos las discordias que puedan producirse a nuestro alrededor, que seremos elementos que, en lugar de buscar el entendimiento, favoreceremos las riñas y los desacuerdos.

León y leona: Tradicionalmente se considera presagio de fuerza, de soberanía, de dominar la situación sin condiciones y contando con el beneplácito de los demás. Al igual que pocos animales en la naturaleza gozan de la preponderancia del león, si este animal se nos muestra en nuestro sueño, nos señalará que gozaremos de una situación de privilegio, pero no debemos abusar de ella, pues tampoco lo hace el león. Si lo que vemos es una leona, una mujer ambiciosa, a la que no asusta nada ni nadie, se acercará a nuestras vidas y hemos de estar prevenidos o, por lo menos expectantes, ante sus actuaciones y propuestas. No siempre la visión de una leona representa una mujer de estas características. En ocasiones simboliza a la madre, que al igual que la leona, defiende y proporciona comida a su camada antes de pensar en sus propias necesidades.

Leopardo: Este elegante mamífero carnicero, de piel manchada y movimientos ágiles y precisos, augura que nos sentiremos sagaces, astutos ante la vida. No será fácil que nos engañen o nos engatusen con promesas facilonas y con negocios oscuros. Pero si soñamos que nos ataca, estaremos inermes ante situaciones complicadas. Es muy dudoso que nos salvemos del ataque de un leopardo, pero si logramos sobrevivir, saldremos fortalecidos física y espiritualmente.

Lepra: Considerada como una enfermedad maldita desde la antigüedad, vernos o ver a alguien con el cuerpo cubierto de pústulas, supone aflicciones causadas por la mala opinión de los demás, injustificada la mayor parte de las veces. También representa que nos preocupamos en exceso, por nimiedades, lo que acaba por minar nuestro ánimo cuando en realidad podríamos vivir mucho más felices si nos ocupásemos de lo verdaderamente importante. Si la lepra desaparece, superaremos las tensiones y las penas, y entonces seremos nosotros los que estemos en disposición de despreciar las consideraciones negativas ajenas.

Letargo: Sentirnos amodorrados, aletargados, sumidos en un estado de sopor, puede ser un aviso de enfermedades de origen nervioso. También puede que estemos sufriendo falta de sueño, bien por exceso de trabajo o por un insomnio pertinaz, esto nos lleve a sentirnos medio dormidos, cansados. Pero lo superaremos cuando recuperemos nuestro ritmo de descanso nocturno normal.

Lesión y lesionar: Sufrir algún tipo de lesión o de herida, siempre augura que vamos a padecer perjuicios o detrimento en la salud o en los bienes. Si somos nosotros los que causamos ese daño, refleja malos sentimientos y actuaciones impulsivas que efectuamos sin tener en cuenta la libertad y los derechos de los demás. Convendría que fuésemos más reflexivos y no nos tomásemos las cosas tan a la tremenda.

Letrado y letrada: Vernos entre abogados anuncia pleitos cercanos, problemas con la justicia y dolores de cabeza por alguna traición, en el terreno afectivo o laboral, como puede ser una mala jugada de un socio. Discusiones por herencias, e incluso, por sanciones de tráfico. Si nosotros somos los abogados indica que no nos importa arriesgarnos por defender a los demás en aquellas causas que consideramos justas, aunque a veces somos demasiado partidistas cuando se trata de la defensa a ultranza de nuestros amigos y familiares.

Levantar: Soñar que levantamos un peso o un objeto pesado y podemos con él, augura que estamos preparados para afrontar las cargas de la vida. Pero si no podemos, augura una temporada en la que nos sentiremos débiles, sin fuerzas, como si nos sobrepasasen los acontecimientos. Si levantamos a un bebé es posible que esté cerca un nacimiento en familia o en el entorno de nuestras amistades. También simboliza el cariño por los niños y el deseo de tener hijos. Si nos vemos levantándonos de la cama, buena disposición para emprender tareas nuevas y ánimo para el día a día, aunque suponga cierta rutina.

Levita: Esta prenda de vestir, muy usada en siglos anteriores, está hoy reservada a los grandes acontecimientos sociales, y a ceremonias como las bodas. Si la vemos en nuestro sueño, bien si la estamos comprando, la llevamos puesta o hay personajes que la lucen, suele ser augurio de sucesos importantes que tendrán lugar en nuestra vida. Puede ser nuestro matrimonio si estamos solteros, el de nuestros hijos o el de alguien muy allegado. Si nos tiran de la levita, indica que seremos adulados con falsedad.

Levitar: Suele ser éste un sueño bastante común. Estamos flotando en el aire, sin ningún punto de sujeción, con una sensación placentera. Señala que estamos libres de ataduras terrenales. Lo material sólo nos interesa de forma muy relativa y nuestro ánimo vuela cerca del cielo, del espacio, elevándonos por encima de las miserias humanas. Fuertes deseos de espiritualidad y fin de una etapa en la que nos hemos visto excesivamente sujetos a alguna circunstancia adversa o a un afecto demasiado posesivo.

Lianas: Estas plantas que crecen en las selvas tropicales, tienen unas ramas sarmentosas muy largas y fuertes que permiten a los animales, sujetos a ellas, trasladarse de árbol en árbol, al modo que veíamos a Tarzán desplazarse en las películas antiguas. Si "viajamos" nosotros así, en el sueño, señala ansias de aventuras exóticas y deseos de libertad. Estamos cansados de horarios e imposiciones y nuestro subconsciente reclama una parcela de ocio que no tenemos.

Libelo: Leer un escrito en el que aparezcan opiniones denigrantes para nosotros o que infamen a personas de nuestro entorno, supone que tememos haber desencadenado la ira de los demás por alguna acción que hemos realizado y de tenemos mala conciencia. Otra interpretación es la que nos sentimos víctimas de una injusticia manifiesta. Estamos dolidos porque, actuando con la mejor intención, hemos sido denostados por los que no conocen la sinceridad de nuestra buena fe.

Libélula: Al vivir cerca del agua, este insecto conocido también como el caballito del diablo, señala la posibilidad de un renacimiento, de que fructifiquen las ideas que vamos a poner en práctica. Sus alas, que parecen casi de seda, hacen referencia un gran sentido de la elegancia y del buen gusto. Según el color de la libélula que aparezca en el sueño, puede tener diversas significaciones. Por ejemplo, si es roja, anuncia noticias, si es de color blanco o grisáceo, pronta boda o emparejamiento.

Liberado y libertad: Salir de un encierro, escapar de un lugar donde estábamos presos, augura que todo aquello que nos oprime en el plano material y espiritual, dejará de agobiarnos. En un espacio corto de tiempo volveremos a recuperar la tranquilidad. Nuestro corazón y nuestro intelecto se verán libres de las presiones a las que han estado sometidos. Si somos nosotros los que ponemos en libertad a otros, posiblemente nos convertiremos en líderes políticos o sindicales, abriendo nuevos horizontes para mucha gente. También puede expresar nuestro sentido de la justicia y de la magnanimidad.

Librería y libros: Estar en una librería, comprando u hojeando libros, significa nuestra tendencia a las labores intelectuales. Sentimos una gran curiosidad por casi todos los temas de la vida y en los libros encontramos unos compañeros doctos que nos ayudan y entretienen. Un libro cerrado simboliza una parte de nuestra vida que queremos mantener oculta. Si los libros aparecen con polvo o desordenados indicarán que tenemos muchos proyectos inacabados. Será importante para interpretar el sueño ver si podemos recordar sus títulos u otras referencias.

Libreta: Si vemos este tipo de cuaderno en nuestro sueño, y estamos anotando algo en él, es porque tenemos una forma de actuar ordenada y concienzuda. Preferimos apuntar aquello que debemos hacer y pagar, para que no se nos olvide. Si aparecen varias libretas juntas supone que hay en nosotros cierta nostalgia por los días felices del colegio. Si nos regalan un cuaderno, significa que nos están sugiriendo que dejamos demasiadas cosas en el aire. Sería mejor que apuntásemos nuestros deberes para llevarlos a cabo con eficacia y prontitud.

Licántropo y licantropía: Un hombre lobo visto en sueños augura tristeza y, sobre todo, melancolía. Un hombre se convertía en lobo, generalmente, a su pesar, según la antigua creencia en la licantropía. Podía haber sido víctima de un encantamiento siniestro o mordido por un lobo, por lo que, cuando aparecía la luna llena, se producía esta terrible transformación. Si somos nosotros los que nos convertimos en hombres lobos, manifestamos nuestros deseos de venganza hacia aquellos que se han aprovechado de nuestra inocencia. También puede ser que, recientemente, hayamos leído o visto alguna película sobre este tema y hayamos llevado al sueño la impresión que nos ha causado.

Licor: Casi todo tipo de bebidas alcohólicas en los sueños, indican nuestro deseo de mayor libertad y de romper con algunas inhibiciones. Si estamos bebiendo en compañía de otras personas, indica camaradería y buenas relaciones sociales. Si estamos bebiendo solos, señala soledad y retraimiento.

Lid: Peleas, combates, participar en ellos como elementos activos o contemplarlos, como sujetos pasivos, son anuncio de discordias, de desavenencias graves que no sabemos cómo atajar, aunque, íntimamente, tampoco estamos muy dispuestos a ello. Estamos molestos con todo y con todos, y en lugar de reflexionar para acabar con esta situación hemos tirado por la calle del medio, poniendo de manifiesto nuestro mal humor y nuestro ánimo peleón.

Líder: Marchar a la cabeza de una manifestación, ser jefe, conductor de un partido político y también ser el primero en una competición deportiva, es augurio de que se aproxima una época de éxitos en todos los planos de nuestra vida. Estos éxitos estarán propiciados por la seguridad que sentimos en nosotros mismos, seguridad que transmitimos a los demás que nos ven como su punto de apoyo y como hilo conductor de sus actuaciones. Algunas veces, puede simbolizar una cierta soberbia por nuestra parte.

Liebre: Por su gran fecundidad, la liebre se asocia a la abundancia y también a deseos sexuales intensos. Verla correr por el campo simboliza buena suerte y si estamos metidos en negocios, tendremos magníficos beneficios y buenas relaciones con nuestros socios.

Lienzo: Estar ante un lienzo en blanco, de los que se emplean en la pintura de cuadros, nos indica escasez de ideas ante un proyecto que nos han encomendado. Le estamos damos vueltas al asunto y hasta el momento no hemos visto la luz esclarecedora que nos ponga en el camino correcto. Sin embargo, este lienzo en blanco también puede señalar receptividad y buena disposición para aceptar las ayudas que nos ofrezcan. Si nos gustan las bellas artes, sugiere que estamos deseando poner en marcha un proyecto creativo.

Liga: Las ligas que antes se llevaban para sujetar las medias, especialmente, las de las mujeres, tienen un fuerte contenido erótico. Ver las ligas de una mujer, sobre el muslo, es sinónimo de que nos gustaría establecer con ella algo más que una amistad. Si se trata de liga de la de pegar, que se emplea para preparar trampas para pájaros, augura que nos vamos a ver envueltos en situaciones y asuntos que no nos agradan en absoluto y de los que no sabemos cómo desembarazarnos.

Ligaduras: Vernos o sentirnos maniatados es una muestra del miedo al compromiso. Estamos ante momentos cruciales en nuestra vida, como puede ser contraer matrimonio, o asumir una nueva responsabilidad laboral, y nos corroen las dudas. Nos atrae lo nuevo, pero valoramos más nuestra libertad y creemos que si damos el paso o pasos que requieren estos momentos, la perderemos. Si logramos soltarnos o nosotros rompemos las ligaduras de otros, seguiremos gozando esa libertad que es tan básica para nosotros, y brindaremos a los demás la posibilidad de disfrutarla.

Lija y lijar: Soñar que estamos lijando algo, una superficie de madera o de metal, señala que estamos deseando acabar con las asperezas que existen en nuestras relaciones con la familia y los amigos. Últimamente, por culpa de pequeños malentendidos, se ha creado una situación desagradable que quisieras que desapareciera de inmediato. Por eso no te importaría poner de tu parte lo que hiciera falta para volver a la armonía. También puede interpretarse como un anhelo de desprendernos de pequeñas complicaciones para dedicarnos a lo que de verdad importa.

Lilas: Estas hermosas y fragantes flores son las emisarias de la primavera. Si se nos aparecen en un jardín, en un jarrón o llevamos en la mano un ramo de lilas, auguran que, muy pronto, se alejarán de nosotros las preocupaciones y comenzaremos a vivir y disfrutar de una época apacible y feliz. Todos los que nos conocen nos encontrarán encantadores y gozaremos del aprecio general.

Limar: El sueño nos está avisando de la necesidad de la perseverancia y la paciencia. Si tenemos entre manos un asunto que deseamos acabe pronto más vale que nos lo tomemos con calma. Otra interpretación es la de ir minando la fama o el honor de otra persona, con una paciente labor de desprestigio, o sentir que hemos sido nosotros los que hemos sufrido esta acción.

Limón: Debido a su acidez el fruto del limonero augura relaciones un tanto tormentosas con las personas que nos rodean en nuestro círculo más íntimo, aunque pronto acabarán las rencillas. Todos pondrán un poco de su parte y el buen orden reinará de nuevo. También puede ser que sintamos sed física, y el limón, jugoso, se nos presenta en el sueño como un remedio para esta sensación, bien como fruta o bajo la forma de una fresca limonada.

Limosna: Si la estamos pidiendo nosotros, es símbolo de grandes problemas económicos que no sabemos cómo resolver. Nos sentimos al borde nuestras posibilidades materiales y el temor a carecer de lo más necesario ha hecho presa en nuestro ánimo, aunque tal vez la realidad no sea tan extrema. Puede también representar resignación y humildad. Quizás hemos sido demasiado orgullosos y soberbios y el sueño quiere trasmitirnos un aviso para que reconsideremos nuestra actitud. Si nosotros somos los que damos limosna, es que poseemos un espíritu compasivo y nos dolemos de las necesidades ajenas.

Limpiar y limpieza: El acto de eliminar la suciedad y también de llevar vestiduras limpias o de ver un espacio limpio y aseado, se interpreta como un deseo de perfección y pureza. Somos personas íntegras y honradas, capaces de llevar hasta el extremo nuestro sentido ético. Si nos estamos limpiando nosotros, bañándonos con jabón o vemos a otros haciéndolo, indica que, si ha habido algún episodio ambiguo en el que consideramos que no actuamos con suficiente rectitud, nos estamos enmendando y queremos deshacer el entuerto lo antes posible.

Linchar: Si nos encontramos en un tumulto en el que se está agrediendo a alguien y nosotros participamos en esta agresión, señala fuertes deseos de venganza hacia una persona determinada. Últimamente nos hemos sentido víctimas de una injusticia que consideramos gravísima y nos gustaría poder coger al causante de la injuria y hacerle pagar, con todo rigor, lo que nos ha hecho. Si sólo contemplamos el hecho, denota indiferencia ante los problemas ajenos, más como no querer meternos en líos que como una indiferencia moral. Temor a represalias si ayudamos a los que están, verdaderamente, en apuros.

Lingotes: Ver en un sueño lingotes de oro, plata o platino, augura, tanto el deseo de acumular grandes riquezas como la posibilidad de hacernos con muchos bienes que nos llegarán de forma inesperada. Si los estamos guardando en una caja fuerte o escondiéndolos, nuestro espíritu ahorrativo raya en la avaricia. Pero si estamos regalándolos, es símbolo de una generosidad sin límites, en el plano material y en el sentido de darnos a los demás.

Lino: Si soñamos con esta planta o con tejidos realizados con sus fibras, indica que nos gustan las cosas naturales, en el comer, en el vestir y en el vivir. Somos poco dados a lo artificial y lo artificioso, prefiriendo un paseo por el campo a estar en una discoteca, y charlar con los amigos en un ambiente distendido que ir al cine. A veces nos puede el gusto por las costumbres de antaño, por una existencia más sencilla y menos complicada aunque esto supusiera menos comodidades.

Linterna: Si la linterna del sueño sirve para alumbrar a otros, lo interpretaremos como que nuestros consejos y apoyo pueden resultar útiles. En cambio, si es una linterna ajena la que nos alumbra a nosotros, será al revés, que otras personas podrán ayudarnos en algún asunto que aún no vemos claro. Si vemos una linterna colocada en el umbral de una casa, a modo de los antiguos faroles, señalará que, por fin, hemos llegado a donde queríamos.

Lío: Ver fardos de ropas, o de otros objetos, mal confeccionados, sentirse confuso y en medio de un barullo, señala desorden en nuestra vida. Quizás estemos realizando una mudanza y nos agobia el caos formado por llevar las cosas y los muebles de un lado para otro. Quizás estamos dudando en el terreno sentimental y nos sintamos atraídos por personas ajenas a nuestra pareja, lo que nos genera una sensación de disgusto sin saber muy bien qué hacer, y puede que en el plano laboral nos suceda otro tanto.

Líquidos: Los líquidos, sean agua, vino o licor, siempre suelen tener connotaciones positivas. Señalan renacimiento, gusto por la vida y abundancia. Sólo en el caso de que aparezcan turbios o en mal estado presagian desgracias y la pérdida de una situación social de privilegio.

Lira: Oír o tocar este antiguo instrumento musical, augura sensaciones placenteras y momentos de tranquilidad en nuestra vida. Aficiones musicales y gusto por la poesía, incluso es posible que nos sintamos un poco poetas nosotros mismos. Nos invitarán o asistiremos a un concierto y disfrutaremos, enormemente, con él.

Lirios: En sueños, simboliza al ser amado desde un punto de vista idealizado y también la gracia espiritual. Pero si en el sueño nos vemos oliendo su perfume, algunos autores lo interpretan como aviso ante las tentaciones y peligro de infidelidades. En cualquier caso muestra que se está pasando por una etapa de sensibilidad a todos los niveles. También la visión de lirios puede significar anhelos de pureza y de inocencia. Otras interpretaciones atribuyen a los lirios blancos la representación de la paz y la armonía, mientras que los rojos simbolizarían las discordias y la guerras.

Lisiar y lisiado: Sueños en los que lisiamos a alguien, sufrimos nosotros algún tipo de lesión, especialmente, en las extremidades o vemos a personas lisiadas, siempre tienen un carácter maléfico, son de mal augurio. Representarían, por una parte, un mal obrar o recibir algún daño grande en nuestra integridad física y, por otra, una afición desmedida por conseguir algo, de tal forma que nos importaría realizar cualquier acción, por mala que fuera, para lograrlo.

Lisonjear: Es un aviso claro de que debemos estar en guardia con todos aquellos que nos adulan, por mucho que nos agrade recibir sus lisonjas. Sólo pretenden regalar nuestros oídos en vista a sacar partido de nuestra vanidad. La misma interpretación valdría en el caso de que fuésemos nosotros los aduladores. Denotaría nuestra falsedad y que despreciamos el camino recto para la consecución de nuestros fines.

Listín: Estar consultando un listín personal, expresa nuestro deseo de comunicarnos con amigos y familiares de los que no sabemos nada desde hace tiempo. Con estas personas tuvimos relaciones muy afectuosas, pero el paso del tiempo nos ha ido alejando, si bien no hemos perdido nuestro sentimiento de cariño hacia ellas. No obstante, estamos dudando entre llamarlas o no, pensando si será adecuado hacerlo después del tiempo transcurrido. Si nos vemos buscando nuestro listín, es posible que la amistad y el cariño se hayan diluido definitivamente.

Litera: Si se trata del antiguo carruaje que llevaban a cuesta cuatro personas o dos caballerías, y nosotros viajamos en él, es porque somos excesivamente comodones en todos los aspectos de la vida. Nos cuesta ponernos en marcha, tomar decisiones y preferiríamos que nos lo dieran todo hecho. En el caso que sea una litera como la cama estrecha que se emplean en los barcos, en los cuarteles, y en los internados de los colegios, simboliza que tendríamos que hacer economías, gastar sólo lo necesario para no sufrir estrecheces futuras.

Litigio: Si estamos envueltos en un juicio, o litigando contra alguien, el sueño pone de manifiesto que tenemos un carácter poco dado a las componendas, a la vez que somos muy puntillosos y no nos gusta que se conculquen nuestros derechos. Exceso de celo que nos llevan a preocupaciones excesivas. No estaría de más que nos tomásemos la vida con calma y no fuéramos tan severos al juzgar y juzgarnos.

Litoral: Contemplar la costa, pasear por ella con la visión del mar, es sinónimo de tranquilidad de espíritu, de estar conforme con uno mismo. Supone también ilusiones y esperanzas lejanas, pero no por ello menos anheladas, al modo del que espera ver llegar un barco que traerá con él lo que tanto ansiamos. Pero si el litoral es abrupto, y desde las altas rocas o peligrosos entrantes vemos un mar enfurecido, anuncia turbulencias anímicas, temores y dudas, y miedo fundado a que las circunstancias adversas puedan con nosotros.

Lívido: La palidez excesiva, vista en nosotros o en otras personas, anuncia una posible enfermedad, derivada de la inapetencia o de alteraciones nerviosas. También puede indicar un gran miedo ante lo desconocido, un temor infundado ante energías extrañas o influencias funestas. De todos modos, convendría que visitásemos al médico, pues siempre es mejor prevenir que curar.

Lobo: Durante muchos siglos, el lobo fue considerado como una bestia maligna, encarnación del mal, que diezmaba los rebaños y al que había que combatir por todos los medios. Hoy, cuando se sabe mucho más sobre este animal, el lobo encarna la jerarquía y la buena organización social. Verlo en sueño, solo o en una manada, puede interpretarse como que sabremos coordinar, perfectamente, nuestra vida social, laboral y familiar. Al igual que el lobo guarda la carne que le sobra de sus cacerías, seremos ahorrativos en su justa medida. Pero si vemos lobos cazando o enseñando los dientes, apuntan a un carácter agresivo y belicoso.

Lóbrego: Un ambiente oscuro, tenebroso, en una casa, un castillo o una mazmorra, augura tristezas y depresiones. Tenemos en el ánimo caído y no nos sentimos con fuerzas para salir en el callejón en el que nos hemos metido. Pero será una situación que lograremos superar. No hay que olvidar que la luz siempre acaba venciendo a las tinieblas.

Loco y locura: Sentirnos enajenados, o ver a otras personas en este estado, expresa nuestro espíritu conturbado por problemas graves, o por una considerable presión, sobre todo en el terreno laboral. Estamos angustiados, indecisos, presionados… y tememos que esto pueda afectar a nuestro rendimiento y a nuestra razón. Pero no siempre estos dos conceptos tienen un significado negativo. Pueden también representar una alegría desbordante, una suerte extraordinaria y un ánimo que siempre está bromeando y de buen humor. Durante algunas épocas de la historia y en ciertas culturas, los locos gozaron de consideración social. Se les consideraba seres inocentes, carentes de malicia, e incluso, emisarios de los dioses y en este sentido el sueño podría indicar cierta bondad y desprendimiento.

Locomotora: Ver una locomotora en marcha, es augurio de que nos sentiremos con fuerza para avanzar hacia nuestros objetivos. Si está parada, consideramos que no es el momento propicio para dar rienda suelta a nuestra impulsividad. Si estamos pensando en hacer un viaje, la locomotora indica que pronto tendremos ocasión de ver cumplidos nuestros deseos. En general, la locomotora es símbolo de avance positivo.

Lodo: El lodo, que se forma con la tierra y el agua, principalmente de la lluvia, simboliza la impureza, el temor a vernos manchados por acciones propias o ajenas que poco tienen que ver con la ética o la moral. Andar por un camino de lodo, intentando no salpicarnos, puede simbolizar nuestro deseo de huir de todo aquello que nos presenta la vida y que consideramos que no está bien. Si soñamos que nos tiran lodo es indicio de que nos sentimos calumniados por los demás. No obstante, si tenemos lodo en las manos y queremos con él crear o formar algún objeto, anuncio y sentido original y creativo, capaz de lograr cosas importantes partiendo de lo más simple y sencillo.

Loma: Ascender hacia cualquier altura, aunque sea pequeña como en el caso de una loma, señala nuestro espíritu de superación. Hasta ahora no lo hemos tenido fácil. Estudios, trabajo, relaciones... todo nos ha supuesto un esfuerzo considerable pero, gracias a nuestra tenacidad, hemos seguido adelante. Quizás ahora se nos presenta un nuevo reto y, como en otras ocasiones, estamos dispuestos a ir a por él. Si estamos descendiendo, supone que el objetivo está logrado, pero también que hay que tener cuidado en este descenso para no caernos y malograr lo conseguido por un exceso de prisa.

Lombriz: Ver lombrices en un sueño, puede tener diversas significaciones. En algunos autores encontramos la idea de que representan la putrefacción, el terminar, definitivamente, con una etapa que ha sido de importancia capital en nuestras vidas. Otros consideran que estamos mediatizados por personas que viven a nuestra costa, como auténticos parásitos, y no vemos la forma de deshacernos de esta situación. Y, aun otros, consideran que las lombrices que horadan la tierra y favorecen su oxigenación, representan nuevas oportunidades y una economía saneada.

Lona: Esta tela, fuerte y resistente, que se emplea en tiendas de campañas y en velas para los barcos, es sinónimo de protección. Si nos vemos debajo de una lona, es que nos sentimos seguros y capaces de afrontar las complicaciones de la vida cotidiana. Si estamos colocando, sujetando o soltando las velas de una embarcación realizadas en lona, emprenderemos un viaje por mar cuya travesía será plácida y tranquila. Tal vez estamos pensando en un crucero de vacaciones o en alguna excursión marítima.

Longaniza: Este embutido, desde siempre, se asocia a la abundancia y al bienestar. Verla colgando en nuestra despensa, es sinónimo de que tenemos la vida asegurada. Estar comprando longanizas significa que hemos acabado con una época un tanto comprometida en el plano material y , de nuevo, nuestra economía vuelve a ser boyante. Estar comiendo longanizas, solos o en compañía de otros, representa invitaciones y fiestas a la vista.

Loriga: Contemplar una armadura antigua, o ser nosotros los que la llevamos puesta, señala que desearíamos recubrirnos, exterior e interiormente, de una fuerte protección, de un blindaje, que nos hiciera inmunes a las murmuraciones ajenas y a los juicios adversos que siempre nos preocupan y, a veces, nos amargan la vida. También puede ser admiración por el pasado, afición por la historia y por las leyendas caballerescas, así como talante justiciero y ánimo siempre dispuesto a defender causas perdidas.

Loro: Esta exótica ave, de brillantes colores, capaz de reproducir la voz humana y de aprender palabras, suele asociarse a las personas muy parlanchinas o a aquellas que presentan un aspecto físico un tanto estrambótico. Si aparece en nuestro sueño nos advierte de los comentarios y cotilleos sin ton ni son. Ni debemos hacerlos nosotros ni debemos prestar oídos a ellos pues no son más que una pérdida de tiempo y de energías que podríamos emplear en algo más útil. Pero el loro representa también la longevidad y una vida muy larga, plena de facultades. Poco animales hay en la naturaleza que vivan más que los loros y en cierto sentido auguran una existencia plena que se mantendrá por muchos años.

Lotería: Este juego de azar es, sin duda, el más popular, por lo menos, en nuestro país. Soñar con que jugamos a la lotería o que estamos comprando un billete, señala que confiamos en el azar y en nuestra buena suerte. Si en la realidad nunca hemos ganado ningún premio, esperanzas que mantenemos a ultranza, sin desanimarnos. Fe ciega en la fortuna, aunque hasta el momento, se nos haya mostrado esquiva. Si alguien nos regala lotería, confianza en esta persona y en sus deseos de que el futuro nos sea propicio.

Loto: Esta hermosa planta acuática, de grandes hojas y preciosas flores, ha sido admirada y reverenciada desde la antigüedad. Es símbolo de elegancia tranquila, sin estridencias, de buen gusto en todos los planos de la vida. Pero también puede interpretarse como el olvido y el abandono de los seres queridos o de aquel lugar que fue primordial para nosotros. Según se cuenta, las semillas del loto, si las comían extranjeros, olvidaban su patria y vagaban por el mundo sin raíces y sin referencias de sí mismos.

Loza: La loza, que es barro cocido y barnizado, suele ser el material en el que están hechas las vajillas, las tazas y otros muchos utensilios para el uso en el hogar. Ver cualquiera de ellos en nuestro sueño, hace referencia al buen orden familiar y a que nos gusta que nuestra casa esté bien provista para una vida agradable. Si se nos rompe algún cacharro de manera fortuita, señala disgustos y, tal vez, merma en nuestros bienes, pero de poca importancia. Pero si la estamos rompiendo nosotros, pues que estemos pasando un momento de ira y descontento, así como que deseemos romper, de forma radical, con una situación que nos tenía esclavizados, especialmente en el plano afectivo.

Lucero: Soñar que vemos un cielo nocturno estrellado, y que en él destaca una estrella, un lucero determinado, augura una ilusión que albergamos en nuestro corazón, desde hace tiempo, y que nos parece imposible que vaya a materializarse alguna vez. Si este sueño se nos presenta con cierta frecuencia, es señal de que esta ilusión va a cumplirse en un plazo relativamente corto. En ocasiones, se interpreta como el alma de ser querido que se nos fue, y que vela por nosotros desde el más allá.

Lucha: Vernos luchando con otra persona augura una situación personal de descontento, con alguien concreto, si este sujeto nos es conocido. También puede ser que estemos en desacuerdo con nosotros mismos, y descargamos nuestra cólera, nuestro malestar, contra alguien sin que ese alguien nos resulte familiar. Tal vez en nuestro interior se esté librando alguna batalla entre lo que debemos hacer y lo que queremos hacer, cuando ambos conceptos son contradictorios, o entre el bien y el mal, entre la ética y el placer, entre la avaricia y la largueza, o entre el pecado y la senda recta de la virtud.

Luciérnaga: También llamada gusano de luz, este insecto nocturno tiene tres anillos que en la oscuridad emiten una luz visible, fosforescente, de un tono blanco verdoso. Su presencia anuncia un punto de ayuda, una esperanza tangible en una época en la que todo parece que se ha confabulado contra nosotros, haciéndonos vivir en una tiniebla permanente. Si no es así, y nuestra vida transcurre por cauces normales, puede representar saraos nocturnos, fiestas y verbenas en las que participaremos con alegría y en las que pasaremos muy buenos momentos. Algunos autores le dan la interpretación de que el que sueña con luciérnagas prefiere la noche al día tanto para vivir como para estudiar y trabajar.

Lucifer y luciferino: Diablos e infiernos, actos diabólicos de falsedad o crueldad, pueden ser la manifestación de que nos encontramos físicamente mal, con problemas de salud que pueden derivar en enfermedades graves. Ánimo conturbado por aflicciones importantes. Grandes dudas en el terreno religioso. También puede ser que atravesemos momentos de soberbia, de ira, y el sueño refleje esta sensación de malignidad que impregna nuestras actuaciones, cuando en realidad nosotros no somos así. Convendría que consultásemos al médico y que revisásemos nuestros carácter y comportamiento actuales.

Lujo: Encontrarnos en una habitación, un salón o una casa decorada con pompa, con adornos excesivos y superfluos, o vernos vestidos de esta guisa, indica un carácter dado a la ostentación, a actuar hacia la galería. Superficialidad y razonamientos poco profundos, banales. Falsas amistades que se acercan a nosotros por lo que representamos pero no por lo que somos.

Lumbre: Una lumbre, sea la del hogar, un fuego encendido en medio del campo, o un cuerpo que luce, siempre es el indicio de que la luz no ha de faltarnos en nuestras vidas. Luz que ilumine nuestro entendimiento, nuestro comportamiento, nuestro trabajo y nuestras relaciones con los demás. Es la esperanza que se mantiene en la oscuridad, la certeza en la duda, la pronta salud cuando se está enfermo. Pero, en ocasiones, si estamos demasiado cerca de la lumbre y notamos un calor excesivo, puede simbolizar que nos estamos dejando llevar por la cólera.

Luna: Soñar con la luna encierra algo de misterio, de fuerzas ocultas, de influencias ultrasensoriales que se escapan al poder del hombre. Al alumbrar por la noche, se creía que la luna protegía a los poderes ocultos de la brujería y la nigromancia, pudiendo alterar el comportamiento humano. Al igual que la luna que tiene varias fases, desde el plenilunio hasta la luna en cuarto menguante, a aquellos que tenían un temperamento arrebatado o inestable, se les conocía y aún se les conoce como lunáticos. Si en nuestro sueño vemos la luna en su plenitud, nuestros deseos sexuales estarán en alza, aunque también puede que nos sintamos más irascibles y violentos. Si está en cuarto creciente, augura buenos momentos para los negocios, especialmente para los que tengan que ver con la agricultura, con la siembra de hortalizas. Si tenemos ganado, es la época ideal para el apareamiento. El cuarto menguante favorece la plantación de aquellos vegetales que germinan bajo tierra, como los ajos y las cebollas. Si estamos enamorados, la luna protege con su luz tenue, los encuentros y relación con nuestra pareja. Pero si soñamos que nos salen al paso personajes desconocidos, hay que desconfiar, pues el brillo de la luna siempre es engañoso y, por muy clara que sea, puede inducirnos a error.

Lunar: Esta pequeña mancha que puede aparecer sobre la piel del rostro, y en otras partes del cuerpo, puede tener varias interpretaciones. Si nos vemos o vemos a otros con un lunar en la mejilla, augura buena suerte. Si es sobre el labio superior, poder de encanto y de seducción. Si el lugar, que suele ser redondo, presenta contornos irregulares, puede simbolizar una enfermedad cutánea, y si este lunar se muestra con pelillos, persona con malas intenciones o de comportamiento poco fiable.

Lupa: Sabremos apreciar los detalles en su justa medida, dándoles la importancia que tienen. También manejar una lupa o mirar a través de ella, señala un carácter escrupuloso, una atención cuidadosa en todos los aspectos de la vida. No queremos que se nos escape nada, aunque nos suponga un esfuerzo adicional. Si estamos en puertas de un nuevo empleo, estamos examinando los pros y los contras con precisión, y si estamos a punto de comenzar una relación sentimental, también estamos escrutando a esa persona que nos interesa para no sufrir desengaños.

Lustrar: No importa lo que se lustre en el sueño, un objeto de metal, las tablas de una madera, o unos zapatos, el acto de dar lustre y brillantez a un objeto o cosa, demuestra nuestros deseos de poner en claro nuestros sentimientos y hacer que resplandezcan las virtudes de aquellos que gozan de nuestra consideración. También queremos librarnos de todo que pueda tener nuestro pasado de oscuro y de contradictorio.

Luto: La manifestación externa del dolor, generalmente, con ropas negras y otros símbolos como son las banderas a media asta, es síntoma de penas y aflicciones intensas. Si estamos vestidos de luto, o vemos a otros así, indica que estamos padeciendo una pérdida, que no tiene por qué ser, necesariamente, la muerte de una persona querida. Puede representar la pérdida de un amor o de una amistad a la que teníamos en gran estima y que nos ha causado un gran vacío en el alma.

Luz: La luz, sea del tipo que sea, la del sol, la luz eléctrica, la de una llama, augura claridad de juicio e inteligencia despejada. Asuntos y entuertos que se clarificarán. Saldrán a la luz nuestro buen hacer y nuestras buenas acciones, pero corremos el peligro de que se destapen secretos que manteníamos a buen recaudo. No obstante, soñar con luces casi siempre es de buen augurio.

LL

Llaga: Pequeños inconvenientes de salud, pero que debemos atajar de manera rápida, no dejar que se curen solos, ya que puede afectarnos más de los que nosotros creemos. Aflicciones en el alma, preocupaciones en el terreno afectivo que nos causan un hondo pesar, pero de las que pronto sanaremos si somos lo suficientemente fuertes para racionalizar esta pena.

Llama: La llama simboliza el intelecto. La llama sin humo que sube recta hacia el cielo simboliza el intelecto al servicio del espíritu. La llama vacilante simboliza el intelecto que se olvida del espíritu. Sentirnos amenazados por las llamas denota miedo a afrontar una empresa. Avanzar impunemente entre las llamas refleja la firme decisión de superar todos los obstáculos.

Llamada: Soñar que nos llaman en sueños sin poder precisar desde dónde, presagia que algún ser querido se encuentra en grave peligro y nos hace llegar su grito de socorro. También puede ser un toque de atención que nos da la vida ante un peligro cercano que no hemos sabido ver.

Llamarada: Una llama que se levanta con fuerza y que se apaga enseguida, augura que nos sentiremos momentáneamente deslumbrados por personas y situaciones que se nos presentan como brillantes, seductoras, interesantes, pero que en realidad no son más que flor de un día. Nos advierte, también, de que no debemos fiarnos de las apariencias sino ir al fondo de la cuestión para ver la realidad de las cosas, evitándonos decepciones posteriores.

Llano y llanura: Son el símbolo del espacio ilimitado, sin frontera, fácil de transitar por él. Presagian el acceso a un mejor bienestar económico y a una felicidad exenta de altibajos. Pero si el llano o la llanura se presentan muy polvorientos o pedregosos, no todo será tan fácil. Lo que conseguiremos será a base de esfuerzo y tenacidad, después de haber pensando en abandonar ese camino que, a priori, se nos presenta lleno de dificultades.

Llantina y llanto: Las lágrimas son la expresión profunda de las emociones, bien sean tristes o alegres, porque no sólo lloramos por pena sino también por situaciones de gozo. Si en el sueño lloramos, pero sin mucho sentimiento, más bien como una rabieta, augura contratiempos que nos causarán molestias, pero que, a la postre, no serán graves y los superaremos con facilidad. Si se trata de un llanto profundo, en nosotros o en otros, puede interpretarse como que estamos pasando por un período de aflicciones, sobre todo en el terreno afectivo, o que están por llegar momentos muy duros. Si se nos caen las lágrimas en una situación que no es para llorar, señala una sensibilidad a flor de piel. Puede ser que en sueño no lloremos, pero sí veamos a otras personas llorando y nos produzca sensación de pesar. Esto indicaría buenos sentimientos y compasión hacia los problemas ajenos. Pero las lágrimas pueden tener el sentido de fecundar la tierra, de actuar como lluvia benefactora que fertiliza los campos y también propicia la fecundidad humana. No en vano, en muchas culturas antiguas, la lluvia se creía que era el llanto de los dioses.

Llave: Abrir una puerta usando una llave augura que entraremos en una situación nueva, buena o mala según sea el contexto del sueño. Poseer un gran manojo de llaves simboliza la adquisición de bienes o conocimientos proporcionales al número de llaves del manojo. Tener dificultades en hacer girar la llave en su cerradura pronostica que hallaremos dificultades y obstáculos en la obtención de lo que deseamos. Una llave rota o perdida augura disgustos y problemas que impedirán la realización de los deseos. Abrir una puerta y entrar en una habitación en la que se halla una persona del sexo opuesto anuncia el matrimonio. Poseer una llave maestra, con la que podamos abrir todas las puertas, simboliza influencias aprovechables y una buen situación social. Si alguien nos regala una llave o somos nosotros los que lo hacemos, se interpreta como que estamos entregando, o nos entregan, el corazón, un afecto intenso en el plano sentimental.

Llegada: Si vemos llegar a un amigo, inesperadamente, nos anuncia acontecimientos favorables para nuestros intereses. Si estamos en una estación o en un puerto esperando a alguien, tanto si sabemos quién es, como si en sueños, desconocemos de quién se trata, supone que nos sentimos expectantes ante una nueva situación que se ha producido en nuestra vida, rompiendo la rutina, y en la que creemos que recibiremos ayuda. Si somos nosotros los que nos vemos llegando a algún lugar, es que hemos alcanzado las metas que habíamos propuesto.

Llenar: Si en el sueño aparecemos nosotros u otra persona llenando algún recipiente, simboliza buena suerte, anuncio de beneficios económicos inesperados. En el caso de que estemos pasando una época de depresión económica, ver sacos llenos o mesas cubiertas de manjares, augura que pronto superaremos la crisis. Algunas veces puede suponer también, que nos sentimos demasiado pagados de nosotros mismos, sin tener por qué.

Llevar: Tomado en el sentido de transportar una cosa de un lugar a otro, puede tener interpretaciones muy diversas, según aquello que se lleve. Por ejemplo, si nos vemos acompañando a un grupo de personas a un lugar determinado y nosotros actuando a modo de guía, señala nuestro carácter de líder bienintencionado. Si conducimos un rebaño de ganado hacia los pastos, nos preocupamos por el bienestar propio y ajeno. Llevar dinero o cosas de valor al banco, sentido del ahorro.

Llorar: Simbolizan la lluvia y la fertilidad. Llorar manteniéndonos al margen de los acontecimientos presagia una alegría inesperada. Llorar silenciosamente presagia un feliz acontecimiento. Si el llanto se acompaña de una sensación de cansancio o de alivio presagia el fin de una situación penosa.

Lluvia: Significa la purificación de los sentimientos y deseos hasta alcanzar su forma más sublime: la bondad. Soñar con una lluvia lenta y continua presagia que el beneficio será grande pero lento en llegar.

Si se trata de un aguacero que nos tiene inmovilizados es que existirán interferencias o problemas que deberán solucionarse antes de alcanzar los beneficios. Así este sueño nos indica que cuanta mayor cantidad de agua llueva mayor será el beneficio. Pero si se trata de una lluvia que produce inundaciones, o que cae con violencia, simboliza elementos desatados que nos impedirán lograr lo que deseamos.

M

Macarrones: Soñar con esta pasta alimenticia, tanto en crudo como cocida, y al igual que en otros sueños en los que aparecen alimentos, es presagio de abundancia y de que, por lo menos, no careceremos de los más indispensables para la vida.

Macedonia: Si este postre, formado por frutas diferentes, aparece en el sueño, se interpreta como un deseo de diversificar tus actividades, pero si te ves comiéndola también puede ser un presagio de futuras pequeñas complicaciones caseras. Es una advertencia para que nos centremos más en nuestro trabajo, pues últimamente estamos un tanto dispersos en asuntos que ni nos van ni nos vienen.

Maceta: Macetas con flores, en balcones y ventanas, ponen de manifiesto que tenemos un carácter extrovertido y jovial. Sentimos la alegría de vivir y nos gusta compartirla con los demás, como si el mundo fuera, en verdad, una gran familia y no un avispero. Si las macetas están en un interior, como decoración, señalan buen gusto y un aprecio grande por la naturaleza. En cierta forma añoramos el campo y ésta es una forma de poner un pedazo de él en nuestra vida. Sin embargo, si las macetas aparecen con las flores y plantas mustias, o muertas, son la expresión del abandono y de la tristeza.

Machacar: Golpear con furia una cosa para romperla o deformarla, es símbolo que atravesamos unos momentos de ira contenida, que desearíamos exteriorizar. Si pudiéramos nos gustaría acabar con todos aquellos que se nos cruzan por delante, en la vana creencia de que esto nos tranquilizaría. Pero no siempre tiene un sentido negativo: si machacamos piedras o vemos a otros haciéndolo, sobre un camino, puede simbolizar que allanaremos o que nos despejarán la senda laboral y personal hacia perspectivas más placenteras y cómodas.

Machete: Este cuchillo grande, que puede tener diversas formas, al igual que todas las armas blancas, es sinónimo de discordias y disgustos. Por su poder de herir y causar la muerte, el machete se asocia las disputas violentas, tanto si en el sueño lo llevamos nosotros o vemos a otros con él. No obstante, este arma se emplea para desbrozar las selvas, o los espacios boscosos de vegetación muy espesa, y en este sentido podría interpretarse que tener un machete implica la posibilidad de lograr atravesar períodos difíciles cortando por lo sano, de manera radical, pero efectiva.

Macizo: Encontrarnos ante un macizo montañoso, supone que vamos a ver frenados nuestros ímpetus por alcanzar los objetivos que nos habíamos marcado a corto plazo. Hasta ahora, todo se desarrollaba según lo previsto pero, de pronto, han surgido problemas importantes que nos impiden avanzar. Pero no hay que desanimarse, pues las montañas, con paciencia y si vamos bien pertrechados, se pueden escalar y coronar. Tal vez el sueño nos sugiera moderar nuestra impulsividad y trabajar con más sosiego, lo que nos evitaría bruscas paradas. Un buen lema puede ser ir lento, pero seguro. Si lo que vemos es un macizo de flores, o sea, un cuadro de flores diversas, plantadas unas junto a otras, que forman bellos cuadros en los jardines, indica pasión por la belleza, por el cuidado estético y un elevado sentido de la elegancia.

Mácula: Ver una mancha de suciedad, sobre la ropa, sobre una pared, un mantel o sobre cualquier superficie, señala impureza, poco claridad. Podemos ser víctimas de un engaño, de falsos amigos y de falsas informaciones, así como de calumnias que afectarán a nuestro honor.

Macuto: Antaño, el macuto era la mochila de los soldados, pero hoy, por extensión, con este nombre se identifica a cualquier tipo de mochila e incluso de fardo que se carga. En un sueño que nos veamos cargando con un macuto y si nos resulta muy pesado, anuncia trabajos dificultosos y muy laboriosos. Por el contrario, si su carga nos resulta liviana, facilidad para llevar a cabo nuestras tareas. Estar guardando objetos o alimentos en un mochila, pone de manifiesto un carácter previsor.

Madeja: Depende de cómo se presente en el sueño. Si la ves desenrollada indica que estás intuyendo una nueva actividad que implica mucho trabajo por delante. También suele ser presagio de complicaciones si en el sueño te ves buscando la punta de la madeja y no la encuentras. Estar devanando una madeja, con la ayuda de otra persona, señala facilidad para establecer relaciones de amistad y compañerismo. Si está enredada, complicarse en un negocio carente de coordinación, sin método, que nos convendría abandonar cuanto antes.

Madera: La interpretación dependerá de la forma en que la madera aparezca en el sueño. Si la vemos en forma de ramas secas apiladas como para quemar, puede ser presagio de pobreza en algún aspecto de nuestra vida. Si la madera está cortada en tacos o tablas, preparadas para ser utilizadas, el presagio es de prosperidad. La madera, desde tiempos remotos, ha tenido un simbolismo sagrado, ya que provenía del árbol que lo era todo, o casi todo, para el hombre primitivo. Por ello, soñar con madera suele ser siempre augurio de buena suerte y protección divina. La frase "tocar madera" y hacerlo es, todavía hoy, una especie de conjuro contra las malas influencias y para desear que los deseos se cumplan. Si vemos arder madera, y oímos su crepitar bajo las llamas, pronto recibiremos una agradable visita. Ver a una persona con una pata de palo, también es augurio de que nos sonreirá la vida. Sólo tiene la madera una connotación negativa: si soñamos que oímos crujir los muebles, las vigas, o las tablas del suelo, es presagio de una muerte cercana.

Madre: Si nuestra madre aparece en el sueño puede significar la añoranza de sus atenciones y mimos, aunque también puede suponer reconvenciones y disciplina si estamos un tanto revolucionados, indolentes o excesivamente volcados en diversiones que nos hacen perder un tiempo precioso para nuestra formación o para nuestro trabajo. Si nuestra madre ha fallecido, algunos autores consideran que desde el sueño nos está pidiendo que roguemos por su alma, o bien, quiere ofrecernos su protección en un momento en el que, quizás sin ser conscientes de ello, necesitamos una ayuda desinteresada. Si vemos la imagen de una madre, con su hijo o hijos, sin que tenga relación con nosotros, representa deseos de maternidad o de paternidad, sentimientos de amor generoso, del que no exige nada a cambio.

Madurez: Es necesario que analices tu temor al paso del tiempo, aunque también puede interpretarse el sueño como una necesidad de crecer. Estamos anclados en el deseo de la eterna juventud, sin darnos cuenta que el transcurrir del tiempo nos aporta una experiencia y sabiduría que sólo se logra con los años. Vernos o sentirnos maduros, en una edad mediana, suele augurar buen juicio, prudencia y sensatez para enfrentar los problemas. Si en el sueño vemos frutas maduras, algunos negocios y situaciones personales han llegado a su mejor punto. Es el momento de recoger frutos, tanto económicos como de amor y comprensión con nuestra pareja o con nuestros amigos.

Maestra y maestro: Si hace tiempo que terminamos los estudios y en nuestro sueño aparecen los maestros y maestras de nuestra niñez o juventud, puede que sintamos la nostalgia de la infancia y adolescencia, aunque también quizás consideramos que tenemos ciertas lagunas en nuestro aprendizaje que nos gustaría subsanar si pudiéramos volver a contar con la ayuda de nuestros antiguos maestros. En el caso de que nos veamos nosotros impartiendo clases, supone seguridad en nosotros mismos y que no nos importaría dedicarnos a la docencia como profesión. Si los maestros son otros y los que asistimos a clase nosotros, estamos pensando que todavía nos queda mucho por aprender, especialmente, si hace poco que hemos accedido a nuevas responsabilidades en el plano laboral.

Magnicidio: Si en un sueño contemplamos la muerte violenta de una persona importante, puede ser un político o alguien famoso, puede ser el reflejo de que algo parecido ha sucedido en la realidad. La impresión recibida hace que permanezca en nuestra mente y que manifieste en el sueño. Si participamos, de forma activa en este suceso, indica nuestra rebelión al sistema establecido y nuestro malestar ante una situación política o social determinada. Soportamos mal la autoridad, sea en el trabajo o en la familia. Claros deseos de independencia y de libertad.

Magnolias: Estas flores representan la exquisitez y la belleza, así como los modales delicados. Por esto, muchos autores interpretan su aparición en los sueños como un anhelo de incorporar una mayor armonía en nuestra vida, o el deseo de cambiar de ambiente social buscando siempre un mayor refinamiento. Si en el sueño aparece un jardín con magnolias y estamos paseando por él, indica un gran deseo de perfección, especialmente en el plano espiritual.

Mago y maga: Ver a un hombre o una mujer, revestidos de poderes mágicos, realizando actos asombrosos, representa un carácter inocente y crédulo, pero también un gran interés por las ciencias y las artes ocultas. Si somos nosotros los magos, supone que estaremos especialmente bien dotados para una actividad determinada que no tiene que estar, necesariamente, relacionada con la magia. Puede ser el trabajo que realizamos habitualmente y en el que estamos consideramos como auténticos maestros en su desempeño. En el caso de que en sueño aparezcan los tres Reyes Magos, simboliza tanto el deseo de regalar como de recibir obsequios, cosa que sucederá muy pronto.

Magullar y magulladuras: Soñar que recibimos golpes o que los propinamos a los demás, denota, por un lado, temor a una agresión física y también a una agresión verbal, y por el otro, la insatisfacción que reina en nuestra vida. Creemos que si pudiéramos desatar nuestra ira, de forma violenta, lograríamos liberar nuestra agresividad y el descontento que nos atormenta, pero, de hacerlo, nos sentiríamos aún peor. También puede ser miedo a caernos, o a tropezar, sobre todo, si esto nos ha ocurrido recientemente.

Maillot: Llevar puesto un traje de baño entero o una camiseta ajustada, de las que se usan en las actividades deportivas, nos está señalando que nos gusta el ejercicio y estar en forma, si bien, últimamente, nos estamos dejando comer el terreno por la vida sedentaria. Si nos vemos comprando estas prendas, o si nos las regalan, pronto volveremos a la práctica de nuestros deportes favoritos.

Maíz y maizal: Estar atravesando un campo de maíz, cuyas plantas alcanzan una altura bastante notable, se interpreta como que nos estamos escondiendo de algo o de alguien. Quisiéramos evitar enfrentarnos con situaciones incómodas, con personas a las que tenemos y el maizal con brindaría la posibilidad de ocultarnos, de pasar sin ser vistos. Si estamos comiendo o guisando maíz, señala la necesidad de alimentarnos bien. Tal vez estemos padeciendo algo de anemia o realizando una dieta, el poder nutritivo de esta gramínea nos vendría muy bien para reponernos.

Malabarismo: Un sueño en el que estemos haciendo juegos malabares, indica que somos extraordinariamente hábiles con las manos y en las actividades que tengan que ver con ellas, pero también denota agilidad intelectual y capacidad para convencer a los demás con nuestros argumentos y razonamientos. Si son otros los que realizan estos juegos y nosotros los estamos contemplando, supone que admiramos las capacidades de los demás y que, muy pronto recibiremos una ayuda inteligente en un asunto en el que estamos un poco perdidos.

Maldecir: Te encuentras en una época de rebelión y quizás sea un buen momento para analizar el por qué de tanta negación. Muy bien pudiera tratarse de un malestar interior que volcamos manifestando nuestra aversión hacia una persona o una situación, deseándole todo tipo de males y desgracias. Tal vez nos sintamos víctimas de una injusticia y pensamos que maldiciendo, en alguna forma, nos vengamos de aquellos que actuaron mal con nosotros. Pero deberíamos tener cuidado. El saber popular dice que las maldiciones suelen volverse contra aquel que las profiere, máxime cuando éstas son demasiado terribles o injustificadas.

Malecón: Estar en el rompeolas o el malecón de un puerto, mirando al horizonte, se interpreta como el deseo de hacer un viaje por mar. Si lo hemos efectuado recientemente, añoranza de los buenos momentos que pasamos navegando. Si estamos esperando a alguien que se nos fue, sin muchas esperanzas de verlo regresar, puede simbolizar los amores y afectos perdidos que nos dejaron un hondo vacío que nunca hemos llenado del todo y nunca hemos podido olvidar.

Maleficio: Sentirnos objeto de un maleficio, de algún tipo de hechicería para causarnos mal, augura que amistades cercanas, nos traicionarán. Aunque hemos confiado totalmente en ellas, su ánimo no era, en absoluto, de confianza o cariño, sino de animadversión hacia nosotros, posiblemente debido a la envidia que nos profesan. Quizás no tengamos la conciencia tranquila por una acción que hemos realizado y aunque sólo nosotros sepamos que no obramos bien, el subconsciente delata esa falta y ese temor a ser descubiertos.

Malestar: Si en el sueño experimentamos una sensación de incomodidad, de desazón, de intranquilidad, puede corresponder a que, físicamente no estamos bien. Una cena copiosa, estar demasiado abrigados en la cama, o por el contrario notar frío, producen molestias que recoge el sueño como un estado indefinido en que estamos a disgusto.

Maleta: Significa el deseo inconsciente de huir de una situación que nos está agobiando. También es frecuente vernos haciendo la maleta lo que indicaría que algo concerniente a nuestra vida diaria nos frustra pero sin llegar a desear huir. Ir acarreando una maleta por lugares desconocidos, señala que aún no hemos encontrado nuestro lugar, que nos sentimos permanentemente desubicados, y estamos deseando echar raíces, asentarnos. Si en el sueño perdemos las maletas, representa el miedo a que desaparezcan bienes por los que sentimos mucho aprecio. Si estamos en víspera de realizar un viaje, la maleta representaría que estamos ansiosos por emprenderlo.

Maletero: Entendiendo por maletero el lugar donde se guardan las maletas, bien en el coche o en casa, puede tener dos interpretaciones diferentes. Si es en el coche, augura que vamos a salir de viaje, seguramente junto con la familia y los amigos. Si es en casa, quieres dejar atrás una época de mucho movimiento, de mucho ir de acá para allá, para disfrutar de la comodidad del hogar.

Maleza: Estar atravesando por la maleza, por una vegetación espesa de zarzales o jarales, representa que el presente está lleno de dificultades. No tenemos más remedio que hacerles frente, pero, desde luego, vencerlas no será un camino de rosas. También puede que la maleza sea la mala hierba que crece entre los sembrados. Si la estamos quitando, es señal de que ayudamos a los demás y a nosotros mismos, a que nuestras acciones fructifiquen lo mejor posible, libres de las malas influencias y de las malas intenciones.

Malgastar: Derrochar a manos llenas, estar repartiendo dinero o bienes sin mesura, nos previene de que deberíamos ser más ahorrativos y moderar nuestros gastos. Quizás seamos excesivamente pródigos en nuestra vida cotidiana y empleemos el dinero en cosas bastante inútiles, lo que a la larga, nos provocará un quebranto económico importante. El sueño nos previene. Ahora lo que hace falta es que sepamos hacerle caso.

Malhumor: Si te ves en el sueño muy malhumorado posiblemente en la vida cotidiana te estés callando muchas cosas que luego se exteriorizan en el sueño. Algunos achaques de salud, como el dolor de cabeza y el dolor de estómago, suelen producir malhumor y convendría que, al despertar, viéramos si estamos padeciendo alguna de estas afecciones o las hemos pasado recientemente, lo que nos habría inducido a soñar con ese estado de enfado.

Maltrato: El maltrato, si lo recibes tú, puede interpretarse como que te sientes defraudado por la vida, por las instituciones y por la situación general que estás padeciendo. Sin embargo, si el maltratador eres tú, significa que defraudas a personas cercanas, bien a la familia, bien a los amigos. Puede ser que estés criticando sin necesidad a gentes que te quieren bien, ya que no sólo se maltrata de obra, también puede hacerse de palabra. Convendría que revisases esta actitud que en nada te beneficia.

Malva: Esta planta que crece en los jardines y también de forma silvestre, tiene unas bonitas flores de color morado pálido, y se asocia a la docilidad, al carácter bondadoso y apacible, poco dado a la agresividad o a la cólera. Verla en sueños, significa que, después de una temporada de gran nerviosismo, recuperaremos la tranquilidad y veremos transcurrir los días dentro de la paz y la armonía. En la Grecia clásica, estaba considerada como una planta sagrada, pues liberaba al espíritu del desorden de las pasiones. A ser la malva muy empleada en medicina por sus poderes curativos, si sentimos molestias, sean del tipo que sean, muy pronto nos recuperaremos.

Mamar: El acto de alimentar a los lactantes, dándoles el pecho, tiene diversas interpretaciones. Si una mujer sueña que está amamantando a un niño, puede ser que tenga un bebé y que lo haga en la realidad, reflejando el sueño ese sentimiento de ternura y unión entre madre e hijo. Si no es así, indica grandes deseos de ser madre, y generosidad espontánea. Si somos nosotros los que mamamos, aunque estemos en la edad adulta, simboliza una fuerte necesidad de afectos profundos, de un cariño o de un amor sin condiciones, que alimente nuestra existencia tal como lo hace la leche de una madre. Si vemos a animales mamando, sentimientos de ternura y respeto por todos los seres de la creación.

Mamotreto: Vernos rodeados de armatostes, de objetos grandes, pesados, que pueden ser desde muebles hasta libros, presagia incomodidad dentro y fuera del hogar. Hay muchas cosas que sobran en nuestra vida y de las que desearíamos desembarazarnos, pero aún no lo hemos logrado, y estamos buscando una solución para sentirnos más libres, con más espacio vital para desarrollarnos.

Mampara: Siempre supone un afán de ocultación, de protegernos de las miradas y de las opiniones de los demás, queriendo salvaguardar nuestra intimidad. Si estamos escudados detrás de una mampara, observando a otros, o escuchando, señala que somos muy curiosos y excesivamente dados a cotillear.

Manada: Verla venir significa que temes se te acumulen los trabajos, las responsabilidades, pero si en el sueño estás dentro de la manada es presagio de que recibirás en un asunto importante, una ayuda mayoritaria. También puede señalar que nos dejamos llevar por las opiniones ajenas, y que preferimos formar parte de una manada, integrados en un grupo, que resaltar nuestra propia individualidad. La libertad tiene para nosotros un valor relativo. Valoramos más la aceptación social y el sentirnos integrados que la independencia.

Manantial: Agua que brota de forma espontánea y abundante, clara y limpia, es augurio de que obtendremos grandes beneficios, de manera legal y honesta, tanto de nuestro trabajo como de nuestras inversiones. Intenciones generosas y buen ánimo para ayudar a los demás, en el mismo sentido en el que el manantial ofrece a todos sus aguas, sin esperar por ello ninguna compensación. En la antigüedad clásica, las fuentes y manantiales gozaban de carácter sagrado pues se suponía que estaban habitados por las diosas y ninfas de las aguas, siempre prontas a remediar la sed de los caminantes, y en este sentido soñar con manantiales es símbolo de solidaridad.

Manco: Si en el sueño vemos a una persona, un animal o nosotros mismos, que hemos perdido un brazo o una mano, es señal de que en nuestra vida tenemos grandes carencias. Estamos faltos de un cariño sincero, de comprensión, de apoyo y buscamos, insistentemente, encontrar aquello que nos falta, que también puede centrarse en asuntos materiales, como un buen trabajo, una casa digna y una subsistencia segura y regular.

Mancha: Las manchas se interpretan como sentimientos de culpa y depende del tipo de mancha podrás saber qué tipo de acto es el que te está produciendo este malestar. También pueden significar deshonor personal, desdoro en nuestra honra por algo que hemos hecho o por algo que nos han atribuido sin que tengamos nada que ver en el asunto. Si la mancha que vemos es de aceite, peligro de que las murmuraciones y los malentendidos se propaguen con facilidad. Estar quitando una mancha y lograrlo, indica una vuelta a la tranquilidad de espíritu y a las buenas intenciones.

Mandadero o mandadera: Vernos haciendo recados por cuenta de otros, trayendo o llevando paquetes, es muestra de que siempre estamos dispuestos a ayudar, pero que esperamos una respuesta recíproca de aquellos a los que brindamos nuestra colaboración. También puede ser que estemos esperando una importante misión en la que actuaremos a modo de intermediarios o embajadores y el sueño pone de manifiesto nuestra impaciencia por ser comisionados para esta tarea.

Mandar: Estar dando órdenes, organizando y con personas a nuestro cargo a las que encargamos labores diversas, denota que tenemos un temperamento autoritario, pero bien preparado para ejercer cierto poder. Si por el contrario ni desempeñamos funciones de mando ni nos sentimos capacitados para ello, el subconsciente pone de manifiesto que nos gustaría mandar como un cierto ejercicio de venganza hacia los que mandan a nosotros.

Mandíbula: Simboliza la fuerza de voluntad y la tenacidad, así que habrá que fijarse en el tamaño de la mandíbula de la persona soñada. Soñar que nos parten la mandíbula en una pelea que hemos provocado o en la que nos hemos visto envueltos sin más, supone un grave quebranto físico. Puede ser una enfermedad de cierta importancia o una caída. Si somos nosotros los que causamos este daño en otra persona, supone que somos un tanto bruscos en nuestras reacciones.

Mandil: Parecido al delantal, esta prenda de tela o de cuero, sujeta al cuello y que cubre hasta más debajo de las rodillas, sirve para proteger la ropa de manchas y salpicaduras. Llevarla puesta, señala que no queremos mancharnos en ciertas actividades que consideramos deshonrosas, como si al quitarnos el mandil, nuestros hechos apareciesen limpios de "polvo y paja".

Mandrágora: De todas las plantas conocidas, ninguna hay tan mágica ni tan extraña como la mandrágora. Existe un gran misterio en torno a ella, quizás porque sus raíces tienen cierto parecido a figuras humanas de formas inquietantes. Se decía que recolectarla producía la muerte del osado que la arrancaba de la tierra, mientras la planta exhalaba terribles quejidos, por lo que se aconsejaba atar la mandrágora mediante una cuerda, al cuello de un perro para que, al tirar, la arrancase y el animal fuese el que sufriera los efectos letales. Pero el afortunado que la poseyera, tenía en su manos el mejor talismán del mundo. Por ello soñar con la mandrágora es siempre una advertencia contra el peligro que puede envolvernos sin saber por qué. Por sus poderes reales, no legendarios, como narcótico, si estamos bebiendo una infusión de esta planta, supone que queremos alejarnos de una realidad que nos resulta intolerable. Si vemos una mandrágora en el campo y no la tocamos, tememos ser víctimas de un encantamiento o de que alguien conspire contra nosotros con malas artes. Pero si tenemos en nuestro poder esta planta, estaremos protegidos contra las enfermedades, los robos, cualquier tipo de catástrofe y de enemigo. Nos convertiremos en seductores natos, y en el caso de la mujer será fértil si, hasta el momento, no ha podido concebir. Tendremos suerte en los negocios y no nos atacará ni la depresión ni la melancolía.

Mangas: Esa parte del vestido en la que introducimos los brazos, tiene interpretaciones diversas según cómo sean. Unas mangas que nos queden ajustadas y que lleguen al puño, en su largura correcta, señalan que solemos actuar con rectitud y prudencia. Si son muy estrechas y nos cuesta pasar los brazos por ella, auguran un período de represión en el aspecto social y una época de estrecheces en el terreno personal. Las mangas excesivamente largas, señalan que somos poco escrupulosos a la hora de seleccionar nuestros amigos, por lo que nos podemos ver inmersos en situaciones desagradables, e incluso, delictivas. Si son excesivamente anchas, indican que somos muy pródigos, derrochando el dinero que nos vendría muy bien tener ahorrado, a la vez que demasiado tolerantes con actitudes irrespetuosas o inmorales. Las mangas que nos quedan cortas significan timidez, apocamiento y falta de resolución a hora de tomar decisiones y de hacer frente a los problemas.

Mango: Estar sujetando por el mango un objeto, es señal de que sabremos dominar las situaciones, de que el poder de ordenar y razonar estará de nuestra parte. Si vemos a otros haciendo lo propio, serán ellos, y no nosotros, los que estén en esta situación de privilegio, mientras que nos veremos obligados a plegarnos a lo que ordenen.

Manguera: Usar una manguera en sueños, apagando un incendio, supone que estaremos listos para prestar ayuda a aquellos que nos la soliciten. Solidaridad y buenas intenciones para resolver los problemas ajenos. Si con la manguera estamos regando un jardín, o una tierra, significa que nos preocuparemos de nuestro trabajo e intentaremos hacerlo lo más productivo posible, sin reparar en esfuerzos. Pero si de la manguera no sale agua, sufriremos algún desencanto.

Manicura: Soñar que nos hacen la manicura, que nos la hacemos nosotros o se la hacemos a alguien, indica que nos gustan las cosas bien acabadas, bien rematadas y que nos molestan, grandemente, las chapuzas. También señala que somos cuidadosos en el aspecto personal, tanto en lo que se refiere al nuestro como al de los demás. Las personas desaliñadas, o los trabajos mal hechos, nos repelen.

Manifestación: Formar parte de una manifestación, aunque no sepamos en el sueño por qué nos manifestamos, supone que nos gusta formar un frente común con aquellas causas que estimamos son justas. Nos integramos bien en los colectivos sociales y no nos importa mostrar nuestras preferencias políticas o religiosas. Si la manifestación en la que participamos, es violentamente disuelta, expresa temor a represalias injustas. Si estamos contemplando el paso de la manifestación, sin involucrarnos en ella, denota indiferencia ante la problemática social. No queremos significarnos en ningún aspecto y nos parece más prudente formar parte de la gran "mayoría silenciosa".

Maniquí: Los maniquíes, especialmente los que utilizan en los escaparates de modas, tienen algo de misterioso, quizás por su similitud con la figura humana. Si soñamos que los vemos de esta forma, auguran que nos sentiremos débiles y medrosos ante la situación que se nos avecina, en la que se requeriría decisión y empuje. Si estamos vistiendo a un maniquí, supone, al contrario, que sabremos dominar los problemas, solventándolos por nosotros mismos. Si los maniquíes somos nosotros, o sea, que sobre una pasarela exhibimos modelos de ropa, supone seguridad en nuestras posibilidades, sin que nos importen los juicios ajenos. Si lo que vemos en sueños es uno de esos maniquíes movibles de madera que pueden adoptar distintas posturas y que se emplean en bellas artes para dibujar actitudes diversas del cuerpo humano, nosotros manejaremos a los demás, que se plegarán a nuestros deseos sin oponer resistencia.

Manjar: Tomando esta palabra por su significado de comida exquisita, según cómo se nos presente así será su interpretación. Estar ante un mesa cubierta de manjares, listos para sentarnos a ellas, indica que se aproxima a nuestra existencia una etapa de grandes beneficios, de una situación económica holgada y sin preocupaciones de dinero. También gozaremos de consideración social y, es muy posible que nos lleven a eventos importantes. Sin embargo, si vemos esta mesa bien surtida, pero nosotros estamos lejos de ella, por ejemplo, contemplándola a través de una ventana, augura envidia por los bienes ajenos, a los que, de momento, no tenemos acceso.

Mano: Si nos vemos con las manos bellas, cuidadas y limpias, el sueño será presagio de éxito en nuestros planes. Si por el contrario las manos aparecen sucias, encallecidas o con rasguños, simboliza que nos costará mucho sacrificio lograr los objetivos, y si llega el éxito será después de mucho esfuerzo. Algunos autores también tienen en cuenta que la mano derecha se corresponde con los asuntos racionales y lógicos, y la mano izquierda con lo inconsciente e irracional. Dar la mano a alguien, supone acuerdos y relaciones fluidas con los demás. Esconder las manos, es un rasgo que define que sentimos vergüenza por alguna acción de las que nos sentimos culpables, aunque sólo la conozcamos nosotros.

Manojo: Tener en las manos un manojo, no importa de qué, de flores, de espigas, e incluso de malas hierbas, es augurio en abundancia y fecundidad, especialmente si es una mujer la que sueña. No debe inquietarnos nuestra situación material, pues de nada careceremos. Si el manojo es de llaves, es símbolo de poder y de astucia. Gracias a nuestra agilidad mental y a nuestra acusada personalidad, podremos abrir todas las puertas que creamos importantes para nosotros.

Manta: Abrigarnos con un manta, o hacer la cama poniendo una o varias mantas, supone protección y sentirnos a cubierto tanto del frío como de las opiniones y murmuraciones de los demás. Si estamos regalándola, es una demostración de nuestro ánimo generoso y pronto a la ayuda, pero si nos la arrebatan, se pondrá al descubierto un secreto o secretos, que guardábamos con cautela y que no queríamos desvelar por el detrimento sobre nuestra honra que tal descubrimiento podía suponer.

Manteca: Tener manteca en la despensa o guisar con ella, tiene un significado común con otros elementos del cerdo, que siempre presagian buena situación económica, y bienes que no han de faltarnos en el hogar o en la vida.

Mantel: Si está limpio sobre una mesa es presagio de prosperidad, pero si aparece manchado nos indicará complicaciones en la administración de nuestros intereses y la necesidad de una mayor vigilancia en nuestros asuntos. También puede suponer que recibiremos invitaciones a comer por parte de familiares y conocidos, o que saldremos al campo en meriendas y alegres reuniones.

Mantequilla: En los textos más antiguos sobre interpretación de sueños, puede leerse que estar en sueños batiendo mantequilla es presagio de una herencia o de un nacimiento en la familia. Ver la mantequilla en el sueño, muestra seguridad y confianza en tu situación económica pero si en el sueño la comes, tu inconsciente te está diciendo que debes de prepararte para un gran esfuerzo físico.

Mantilla: Esta hermosa prenda, sea de lana, seda, blonda o encaje, que las mujeres suelen ponerse sobre la cabeza, simboliza elegancia, refinamiento y buen gusto. Si estamos invitados a algún acontecimiento de importancia y nos preocupa elegir el atuendo adecuado, la aparición de la mantilla en sueños es un indicio claro de que acertaremos en nuestra elección. En el caso de que se trate de una mantilla con la que se envuelve a los bebés, augura un nacimiento en familia o en nuestro entorno próximo.

Manto: Tanto si es un hombre como una mujer los que sueñan con que llevan un manto y si éste es de los que cubren de la cabeza a los pies, indica deseos de ocultar algún rasgo de la propia personalidad que se quiere ocultar a las miradas ajenas. Puede tratarse de un defecto físico o de un defecto moral, que puede que no sean importantes, pero que a nuestra consideración creemos que debemos tapar. Ahora bien, si el manto es lujoso, realizado con telas ricas, bordados e incrustaciones, supone afán de mando, superioridad sobre el resto de los mortales y cierta soberbia producida porque nos encontramos en una situación económica y social de privilegio. Si se trata del manto de un religioso, preocupaciones de índole moral e inquietudes en el campo de las creencias.

Manuscrito: Estar hojeando un manuscrito, especialmente si se trata de un ejemplar antiguo, es muestra de curiosidad intelectual, de pasión por los libros y la lectura. Paciencia y constancia en descifrar asuntos que se nos presentan intrincados y facilidad para encajar los distintos argumentos de un razonamiento hasta darles una forma lógica y coherente.

Manzanas: La manzana es la fruta más extendida en todo el mundo, y ya se cultivaba hace más de 3.000 años. Generalmente se asocia con la tentación y el pecado, por ser la fruta con la que, según el Génesis, fueron engañados nuestro primeros padres. Pero, sin embargo, soñar con manzanas siempre tiene significados positivos, sobre todo referidos a las relaciones sentimentales. Si las comemos tendremos buena salud o curaremos pronto si estamos enfermos. - En el caso de que estemos pelando una manzana y consigamos hacerlo sin romper la monda, en el plazo de un año contraeremos matrimonio. Si estamos casados o tenemos pareja, augura buenas relaciones afectivas. Si las manzanas que aparecen en el sueño son rojas es señal de que estaremos contra las murmuraciones y las influencias negativas.

Manzanilla: Tanto si es silvestre como cultivada, ver la planta de la manzanilla o tomar una infusión, pronostica tranquilidad de espíritu, sosiego y calma, alejamiento del estrés y recuperación de los plácidos momentos de ocio. Si sentimos alguna molestia de tipo estomacal, porque hayamos cenado en demasía o no nos haya sentado bien alguna comida, la visión de la manzanilla puede obedecer a que estamos necesitando tomarla, pues es buena para solucionar estos desarreglos. En el caso de que la manzanilla se refiera al tipo de vino que se conoce con este nombre, supone alegría y reuniones agradables.

Mapa: Verlo en el sueño es buen presagio de que podrás superar tus dificultades y encontrar la salida a tus problemas. Si alguien te lo enseña querrá decir que alguna persona cercana te enseñará el camino con sus buenos consejos. Estar consultando un mapa sugiere que estamos buscando el mejor camino hacia una meta determinada. También es síntoma de que nos gustaría hacer un viaje, posiblemente a lugares lejanos y exóticos, esos lugares con los que, a veces, se sueña toda una vida. Encontrarlos en el mapa augura que pronto podremos llevarlo a cabo.

Maquillar o maquillarse: Si la que sueña es una mujer y se ve maquillándose, indica su deseo de embellecerse, de cuidarse, de ponerse guapa, especialmente, si no suele hacerlo. Si se trata de un hombre sugiere un deseo de ocultamiento, de querer aparentar lo que no se es, tanto en un plano material como en el plano personal. En ocasiones, querríamos ser de otra manera, reconocemos nuestras limitaciones y nuestras capacidades que consideramos francamente mejorables. Si nos estamos quitando el maquillaje, lavándonos la cara, o mediante un cosmético limpiador, señala que nos importa que nos vean tal cual, y que estamos dispuestos a mostrarnos sin artificios, sean cuales sean las circunstancias.

Máquinas: La maquinaria, sea del tipo que sea, augura progreso, así como una necesidad íntima de prosperar. Estar trabajando en una máquina supone que nos gustaría que nuestro trabajo fuera más cómodo, que supusiera menos esfuerzo físico. Ver a otros trabajando con máquinas simboliza que, a no mucho tardar, es posible que nos asciendan en nuestro empleo, quizás a un puesto de jefatura.

Mar: Simboliza el inconsciente colectivo con sus instintos y recuerdos. Por ello el mar refleja en los sueños lo que sucede en nuestro interior. Si el mar está agitado o en calma indicará el estado en que nos sentimos. Dejarnos hundir significa que nos resignamos pero intentar salir a la superficie nos habla de nuestro deseo de luchar con todas nuestras fuerzas. Estar contemplando el mar, paseando por su orilla, es símbolo de que pronto recibiremos abundantes bienes, de forma inesperada, tal vez una herencia o una subida de sueldo muy interesante. Un mar embravecido supone la agitación interior en la que nos encontramos, posiblemente debido a temas sentimentales.

Marabunta: Un sueño en el que veamos una multitud de hormigas, avanzando y destrozando cuanto encuentran a su paso, es reflejo de un temor grande a sentirnos avasallados por causas y circunstancias que no podemos dominar, que se escapan a nuestro entendimiento y a nuestros esfuerzos. Puede ser una catástrofe natural o social, como una revolución o una guerra. Con esta palabra se designa, también, a una multitud de gente en actitud alborotada y tumultuosa, y, en este sentido, tiene una significación igual a la anteriormente detallada. Si formamos parte de esa multitud, es que somos partícipes de esa agitación y es que, interiormente, estamos pasando una época convulsa.

Maraña: Un lugar lleno de maleza, por el que es imposible avanzar, un lío de hilos, lanas o de cabellos, indica que nos encontramos ante un asunto intrincado y de difícil solución. Estamos un tanto perdidos y el hilo conductor para salir del embrollo no se nos hace patente. Quizás sería mejor abandonar la idea de intentar aclarar la maraña y empezar de nuevo.

Marcar: Señalar con signos determinados un objeto, un animal o una persona, define un talante posesivo y egoísta. Si en el sueño estamos marcando algo, simboliza que lo queremos para nosotros y para nadie más. Ver objetos marcados es señal de que nunca tendremos acceso a ellos, así como si las marcas aparecen, como indicábamos al principio, en animales o personas.

Marcha y marchar: Si nos vemos andando, sin saber hacia dónde vamos con un sentido indefinido de cuál es nuestra meta, es porque estamos pensando en que deberíamos cambiar muchas cosas y muchas actitudes en nuestra vida, pero no sabemos muy bien cómo hacerlo. Sentimos la necesidad de emprender nuevas rutas e incluso esperamos que, durante el camino, se nos clarifiquen las ideas, pues la ansiedad por el cambio no nos permite estarnos quietos. Si lo que oímos en sueño es una marcha musical, suele representar fiestas y divertimentos. En el caso de que nos veamos marchándonos de un lugar o de una reunión, augura que no nos sentimos a gusto tal como estamos.

Marco: Estar enmarcando un cuadro, una lámina o una fotografía, tiene dos interpretaciones distintas. En la primera supone que ponemos coto, que constreñimos las actuaciones de los demás. Somos un poco de "ordeno y mando" y queremos que todo esté bajo nuestro control, sin contemplar que los otros tienen sus iniciativas y no siempre las nuestras son mejores que las suyas. La segunda interpretación es totalmente opuesta. Al colocar un marco queremos preservar el objeto, el cuadro o la fotografía, colocarlo en un lugar visible para tenerlo siempre presente, bien porque nos gusta o porque lo queremos.

Marea: Si vemos que la marea sube puede entenderse como un aviso para mantenernos alerta frente a posibles dificultades en un futuro próximo. Todo lo contrario entenderemos si la marea en nuestro sueño está bajando. La marea alta supone vida y posibilidad de fecundidad si una mujer sueña con ella. Si es un hombre, fructíferas relaciones empresariales. Pero la marea baja, es un mal augurio, que señala fallecimientos o enfermedades de cuidado en personas allegadas a nosotros.

Marear o mareado: Sentir sensación de mareo puede manifestar que no estamos físicamente bien, o que nos ronda alguna pequeña molestia. También puede ser que esa desazón que produce el mareo, con la cabeza conturbada y el estómago revuelto, obedezca a hondas preocupaciones, un esfuerzo continuado o bien tener muchos asuntos pendientes y no saber a cuál atender primero.

Marfil: Ver objetos de marfil que, generalmente, suelen ser artísticos, representa la opulencia y que nos complace la belleza en todas sus representaciones. Cualquiera de las bellas artes, desde la pintura a la música, ocupan en nuestra vida un lugar preferente. Por ser blanco, o ligeramente amarillento, el marfil se identifica con la pureza y la castidad. Pero si lo que vemos son colmillos de elefante que son de donde se extrae el mejor marfil, simboliza destrucción, pérdidas graves, sobre todo en el aspecto de la salud.

Margaritas: Las margaritas tienen tras de sí muchas leyendas, algunas de carácter erótico y otras de carácter religioso. En el cristianismo se decía que estas flores eran las lágrimas de María Magdalena, arrepentida de su vida pecaminosa. Al caer sobre la tierra se convertían en margaritas. También, en una leyenda irlandesa, leemos que las almas de los niños, desde el cielo eran las encargadas de ir repartiendo margaritas por la praderas de la verde Eire. Por ello, soñar con margaritas se asocia con indecisiones en el campo sentimental, o también con la inocencia, el amor platónico y anhelos de situaciones románticas. Las margaritas blancas son interpretadas por algunos autores como promesa de amor.

Marinero: Contemplar marineros que descienden a tierra, augura que pronto seremos receptores de noticias sorprendentes que nos llegarán de familiares y amigos que viven lejos y que hace tiempo de los que no sabemos nada. Si somos nosotros los marineros, pero estamos embarcados y desempeñando las labores propias de la marinería, denota nuestro afán de aventuras, nuestro gusto por los viajes arriesgados, sin un rumbo determinado, como deseando que nos sorprenda el destino.

Marionetas: Un espectáculo de marionetas en esos teatrillos que hacen las delicias del mundo infantil, denota un espíritu sencillo y amante de las diversiones espontáneas, sin complicaciones. En el caso de que estemos entre bambalinas, manejando nosotros las marionetas, supone un carácter manipulador. Nos gusta dominar la situación y a los que tenemos alrededor, de forma y manera que actúen según nuestra voluntad. Algunos autores interpretan que también puede simbolizar que nos gustan los niños y que somos capaces de hacer cualquier cosa por entretenerlos.

Mariposas: Las mariposas, según sea el color de las que aparecen en el sueño, tienen una u otra significación. Las mariposas blancas auguran buena suerte y felicidad, especialmente si las vemos en el interior de nuestra casa. Si son amarillas, fertilidad y lluvia abundante que hará fructificar los campos, asegurando buenas cosechas, o grandes beneficios en los negocios. Pero si las mariposas son negras no presagian nada bueno, al igual que si se ven tres mariposas volando juntas, que son signo de fallecimientos cercanos a nosotros.

Mármol: Por su dureza y frialdad, esta piedra caliza se identifica con la falta de sentimientos o con la flema excesiva. Sin embargo, es también hermosa y se emplea en decoraciones suntuosas y en esculturas, por lo que soñar con mármol significa belleza y bienes cuantiosos que nos permitirán acceder a caprichos caros.

Maroma: Si estamos manejando esta gruesa soga de esparto, atando alguna cosa con ella, o, simplemente, la tenemos a mano, es una evidencia clara de que estamos dispuestos a que no se nos escape una oportunidad muy ventajosa que nos han ofrecido recientemente. También, en ocasiones, denota que somos excesivamente apegados a nuestras cosas y a nuestros amigos, de forma tal, que nos gustaría tenerlos amarrados, pendientes, sólo de nosotros. Soñar con una maroma, a la postre, siempre suele significar fuerza y vigor.

Martillo: Como otros útiles de trabajo, simboliza una tarea que nos procurará provecho pero después de mucho esfuerzo. Representa, en el plano espiritual, tenacidad y constancia, especialmente en la persecución de un fin o en la defensa de unas creencias determinadas, tanto políticas como religiosas. Según sea la masa que se nos aparece en el sueño, así será su interpretación. Si se trata de una masa de pan, hecha con harina, levadura y agua, es augurio de bienes materiales y de abundancia económica; si se trata de una masa parecida, pero con azúcar y manteca, propia de los pasteles, dulzura en las relaciones de pareja, buena sintonía y armonía familiar. Si aún no tenemos compañero o compañera, encontraremos, en breve plazo, una persona que colmará nuestras expectativas. Ahora bien, si lo que vemos es una masa de gente, puede suponer alborotos y disgustos con los amigos o en trabajo. Inquietud por vernos absorbidos, borrados entre la multitud, como perdidos entre la masa, anulando nuestras iniciativas.

Máscara: Tiene dos interpretaciones opuestas, que están relacionadas con el carácter de la persona que sueña con este elemento. Si es tímida, la máscara suele representar un deseo de pasar desapercibido y también de mostrarse diferente a como se es en realidad, para aparentar una fuerza y determinación que no posee. Si se es decidido y no le importa hacer frente a lo que sea, simboliza imaginación y cierto deseo de actuar sin intromisiones ajenas. Si se trata de un disfraz, en un baile máscaras, búsqueda y encuentro de relaciones afectivas fuera del ámbito que frecuentamos habitualmente. Diversiones atrevidas y, en cierto modo, eróticas.

Mascarilla: Usar una mascarilla, o ver a otros que la llevan, y que esta mascarilla es del tipo que emplean los médicos y sanitarios, supone el miedo a caer enfermos o a que les suceda a nuestros familiares y amigos. En otro sentido, señala el temor a contagiarnos de ideas, modos y maneras que consideramos funestas, inadecuadas, perniciosas.

Mástil: El mástil o mástiles de una embarcación vistos en sueños supone que nos vamos a sentir apoyados en algunos proyectos que tenemos en mente y que no hemos podido llevar a cabo por ser demasiado atrevidos. Ahora, sin embargo, alguien los va a considerar factibles lo que nos llenará de alegría y orgullo. El mástil, sea de una tienda de campaña, el de la bandera, el de una cama..., siempre es un soporte y, por lo tanto, un sostén y ayuda en momentos más o menos complicados.

Matasuegras: Este artículo de broma, muy simple, y muy utilizado en todo tipo de fiestas, es símbolo de la diversión sencilla. Reuniones y saraos del tipo de las verbenas populares, en las que participaremos con sana alegría. También es posible que estemos deseando dar un escarmiento, pero leve y jovial, a algún amigo que siempre nos hace objeto de sus chascarillos y sus guasas.

Matemáticas: Si estamos estudiando matemáticas, con un libro sobre este tema o vemos una pizarra con operaciones matemáticas, supone que tenemos una mente dotada para las ciencias, aunque puede ser que no se nos den muy bien y estemos obsesionados con ellas. Exámenes cercanos y preocupación por ellos. Nos gustan las cuentas claras y huimos de los que nos proponen asuntos embrollados o que rozan la legalidad.

Matrimonio: En sueños, el matrimonio suele ser símbolo de unión de principios de polaridad contraria. Así que puede tratarse de una aspiración de equilibrio o de consolidación. También puede ser el deseo literal de casarse y por otra parte, dada la pérdida de libertad individual que implica, puede estar mostrando el sueño algún tipo de problema o consecuencia negativa a partir de las decisiones tomadas recientemente.

Maullido: Escucharlo durante el sueño, significa que alguien requiere tu atención y cariño. Es un toque a tu sensibilidad, una petición de ayuda de personas muy cercanas, incluso de los pequeños de la familia. Mira a tu alrededor con otros ojos, con los ojos del afecto y de la amabilidad.

Mazapán: Este dulce, a base de almendras y azúcar, si lo estamos comiendo, nos augura buenos momentos económicos y sociales. Si lo estamos preparando supone que queremos darnos algún pequeño capricho después de una época de austeridad forzada por las circunstancias, y también que queremos obsequiar a las personas que nos rodean con algún detalle especial.

Mazmorra: Es un sueño opresivo, que simboliza la pérdida de la libertad individual. Vernos en una mazmorra o ver a otros en ella, especialmente si se trata de personas conocidas, representa el temor a ser apartados de la sociedad, a sentirnos aislados y solos.

Mecedora: Ver una mecedora simboliza nuestro deseo de tranquilidad y comodidad, sobre todo, en el hogar. Tal vez estemos pasando por unos momentos un tanto conflictivos con nuestro entorno más cercano y ansiamos recuperar la placidez que, hasta ahora, había presidido nuestra vida. También augura un tiempo de relax y descanso, si nos estamos meciendo en ella. Lo necesitamos físicamente, por ello el sueño nos representa este medio de reposo.

Mecha: Una mecha encendida, en una vela, se interpreta como que pronto saldremos de algunas dudas e indecisiones que nos atenazan y para las que, hasta el momento, no veíamos solución. Si la mecha encendida pertenece a un cañón, una bomba, o bien a armas de fuego, son temores justificados de que se ponga en claro un secreto que guardábamos y que de conocerse, podría ocasionar una situación explosiva. Por el contrario, si está apagada, en cualquiera de los supuestos anteriores, supone atonía de vida, rutina generalizada en el aspecto laboral, afectivo y social. Puede que esta situación nos tenga un tanto aburridos, pero hay que ser cautos porque una mecha siempre es susceptible de prenderse.

Medallas: Soñar con que nos dan una medalla, supone que nos sentimos acreedores de ella. Tal vez estamos soñando con un premio literario, con un reconocimiento por alguna labor que hemos realizado y que consideramos que es extraordinaria. Esperanza de que, tarde o temprano, se considere nuestro trabajo. Si nos vemos con el pecho lleno de medallas, de tipo militar, quizás representen que, en algún momento de nuestra vida, hemos participado en acciones bélicas en las que tuvimos una actuación destacada, nos diesen o no medallas. Si llevamos o nos regalan una medalla de tipo religioso, firmes creencias en esta materia y afirmación pública de nuestra fe.

Medias: Son símbolo de sensualidad y soñar poniéndonoslas auguran momentos de bienestar. Si están rotas nos advierten de falsas promesas y engaños y si en el sueño nos las quitamos predice un cambio de actividad dentro de la rutina cotidiana. Algunos autores subrayan el color de las medias vistas en el sueño como indicación de nuestro carácter o del carácter del o de la que las luce: de color negro nos hablan de posibles tentaciones, las de un tono parecido al de la piel, modestia y discreción, las marrones, seducción y encanto. Esta misma descripción de los colores, es aplicable al caso de que compremos medias.

Medicamentos: Soñar que tomamos medicamentos significa, según la mayoría de los autores, que hemos encontrado la ayuda necesaria para algún problema que nos acucia, en cualquier aspecto de nuestra vida. Es decir, que el sueño predice que encontraremos lo que necesitamos para salir de una difícil situación. También puede ser que estemos padeciendo alguna afección y los estemos tomando en la realidad, especialmente si se trata de varias medicinas, que tengamos que ingerir en horas distintas, lo que nos llevaría a soñar con ellas porque estamos un poco preocupados por esta cuestión. Si nos encontramos mal, soñar con medicamentos sugiere la idea de recurrir a ellos para sanar.

Médico o médica: Si nos vemos yendo a consulta o acompañando a otros a visitar a estos facultativos, muy bien puede ser que tengamos que hacerlo en la vida real, aunque, en ocasiones se interpreta como la búsqueda de alguien que nos ayude a resolver preocupaciones tan importantes como la propia salud. Si nosotros somos los médicos y estamos atendiendo enfermos, quizás sea un reflejo inconsciente de que nos hubiera gustado ejercer la medicina. De todas formas, supone un espíritu solidario, comprensivo y compasivo.

Medir: Estar midiendo algo, lo que sea: una tela, una pared, tomando medidas para un vestido, o hacerlo con líquidos y sólidos, significa que somos cuidadosos, precisos y no nos gusta excedernos en ningún aspecto. Cuidamos los gastos, ahorramos lo preciso y medimos, tanto nuestras palabras, como nuestros actos. Pero, también somos excesivamente dados a las comparaciones, sin tener en cuenta que cada cosa, cada ser, tiene sus propias peculiaridades. Si son otros los que miden, nos tememos que esas comparaciones se nos apliquen, y que salgamos malparados en ellas.

Meditar: Una actitud pasiva, concretada en el pensamiento sobre una cuestión, discurriendo cómo conocerla a fondo o cómo conseguirla, nos está indicando que deberíamos ser más reflexivos y no actuar de manera impulsiva, como solemos. Ante de emprender una acción o dar un consejo, sería mejor que lo meditásemos con calma, sopesando sus partes buenas y no tan buenas. Nos ahorraríamos muchos disgustos y muchas decepciones.

Médium: Asistir a una sesión de espiritismo o una reunión de experiencias paranormales y ver a un médium en acción supone curiosidad hacia estos fenómenos parapsicológicos, hacia esas ciencias que ponen en contacto con el más allá. Si hemos perdido, recientemente, a un ser querido indica que nos gustaría saber de él, llevados por el vacío que su falta ha dejado en nuestro interior. Si nosotros somos los que actuamos como médium, posiblemente nos creemos más capacitados de lo que somos en realidad, para actuar como mediadores entre el presente, el pasado o el futuro, o simplemente, como mediadores en causas difíciles que se escapan a nuestra competencia.

Medusa: Las medusas que vemos en el mar, con sus tentáculos colgantes y cuerpo coloreado semitransparente, si aparecen en nuestro sueño, anuncian tentaciones y amistades de las que no conviene fiarse. Su aspecto etéreo y hermoso induce a tocarlas, pero producen una molesta urticaria, y cuando se las saca del agua pierden toda su hermosura. En este sentido, nada en ellas es lo que parece por lo que nos advierte que no es conveniente fijarse, sólo, en las apariencias. Según una antigua fábula griega, Medusa era una poderosa hechicera, cuyos cabellos eran serpientes que no paraban de agitarse. Cuantos la miraban se convertían en piedra y fue vencida por el héroe Perseo utilizando un escudo de espejo en el que se reflejó la bruja, quedando, a su vez, petrificada.

Melancolía: Sentir en sueños una tristeza profunda y envolvente, puede ser síntoma de que estés pasando una depresión, ocasionada por causas físicas o morales. Una anemia, la pérdida de un amor, de una amistad profunda, el fallecimiento de alguien al que amábamos, pueden producir esa sensación de que nada nos divierte ni nos distrae, como si alma estuviera ausente de nosotros mismos. Sería interesante que nos viera el médico para tratar de salir de esta época de crisis.

Melena: Vernos en sueños luciendo el cabello largo y frondoso, indica fuerza y seguridad en nosotros mismos. Si somos calvos o estamos perdiendo pelo, señala una preocupación por este motivo y lo mucho que nos gustaría tener el cabello abundante. Si nos la están cortando o somos nosotros mismos los que lo hacemos es porque deseamos poner fin a una etapa de nuestra de manera radical. También puede ser, en un sentido menos profundo, que estemos deseando adoptar un cambio en nuestra apariencia física.

Melisa: Soñar con esta planta, de flores menudas y cuyas hojas al apretarlas, producen un delicioso olor a limón, es augurio de salud y fortaleza. Decía Paracelso, el gran médico alemán, que era el mejor remedio para las enfermedades del corazón y es un poderoso calmante para las afecciones nerviosas y estomacales. Si sentimos alguna molestia relacionada con ellas, la melisa de nuestro sueño augura que pronto las tendremos curadas.

Melocotón: Como todas las frutas, soñar con melocotones es de buen augurio. Si los estamos recolectando, supone que obtendremos beneficios sustanciosos en cualquier negocio que hayamos emprendido. Si los estamos comiendo, nos gusta deleitarnos con sensaciones naturales, que a la postre suelen ser las mejores. Si los vemos en un frutero, refinamiento y buen gusto en todos los aspectos de la vida, desde la educación personal a las relaciones con los demás, a la vestimenta y las actuaciones.

Melodía: Oír una melodía se interpreta como el deseo de mejorar tu realidad y tocarla como la realización de ese deseo. Si se trata de una melodía que nos resulta familiar puede estar ligada a algún recuerdo determinado, de placer o de disgusto. Aficiones musicales y deseos de tocar algún instrumento si es que no lo hacemos ya.

Melón: Por su jugosidad y su carne sabrosa, esta fruta de verano, se asocia con la satisfacción de la sed y los placeres del paladar. Como en ocasiones el melón se cata, o sea, se abre un trocito para ver si está realmente comible, si lo estamos catando, puede simbolizar que estemos tanteando un terreno o una persona, para ver si es digno de nuestra confianza.

Mellizos: En el caso de que tengamos un hermano mellizo, puede ser que lo echemos de menos si hace tiempo que no lo vemos, o si por las circunstancias de la vida vivimos en lugares diferentes. Si no es así, puede indicar que nos gustaría tener hermanos, a tener amigos con afinidades comunes, con los que nos sintiéramos tan identificados como si se tratase de familiares.

Mendigo: Si en el sueño lo somos nosotros nos anuncia que estamos entrando en un período difícil, con problemas y mucho trabajo y del que posiblemente no sacaremos mucho provecho. Tal vez ya estemos inmersos en esa etapa económica preocupante y nos angustia cómo vamos a salir de ella, tal punto, que el sueño refleja ese estado viéndonos de mendigos, pidiendo limosna.

Mensaje: Recibir un mensaje puede tener diversas interpretaciones. Si lo recibimos es la expresión del deseo que sentimos de tener noticias de alguien al que mucho queremos y del que mucho esperamos. Quizás estemos pendientes de la confirmación de que hemos aprobado unas oposiciones, o de que hemos ganado un concurso y el mensaje tarda en llegar. Si somos nosotros los que lo enviamos, necesidad de relacionarnos con los demás o de comunicar una noticia nueva que consideramos verdaderamente importante.

Menta: Desde la antigüedad, la menta, con grandes propiedades curativas, se empleaba en las fiestas y ceremonias en coronas trenzadas y como remedio casero contra los dolores de cabeza y para las digestiones pesadas, vértigo o alteraciones nerviosas. Si soñamos con una infusión de menta, o con la planta aromática, augura salud y pronta curación, si tenemos pequeñas molestias. También, por sus cualidades afrodisíacas, puede simbolizar amores y deseos sexuales que esperamos ver correspondidos.

Mentir y mentira: Si mentimos o nos mienten en un sueño, puede ser que ocultemos o nos oculten una verdad que puede hacernos daño. Deseos de huir de una realidad que nos agobia y creemos que mediante la mentira, esta realidad será de otra manera. Advertencia ante negocios que nos propondrán, ofreciéndonos unas posibilidades que no existen. Precaución, también, ante amistades falsas que nos perjudicarán adulándonos.

Mercado: Comprar, vender o pasear por un mercado, bien sea el típico de comestibles para el consumo de la familia, un mercadillo o un mercado oriental en el que se puede encontrar de todo, señala iniciativa para los negocios, buena disposición y grandes dotes para el mercadeo y habilidad para aquellos asuntos que precisen del trato con los demás.

Merendero: Estar en un merendero, en la playa o en la montaña, significa que muy pronto disfrutaremos de reuniones agradables y distendidas con los amigos. Excursiones gratas, charlas amenas y familiares con gentes cercanas a nosotros y a nuestros gustos. Posibles vacaciones de corta duración.

Mermelada: Comerla o estar haciéndola de forma casera, augura relaciones dulces con nuestra pareja. Nada conturbará la felicidad de nuestra relación, como tampoco la abundancia y la tranquilidad de nuestro hogar.

Mesón: Si se trata de un mesón de los de antaño, donde se albergaban huéspedes y caballerías, posiblemente recibirás visitas a las que tendrás que acomodar en tu casa sin que te guste demasiado, puesto que no tienes intimidad con ellas y limitarán tu libertad. Si se trata de un mesón actual, en los que se sirven comidas y bebidas, puede indicar que saldrás con los amigos a tomar algo, unos vinos o unas cañas, en alegre compañía.

Meta: Ver una meta lejana, sea de tipo físico, como, por ejemplo, si estamos participando en una carrera, o si estamos estudiando, la terminación de una carrera universitaria, supone que estamos preocupados por alcanzarla pero que lo vemos difícil y sabemos que, sólo, con mucho esfuerzo, conseguiremos llegar a ella. Pero si nos vemos entrando en una meta, es señal de que nos sentimos con fuerza suficiente para llegar allí donde nos propongamos, sin preocuparnos lo que tengamos que pasar para lograrlo.

Metal: Objetos de metal que aparezcan en nuestro sueño son símbolo de fuerza y energía. Sentido práctico para la vida y relaciones duraderas en el campo de la amistad y del amor. Si se trata de metales nobles como el oro, la plata, el platino, etc. opulencia, riqueza abundante y ausencia de problemas económicos, aunque también pueden sugerir disgustos por herencias y disputas por cuestiones de dinero, no en vano se le conoce también como "el vil metal".

Microscopio: Quizás estés intuyendo un descubrimiento interesante para tu propio desarrollo, pero también se puede interpretar como la necesidad de pararte y observar más las cosas pequeñas de la vida cotidiana. Puede que seas muy cuidadoso, hasta escrupuloso, en la limpieza, en el ahorro, en la selección de tus alimentos y, en general, en todos los aspectos de tu existencia y el microscopio sería la expresión de esa minuciosidad, que convendría te saltases, en ocasiones, para llevar una vida más libre y menos autolimitada.

Miedo: La sensación de miedo en un sueño, donde no aparezca ningún elemento que nos asuste, puede corresponder a un miedo real, llevado al sueño por ese gran temor. Puede ser miedo a una enfermedad, a un quebranto grave de nuestra fortuna, a la pérdida de alguien muy querido, pero también un miedo indefinido porque somos medrosos por naturaleza. Pero si existen cosas, animales o situaciones que nos producen miedo, cuando despertemos el miedo desaparecerá al ver que los causantes de nuestros temores no existen. Sin embargo, también puede ser que algo de lo soñado nos advierta de la actitud que debemos tomar ante determinadas circunstancias, como ser más cautos, o, al contrario, más atrevidos y decididos sin dejar que nos invadan los falsos temores.

Miel: Es el símbolo de un carácter dulce, sensible y agradable. Si hace poco has invertido en un negocio, será fructífero aunque tengas que emplear tiempo y esfuerzo en lograrlo. Si nos vemos comiendo miel, satisfacción en el terreno laboral y personal. Si vemos miel, pero no tenemos acceso a ella, nuestros deseos, a punto de cumplirse, van a sufrir un retraso y tal vez no lleguen a realizarse.

Mierda: Soñar con excrementos humanos o animales es siempre augurio de buena suerte, sobre todo es augurio de buena fortuna. Durante muchos siglos, el único abono conocido para hacer fructificar las cosechas, por lo que era enormemente apreciado y de ahí que cuando se sueña con excrementos represente abundancia y riqueza. Posiblemente nos tocará la lotería, nos subirán el sueldo, o recibiremos un dinero con el que no contábamos. Otra cosa es que se sueñe con la suciedad y la porquería que se pega a la ropa o a cualquier otra cosa. En ese caso supone que nos veremos envueltos en situaciones y negocios que no son en absoluto honestos y de los que quererMos librarnos lo antes posible.

Mies: Ver gavillas de cereales, o terrenos sembrados de trigo y gramíneas con las que se puede hacer pan, simboliza ganancias y prósperos negocios. Si estamos segando es señal de que pronto recibiremos los beneficios de los que hemos sembrado con nuestro trabajo. En todo caso siempre es un sueño de buen augurio, como si hubiéramos dejando atrás tiempos de penurias y nos viéramos justamente recompensados.

Migajas: Si aparecen menudas porciones de pan, de pastel o de cualquier otro elemento, quiere decir que, casi siempre, estamos más pendientes de las pequeñas cosas que de las que son en verdad importantes. Si las estamos barriendo, parece que esta tendencia se va a invertir y veremos claro aquello que, de verdad, es vital. Un suelo cubierto de migajas representa una etapa de apuros materiales causada por nuestra imprevisión, después de haber gastado más de lo que era necesario.

Milagro: Un sueño en el que contemplemos cosas o sucesos extraordinarios que consideremos como milagrosos, supone que estamos necesitando una ayuda, también extraordinaria, para salir de la situación en la que nos encontramos. Si se trata de milagros de tipo religioso, indica fuertes creencias y esperanza en la intervención divina.

Milenrama: Como todas las plantas medicinales, muchas son las propiedades de la milenrama, conocida también como *hierba de los soldados* y *hierba de San José*. Tiene un gran poder cicatrizante, por lo que si soñamos con ella, es muy posible que se nos curen las heridas físicas y las del ánimo y del corazón. Sus flores blancas auguran que tendremos buena salud y un aspecto joven y bien conservado durante mucho tiempo.

Milicia: Si nos vemos como soldados, formando parte de una tropa o de un ejército, demuestra que tenemos un carácter disciplinado y riguroso, aunque a veces nos pierde el mal genio que nos lleva a situaciones de una cierta belicosidad. Puede ser que nos guste la vida militar y la estemos contemplando como una opción en la que integrarnos, y también puede ser que nos asalten recuerdos de la *mili*, o estemos viviendo una etapa en la que nos gustaría resolverlo todo por las bravas. Miedo a las imposiciones y a tener por encima de nosotros una autoridad que no podamos obviar.

Mimbre: Objetos de mimbre o una mimbrera que aparezcan en el sueño, nos quieren indicar que sabremos adaptarnos a las circunstancias, sabremos doblegarnos al paso de los problemas, para luego enderezarnos y recuperar nuestro ritmo habitual de vida. No nos quebrará el ánimo ni la salud, una temporada de preocupaciones de la que saldremos airosos gracias a que sabremos maniobrar con prudencia.

Mímica y mimo: Contemplar la actuación de un mimo y expresarnos nosotros con gestos, nos indica que nos asusta hablar en público y que no confiamos demasiado en nuestra capacidad oratoria. Tal vez tengamos que dar una conferencia o una charla y sea éste un tema que nos obsesiona ante el temor de no hacerlo bien, lo que tiene una clara referencia en el sueño. También puede que nos prevenga sobre los dolores de garganta y una afonía que padeceremos en breve plazo.

Mina: Estar trabajando en una mina, o ver a mineros en acción, representa trabajos duros, de mucho esfuerzo y ciertamente arriesgados, que hasta el momento, hemos ido soslayando, pero que no tenemos más remedio que asumir. Si nos vemos saliendo de la mina, es señal de que lograremos hacerlos con bien. De todas formas, la presencia de una mina en el sueño, es siempre augurio de abundancia y de bienes apreciados.

Mirilla: Si estamos mirando a través de ella, supone que tenemos un carácter curioso y escrutador, quizás en demasía. Si llaman a la puerta y abrimos la mirilla para tratar de ver quién es indica que somos cautos y prevenidos. No nos gustan las sorpresas inesperadas y tememos que personas ajenas se entrometan en nuestras vidas. También puede ser que esperemos a alguien desde hace tiempo, y estar observando por la mirilla es indicio de nuestra impaciencia por que llegue.

Mirlo: Este pájaro enteramente negro, con su pico naranja, tiene un trino precioso y muy melodioso. Si lo oímos cantar en sueños, es augurio de promesas de amor, de alegría y equilibrio en nuestras vidas. Si su canto en insistente, puede también indicar que somos muy charlatanes, que nos gusta darle a la lengua tanto si tenemos algo que decir como si no.

Mirto: Este hermoso arbusto de flores blancas, es el símbolo de la belleza, el amor y la fecundidad, no en vano estuvo consagrado a la diosa Afrodita y su templo estaba rodeado de un bosquecillo de mirtos. Si alguien nos regala un mirto es señal de amor eterno y compartido.

Misa: Asistir a este servicio religioso tiene dos interpretaciones distintas: si somos creyentes y, regularmente vamos a misa, señala nuestro fervor y nuestra fe religiosa. Si no lo somos, inquietudes espirituales y un deseo de retornar a las creencias que abandonamos hace tiempo. En el caso de que la misa sea de difuntos, el alma de algún ser querido nos está pidiendo que recemos por ella. Si es una misa de esponsales, alguien cercano a nosotros contraerá matrimonio y nos invitará a su celebración.

Misionero: Entendiendo esta palabra como evangelizar en tierras lejanas, vernos de misioneros puede muy bien ser una expresión de que nos gustaría realizar esta tarea en la vida real. Sentimientos solidarios y de ayuda a los demás, sin reparar en esfuerzos.

Mobiliario: Los muebles suelen ser la representación del hogar, de los enseres domésticos que nos acompañan en la vida cotidiana. Nuestra cama, nuestra mesa, mesillas, tocadores... todos vienen a simbolizar una parte importante de nuestras posesiones, por sencillos o elegantes que sean. Si los vemos amontonados es augurio de que nos cambiaremos de casa. Si los tenemos en la calle, se acerca una época de dificultades económicas que no será tan grave como parece, pero que nos traerá muchas preocupaciones. Si los estamos tirando es porque esa época no será de dificultades, sino de bienestar y los cambiaremos por otros que consideramos más cómodos y lujosos.

Moderador: Si nos vemos a nosotros, o a alguien conocido, moderando un debate o poniendo paz en una discusión, es el reflejo de un ánimo conciliador, de que nos violenta y molestan las riñas y las salidas de tono. También puede ser que nos consideremos víctimas de ataques verbales injustificados, y nos gustaría encontrar a alguien que mediara en esta situación.

Mojar: Sentir en sueños la sensación de que estamos mojados, o ver cómo nos mojamos, por la lluvia, o por cualquier otro líquido, puede tratarse de que corresponda a una sensación real o al deseo de orinar. Si no es así, según el líquido que nos moje la interpretación tiene un sentido u otro. Si es agua de lluvia, supone abundancia de bienes con la que nos veremos recompensados de manera gratuita. Si es por algún vino, licor o champán, supone alegría, felicidad y también riqueza.

Moler y molino: Estar moliendo o encaminarnos a un molino, además de representar que nos gusta exprimir la vida al máximo, supone que lograremos una buena "cosecha" de nuestros esfuerzos y trabajos en los que hemos invertido tiempo y una gran laboriosidad.

Monarca: Ver a un monarca, un rey o un mandatario, cabeza de un estado, sea esta imagen correspondiente o un ser real o imaginario, es la personificación de la autoridad y del poder. Puede que consideremos que es importante para el mantenimiento del orden social y el sueño manifieste tu respeto hacia ese personaje, pero también puede evidenciar tu rechazo porque no soportas las imposiciones ni las limitaciones de una férrea disciplina.

Mondar y mondas: Pelar una fruta, o cualquier otro alimento, y ver las mondas, es querer dejar atrás modos y maneras de ver la vida, de trabajar e incluso de amar. Queremos despojarnos de todo aquello que, hasta momento, no nos ha dado más que problemas y, al igual que se desprende la piel de una manzana o de una naranja, para dejar ver y comer su interior, así también nosotros queremos mostrar una nueva cara y una nueva personalidad al mundo y a la sociedad.

Monedas: Sean del tipo que sean, de oro, plata, plomo... la aparición de monedas en un sueño es sinónimo de bienestar económico, especialmente si las encontramos de manera inesperada. Si nos vemos contando monedas, puede señalar un temperamento avaricioso, excesivamente dado al ahorro. Si las perdemos es un mal augurio, pues tanto puede suponer una merma importante en nuestra posición como, si las monedas no son nuestras, podemos ser acusados de malversación de fondos, sin que sea así.

Monja y monje: La aparición de estos personajes religiosos sugieren inquietudes espirituales y también deseos de una vida más apartada del mundanal ruido y dedicada a analizar nuestras capacidades interiores. Quizás estamos atravesando una etapa demasiado frívola, ante la que experimentamos cierto cansancio, físico y mental. El sueño podría ser un toque de atención para que hiciéramos un poco de introspección personal.

Monstruo: Ver a seres que nos causan espanto, señalan nuestros miedos ante lo desconocido, ante aquello que no nos resulta familiar. Tal vez estemos ante nuevas situaciones que nos inquietan, que nos hacen dudar de nosotros mismos y que se manifiestan en nuestro inconsciente con la aparición de monstruos. Éste suele ser un sueño bastante común y bastante repetido mientras duran esas inquietudes y esos miedos. Pero, en otra vertiente, si nosotros podemos con el monstruo, significa que nos sentiremos fuertes y seguros.

Montaña: La visión de una montaña siempre es un reto. Hay que subirla para poder ver que hay más allá de ella, para proseguir el camino que nos interrumpe su presencia, o, simplemente hay que coronarla para vencer su desafío. De nuestra actitud ante ella, depende la interpretación. Si estamos intentando subirla, lleguemos o no a su cima, supone buena disposición para vencer para las dificultades e interés en lograrlo. Si nos quedamos a sus pies, mirando las alturas, sin atrevernos a hacerle frente, nos amilanan los problemas. Si hemos llegado a su cumbre y estamos contemplando el panorama que se nos ofrece, la seguridad en nosotros mismos y nuestro esfuerzo personal, nos abrirán todas las puertas.

Morder y mordisco: Si estamos mordiendo un alimento, es posible que tengamos hambre, y nos veamos así en el sueño como un trasunto de esta sensación fisiológica. Pero si mordemos con rabia algo o a alguien, puede manifestar que estamos dispuestos a defendernos, con todas las armas a nuestro alcance, de las intromisiones ajenas en nuestra vida, en nuestro trabajo o en nuestra relación de pareja. Si recibimos un mordisco, es temor a una agresión personal y a que nos roben algo muy importante para nosotros.

Morir y muerte: A pesar del miedo y del respeto que uno siente ante la muerte propia y la de los seres queridos, soñar con morir no tiene precisamente connotaciones negativas. Puede ser que nos veamos morir como paso previo a un renacimiento, a una nueva vida mejor y más placentera de la que hemos llevado hasta ahora. Si vemos la muerte de personas queridas, el sueño augura que les alargamos la vida en siete años.

Moscas y moscardones: Tradicionalmente, soñar con estos insectos pronostica mala suerte, ya que fueron una de las siete plagas con las que Dios maldijo al Egipto faraónico, pero no siempre es así. Si una mosca cae dentro de un plato o de un vaso, es señal de buena suerte, y si nos sigue, anuncia un viaje. Verla revoloteando dentro de nuestro hogar, es señal de que pronto recibiremos buenas noticias. Si se trata de moscardones, y vuelan cerca de nuestro rostro, anuncian desgracias y muertes cercanas, pero si les damos caza, cesa este mal augurio.

Mudanza: Estar de mudanza indica un deseo de cambio, bien de casa, o bien de vida. Hace tiempo que pensamos en imprimir un nuevo rumbo a nuestra actividad, a nuestras relaciones, y la mudanza se identifica con estos objetivos. También puede significar que somos inconstantes en nuestros propósitos y deberíamos revisar esta faceta, pues sin tenacidad poco se consigue.

Muérdago: Asociado a la buena suerte, el muérdago ha tenido un carácter de planta sagrada en las civilizaciones nórdicas y célticas. Soñar con muérdago anuncia amores y protección para el hogar, así como fecundidad para aquellas mujeres que desean quedarse embarazadas.

Muguete: De aroma delicioso, las pequeñas flores del muguete, son las mensajeras de la primavera. Si aparecen en nuestro sueño nos avisan del retorno a la felicidad perdida y de la recuperación de un amor. Si nos regalan muguete, tendremos buena suerte.

Mula y mulo: Ver a estos jumentos, o estar montando en ellos, sugiere trabajos lentos y penosos, pero que tendrán un buen fin. Si estamos inmersos en algo así y pensamos en abandonarlo por lo muy laborioso que resulta, no debemos hacerlo, pues la mula y el mulo, aunque no son tan esbeltos ni tan rápidos como el caballo, cumplen con su cometido, bien sea de tiro o de acompañamiento, a la perfección.

Muletas: Puede ser un presagio de que tendrás que apoyarte en donde menos lo esperas, personas que no creías en ellas serán las que te ayudarán. Problemas personales que necesitarás ayuda para poder solucionarlos, a ti solo, te será imposible. También puede indicar que en tu vida te falta algo, un buen trabajo, una buena amistad, un amor verdadero... y te apoyas en las muletas para ir tirando, a la espera que recuperas el andar completando esa parte vital de la que ahora careces.

Muñeca y muñecos: Tanto si es un hombre como una mujer la que sueña con muñecas o muñecos, es siempre un retroceso a la época infantil, a los años dorados de la niñez y a una cierta nostalgia de momentos felices y despreocupados. Puede, también, representar el deseo de tener hijos. En el caso de que nos regalen una muñeca o un muñeco y, especialmente, si son de peluche, significa que la persona que nos obsequia nos quiere de corazón.

Muñón: Soñar con partes del cuerpo cortadas que permanecen adheridas al cuerpo, supone que sentimos que nos han arrebatado algo muy importante para nosotros, o que sentimos la carencia de algo o alguien que considerábamos primordial. Nos han privado de una amistad profunda, de una buena situación o de nuestra media naranja, y el sueño expresa ese sentimiento de pérdida, de amputación, de privación, pero será una situación que duraba más o menos tiempo, pero que conseguiremos superar.

Murciélago: A pesar de que esta ave mamífero nocturno tiene mala fama, soñar con murciélagos augura larga vida y buena suerte así como protección para la familia y el hogar. Según tradiciones antiquísimas, su sangre se consideraba afrodisíaca, y las cenizas de un murciélago quemado, insufladas sobre una persona, provocaban el amor sin límite de esa persona hacia la que llevaba a cabo el rito. Sin embargo, si lo vemos golpeando con sus alas una ventana, puede ser presagio de enfermedad o muerte para alguna persona de las que habitan en esa casa.

Museo: Se suele interpretar como una aspiración de refinamiento y cultura, pero es importante observar en el sueño, el estado del museo. Muchos autores consideran que si está bien provisto es presagio de una mejora en nuestra situación que llegará como consecuencia de estudios realizados en el pasado, o en forma de herencia familiar. Pero si el museo está en ruinas indicará pesimismo interior y descorazonamiento ante la situación actual.

Música y músico: Aficiones musicales, pasión por la melodía y la armonía en la vida y el amor.

Si la música es alegre, buen ánimo y ganas de disfrutar; si es triste, sentimientos de pesar y de soledad. Si nos vemos tocando un instrumento, denota que, en la vida real, nos gustaría tener aptitudes para hacerlo y quizás estamos pensando en aprender a tocar alguno. Si estamos dirigiendo una orquesta, un coro, una banda... es porque nos consideramos capacitados para regir a los demás y nos gustaría desempeñar un cargo directivo.

Mutilar: Cortar una parte del cuerpo a otros, supone que queremos acabar, de una vez por todas, con esas amistades o relaciones que sólo nos han traído disgustos y discordias, aunque también puede significar una ira profunda que tenemos reprimida y que en el sueño se manifiesta en toda su fuerza. Si somos nosotros los mutilados, creemos que la injusticia se ha cebado en nosotros, privándonos de derechos que consideramos legítimos.

N

Nácar: Soñar con objetos de nácar supone un deseo de belleza, de pureza, de elegancia natural y sencilla. Los reflejos irisados del nácar sugieren una luminosidad que nos gustaría presidiera nuestra vida y nuestros quehaceres, alejados de las insidias y avatares de la vida cotidiana.

Nacer y nacimiento: Ver nacer una planta, un animal o un ser humano, representa ganas de vivir, de experimentar un renacimiento después de una mala época. Quizás has pasado una depresión y el sueño te anuncias que estás saliendo de ella, mientras el deseo de recuperarte y volver a estar en el mundo va ganando terreno en tu interior. Posibilidad de que se vea aumentada la familia, o de algún nacimiento en personas de tu entorno cercano y también deseos de maternidad o paternidad muy intensos.

Nadar: Si nadamos con facilidad, el sueño presagia que tenemos por delante un campo positivo de probabilidades en nuestros proyectos, pero si nos vemos ahogándonos indicará que tendremos dificultades en conseguir lo que ambicionamos. Si estamos aprendiendo a nadar, podemos interpretarlo como que necesitamos aprender a dominar nuestras pasiones. Fuerza para sobrevivir a los contratiempos, y energía para sobreponernos, para salir a flote de situaciones complicadas.

Naipes: Como cualquier juego, que se nos presenta en un sueño, indica riesgo y puede ser un aviso para que pongamos toda nuestra fuerza de voluntad en controlar los acontecimientos, si los dejamos al azar irán en nuestra contra. También según el tipo de cartas que veamos en el sueño, la interpretación puede variar. Si nos salen espadas y bastos, auguran una desgracia familiar. Si tenemos una buena mano y predominan los ases, fortuna económica. Si estamos jugando y hemos ganado ya varias partidas, nuestros amores no serán felices.

Naranjas: Por su sabor dulce y delicioso y su jugosidad, esta fruta se asocia a la satisfacción de los deseos más elementales y primordiales como la sed y el hambre. Si las vemos en un frutero o nos las estamos comiendo, auguran salud, bienestar. Por ser del color del sol, la naranja señala la fuerza, el vigor y el esplendor de la naturaleza.

Narcisos: Se interpreta como vanidad, egocentrismo y amor hacia uno mismo. Si la flor aparece lozana indica una felicidad pasajera y momentánea, y si está marchita quizás el sueño nos esté hablando de nuestra incapacidad para aceptar el envejecimiento o la decadencia de un proyecto. Pasiones vanas, amor no correspondido.

Nardo: Sus flores, de aroma intenso, dispuestas en varas, simbolizan el amor sincero y profundo, y también el amor familiar, no en vano la vara florecida de San José era, precisamente, de nardos. Si nos los regalan, equivalen a una declaración de amor en toda regla. Si los vemos en un jarrón significa que estamos muy enamorados.

Nata: Estar comiendo nata, o estar adornando pasteles con ella, es augurio de que deseamos ofrecer lo mejor de nosotros mismos a los demás. Nuestra predisposición para ayudar es total, y no nos importará hacer ciertos sacrificios con tal de ser solidarios con las desgracias ajenas.

Naufragio y naufragar: Sufrir un naufragio en sueños señala el fin de una serie de ilusiones y de esperanzas con las que convivíamos desde hace tiempo. Nos amenaza un pérdida importante en los negocios y posiblemente, un desastre en el terreno amoroso. Si logramos sobrevivir al naufragio, aunque poco a poco, las aguas irán volviendo a su cauce y nos recuperamos de tanta desgracia.

Náusea: Algo en tu ambiente te preocupa, pero tienes que cuidar tu tendencia a darle a todo muchas vueltas, hasta marearte con tus propios problemas. Posiblemente estés muy agobiado, al punto de sentir aversión por tu trabajo o por ciertas personas que están a tu alrededor, lo que se plasma en esa sensación vomitiva. También pudiera ser que estuvieras mal físicamente, con un mareo real, y el sueño fuera sólo un reflejo de esa molestia.

Navaja: Soñada como un arma, la navaja indica peleas, disgustos y enfados con propios y ajenos. Pero si la vemos como un útil para cortar o para afeitar, simboliza el sentido práctico que nos dice cómo actuar en cada momento para sacar el mejor partido a la situación que estamos viviendo.

Nave: Sea del tipo que sea la nave que se nos aparezca en el sueño, suele significar que lograremos salir a flote de situaciones comprometidas. Tal vez augura un viaje por mar, con el que soñamos hace tiempo. En general su sentido es el de estar a salvo, tanto en el mar como en la tierra.

Necesidad y necesitado: Vernos en un estado de gran carencia o como pobres, que carecemos de lo más imprescindible, es el resultado de preocupaciones importantes en el terreno económico, que pueden ser más imaginarias que reales, pero que las percibimos como si fueran abocarnos a la miseria. No debemos dejarnos impresionar por el sueño, pues, en ocasiones, los estados de necesidad se solventan con el ingenio y desarrollan capacidades que no sabíamos, siquiera, que poseíamos.

Negociar y negocio: Estar negociando o participando en algún negocio, señala que tenemos un carácter emprendedor. Estamos dispuestos a arriesgarnos con tal de obtener ganancias, ya que los trabajos rutinarios no nos satisfacen. Por otro lado, también indica que nuestro talante es dado al trato, al diálogo, para conseguir los mejores resultados tanto si se trata de asuntos personales como si se trata de asuntos públicos.

Negro: Soñar con colores demasiado opacos quizás te indica una tendencia a la depresión y el decaimiento, pues el negro simboliza, de alguna manera, el vacío y las tinieblas. Mantente alerta para que los aspectos más negativos de tu psique no te inunden y te llenes de melancolía, pero recuerda también, que sin tinieblas no habría luz.

Nenúfares: Es una planta relacionada con las raíces y el mundo acuático subterráneo, por eso se interpreta como la aparición de pasiones escondidas debajo de la calma aparente. Es posible que, inconscientemente, sintamos odio, venganza, o celos que en cualquier momento se pueden manifestar. El nenúfar, cuyo nombre deriva de la palabra griega *nymphe,* que significa virgen, se relaciona, también, con la castidad y la pureza de corazón.

Nevada y nieve: Ver cómo cae la nieve o contemplar una nevada intensa en sueños, simboliza por un lado, la pureza y la belleza natural y, por otro, cierta melancolía y frialdad de sentimientos. Andar por la nieve con dificultades es augurio de problemas en los que nos encontraremos por causa de poco interés de los demás en prestarnos ayuda. Pero si estamos en la nieve, jugando con ella, momentos felices con la familia y los amigos. Algunos autores, tal vez basándose en aquello de que "año de nieves, año de bienes", le otorgan a la nieve un significado de abundancia futura, buenas cosechas y calidad en los frutos.

Nevera: Simboliza la buena o mala economía y la previsión, según que en el sueño veamos llena o vacía la nevera. Si hacemos frecuentes viajes a ella, es señal de inquietud y de nerviosismo. Si la estamos llenando, una buena época en la economía familiar.

Nido: Representa la necesidad de seguridad y ternura en tu vida. Nos sentimos poco arropados por las personas que nos rodean. También puede interpretarse como reflejo de la inseguridad continua en la que vivimos y la búsqueda de un refugio estable, seguro y agradable.

Niebla: Intuyes algún problema a tu alrededor pero no sabes cómo definirlo. Es aconsejable que esperes a ver más claro antes de tomar una decisión. Estar perdidos en la niebla supone que, tal vez lo estemos en la vida real, sin saber que partido tomar. Confusión mental y sensación de desamparo. Sin embargo, no hay que olvidar que, tarde o temprano, la niebla acaba siempre por disiparse.

Nietos: Si en el sueño aparecen nuestros nietos, si es que los tenemos, supone nuestro deseo de estar cerca de ellos y de disfrutar de su compañía, con sus pequeñas travesuras y sus gracias. Si no es así, quizás sean el símbolo de que hemos llegado a una etapa de madurez, en la que nos gustaría tenerlos como una continuidad de nuestra familia y de nosotros mismos.

Niños y niñas: La infancia tiene, todavía, para nosotros una importancia vital. Para lo bueno y para malo, tanto si los recuerdos son placenteros como si son duros por una infancia difícil, la visión de niños nos retrotrae a los días de nuestra niñez. También sugiere ternura, necesidad de encontrar disculpa a nuestras acciones, en ocasiones, un tanto irreflexivas, en una palabra, de necesitar que se nos enjuicie como a niños en lugar de como adultos.

Noche: Aunque la noche se identifica con lo tenebroso, con el miedo y la negación de la luz, soñar con la noche no siempre tiene aspectos negativos. Si asistimos, de noche, a una gala, a una cena o un baile, señala sentimientos románticos, ilusiones y encuentros inesperados. Si estamos contemplando las estrellas, indica deseos de paz espiritual, serenidad de ánimo. Si paseamos por la noche, solos o acompañados, afición al riesgo y a las emociones fuertes.

Nogal y nueces: Este árbol, consagrado a Proserpina, diosa de los infiernos, está considerado de mal augurio, pero si soñamos que dormimos bajo su sombra, gozaremos del don de la clarividencia. Sus frutos las nueces, tienen una significación positiva, ya que previenen las enfermedades del corazón, protegen a las embarazadas contra los abortos y si se derraman sobre una pareja recién casada, les aseguran un futuro lleno de felicidad y abundancia.

Notario: Vernos ante un notario supone que tenemos entre manos una posible herencia o una testamentaría. Negocios que estamos deseando poner en claro mediante una persona digna de confianza, capaz de conciliar nuestros intereses y los de nuestros compañeros o socios. Si nosotros somos los que ejercemos de notarios, señala que los demás nos ven como "hombres buenos", justos e imparciales a los que recurren para zanjar pequeñas discusiones.

Noticiario: Estar leyendo las noticias en un periódico, verlas en el cine o en la televisión, es sinónimo de curiosidad y de que nos gusta estar enterados de lo que pasa por el mundo. También, preferimos juzgar por nosotros mismos y no dejarnos llevar por consideraciones ajenas. Quizás esperamos noticias importantes para nosotros que no acaban de llegar y el sueño refleja esa ansiedad por ellas, buscándolas en aquellos medios que dan las noticias generales.

Novela: Tanto si te ves leyéndola, como escribiéndola, simboliza tus deseos de experimentar situaciones no cotidianas. Monotonía en nuestra vida, necesidad de experimentar emociones fuertes. Aficiones literarias y deseos de vivir, a través de las páginas de la novela, otra vida, más interesante, más apasionante, o por lo menos distinta a la que solemos llevar.

Novio y novia: Soñar con el novio o la novia de uno, si es que se tiene, es reflejo de nuestro cariño, de la necesidad que tenemos de estar a su lado y de compartir nuestras vidas. Deseamos contraer matrimonio lo antes posible. Si estamos solteros y sin compromisos, es la expresión de que nos gustaría emparejarnos, conocer a alguien con el que salir y vivir experiencias románticas. Pero si en el sueño nos vemos regañando, es muy posible que nos suceda en la realidad. Si vemos a una pareja de novios, desconocidos para nosotros, saliendo de una iglesia después de casarse, muy pronto encontraremos a nuestra media naranja.

Nubes: Reflejan sentimentalismo y una cierta tendencia a no querer ver el fondo de las cosas. Si son nubes tormentosas también pueden considerarse presagio de problemas. Ver el sol entre nubes, supone esperanzas e ilusiones que llegarán a fructificar. Estar contemplándolas suele representar un carácter excesivamente soñador y poco realista.

Nuca: Es símbolo de tozudez y quizás debas pararte a pensar que la insistencia en algún asunto que tengas entre manos puede resultar estéril. Si vemos o tenemos, en el sueño, la nuca despejada indica que somos tenaces y constantes en aquello que nos proponemos, aunque a veces nos dejamos llevar por la obstinación. Si por el contrario, la nuca aparece cubierta de pelo, miedo a enfrentarnos a los problemas. Generalmente, dejamos que el tiempo transcurra para ver si él los solventa, o, por lo menos, pasan desapercibidos.

Nudos: En los sueños los nudos son una forma de simbolizar nuestra incapacidad para realizar algo, como si nos encontrásemos con las manos atadas. Pero también pueden representar una unión duradera, un lazo que se mantiene, a través de los años, con amigos y familiares. Deseos posesivos, especialmente referidos a personas concretas, como si las quisiéramos en exclusiva para nosotros.

Números: Si estamos haciendo cuentas, posiblemente tenemos un carácter cuidadoso, ordenado y nos gusta saber lo que podemos y lo que no podemos gastar. Pero los números encierran también un simbolismo que nos puede aclarar el sentido de nuestro sueño según el número que aparezca en él: el uno, representa la vejez. Sus cualidades son prestigio y honor. El dos representa al hombre adulto. Sus cualidades son la paz y la serenidad. El tres representa el sentido de la guerra. Sus cualidades son el valor, la fuerza y la energía. El cuatro representa la juventud. Sus cualidades son la ambición, la osadía y el orgullo. El cinco representa la mujer joven. Sus cualidades son un ánimo pronto al cambio y un parecer mudable. El seis representa la infancia. Sus cualidades son el movimiento y la vitalidad. Y por último, el número siete, es la representación de la madre. Sus cualidades son el consejo, el orden y la toma de decisiones.

O

Oasis: Si nos encontramos en él significa momentos de sosiego en nuestra vida, pero si no, habremos de tener en cuenta la lejanía que en el sueño mantenemos con el mismo. Ésta reflejará si estamos cerca de una etapa de tranquilidad, o alejándonos de ella. El oasis también puede simbolizar la recuperación económica después de una etapa de aridez en este terreno.

Obelisco: Ver este pilar, muy alto con su punta piramidal apuntando hacia el cielo, señala un afán de prosperar, de elevarnos sobre las miserias de la vida cotidiana. Nos gustaría ascender en categoría laboral y en posición social, pues nos sentimos injustamente relegados a ocupar un lugar que creemos no nos corresponde. Si nos sentimos inclinados a los estudios de arquitectura, o estamos realizando esta carrera, la visión del obelisco se interpreta como el deseo de realizar una obra importante, destacada, que sobresalga de entre otras muchas.

Obispo: Si este personaje religioso se hace presente en nuestro sueño puede que tengamos dudas espirituales, o que, por el contrario, nuestras creencias en esta materia sean firmes, especialmente si el obispo nos está bendiciendo. Si somos nosotros los que aparecemos revestidos de esta dignidad sacerdotal representaría nuestro deseo de ayudar a los demás en el terreno religioso, aumentando su fe con nuestros consejos y nuestro ejemplo de vida.

Obra: Estar trabajando en una obra, a modo de albañil, supone que vamos a enfrentarnos a trabajos duros, especialmente, si en la vida real no tenemos nada que ver en esta profesión. Si estamos trabajando en otro tipo de obra, literaria, escultórica, pictórica... indicaría a lo que nos gustaría dedicarnos de verdad. Si nos vemos realizando buenas obras, dando limosna, asistiendo a enfermos, etc., es porque nuestro carácter es compasivo, pero hasta ahora consideramos que no hemos hecho lo suficiente en este terreno.

Obrador: Tanto si somos nosotros como otros los que estamos en un obrador haciendo pan o dulces, representa buena calidad de vida y afición a este tipo de tareas. Preferimos hacer las cosas por nosotros mismos y nos gusta dar a los nuestros lo mejor, realizado por nuestras propias manos, sobre todo en materia de comida.

Obsequio: Recibir un obsequio, no importa de qué valía, se interpreta como que se nos quiere bien. Alguien está pendiente de nosotros y quiere demostrarnos su afecto y aprecio mediante un obsequio. Si somos nosotros los que regalamos, el sentido de la interpretación es el mismo hacia la persona a la que obsequiamos.

Oca: Soñar con este animal, solo o en una bandada, simboliza indiscreciones y murmuraciones, aunque también puede ser el aviso de un peligro que nos acecha. Con sus graznidos las ocas actúan, en ocasiones, como los perros que alertan de la presencia de desconocidos o de que algo anormal está sucediendo. Si lo que estamos jugando es al juego de la oca, también indica precaución, cuidado y no confiar demasiado en el azar para evitar caer en situaciones complicadas.

Océano: Si nos encontramos perdidos en medio del ancho mar, o la deriva, también nos sentimos así cuando estamos despiertos. Parece que las circunstancias de la vida nos sobrepasan en mucho. No vemos más que agua a nuestro alrededor, sin un punto de apoyo, sin la visión de una tierra firme que nos dé seguridad. Pero si soñamos que navegamos por el océano en un barco o en crucero de placer, es señal de que no nos inquietan los avatares que se nos puedan presentar, por grandes o complicados que puedan parecer.

Ocio: Un sueño en el que nos veamos descansando plácidamente, sesteando bajo un árbol, divirtiéndonos haciendo algo que nos gusta, supone que estamos necesitando disfrutar de un período de vacaciones. Hemos trabajado mucho, estamos realmente cansados y soñamos con que llegue ese momento en que podamos perder el tiempo haciendo aquello que nos relaja y nos ayuda a recuperar fuerzas.

Ocultar: Siempre indica un deseo de esconder algo, algún secreto que no queremos que salga a la luz. Quizás hayamos realizado acciones de las que no nos sentimos orgullosos y creemos que es mejor taparlas, esconderlas, porque estamos arrepentidos pero no sabemos cómo deshacer el entuerto. También puede ser que ocultemos alguna cosa o persona que consideramos especialmente valiosa para nosotros y no queremos que nada ni nadie nos la pueda arrebatar porque somos posesivos y un tanto egoístas.

Ofender: De palabra u obra, simboliza nuestra ira y nuestra falta de respeto hacia el objeto de nuestra ofensa. Puede que estemos dolidos con un superior o con algún amigo y reprimamos nuestros sentimientos cuando, en realidad nos gustaría decirles lo que pensamos de ellos de la forma más hiriente posible. Si nos sentimos ofendidos supone que, apreciamos en los demás, menosprecio hacia nosotros.

Oficina: Si estamos trabajando en ella, muy bien puede ser un trasunto de la vida real. Nos preocupa el trabajo y llevamos esta inquietud al sueño. Si estamos en el paro, supone un deseo de encontrar un empleo. En el caso de que estemos arreglando papeles para cualquier tema oficial, la visión de una oficina nos recuerda la situación que estamos pasando.

Ofrenda: Bien sea en forma de flores, de dinero o de rezos, hacer y llevar ofrendas a Dios y a los santos, supone que solicitamos su ayuda para resolver algún asunto, aunque puede que se trate de demostrar nuestro agradecimiento por alguna gracia concedida. Cualquier tipo de ofrenda, aun sin carácter religioso, siempre representa una muestra de gratitud o de amor.

Ojos: Además de ser los órganos de la visión, los ojos son la viva expresión del alma y los sentimientos. Vernos en un sueño con los ojos cerrados, puede representar que queremos olvidarnos de las realidades que nos molestan. Mirar al alguien a los ojos, o que alguien nos mire así a nosotros, supone sinceridad de sentimientos y verdad en las palabras. Pero si ocultamos la mirada o nos la ocultan, temor a que se descubra que no decimos la verdad o a que desvelen rasgos de nuestra personalidad que queremos mantener en secreto. También existe toda una teoría sobre el color de los ojos: los verdes se consideraban que pertenecían a personas traicioneras y los azules a los mentirosos. Los ojos de color negro y castaño se identificaban como francos y honestos. Si nos estamos pintando los ojos, coquetería y deseos de cambiar nuestro físico.

Oleaje y olas: Suele ser un sueño muy común y, además muy frecuente, verse en una playa y sentirse perseguido por una ola gigante, que se presenta de improviso, o que se la ve venir y ante la que hacemos esfuerzos desesperados por huir de ella, mientras que unas veces lo conseguimos y otras veces no. Se identifica con el miedo irreprimible ante lo desconocido e inevitable, ante la fuerza avasalladora de circunstancias y situaciones que no podemos dominar. Si lo que contemplamos en el sueño es un mar con un oleaje muy fuerte, pero nosotros estamos en tierra, supone sentimientos agitados y contradictorios que baten en nuestro interior, con fuerza, especialmente, en el plano sentimental. Si la que sueña es una mujer y se baña en el mar dejándose acariciar por las olas, es posible que pronto quede embarazada. En el caso de que estemos enfermos, bañarnos en el mar augura una pronta curación.

Olivar y olivas: Tener o estar en un olivar, supone bienestar económico y arraigo a las tradiciones. Amor por la tierra y el entorno. Si estamos recolectando o comiendo aceitunas, buenas relaciones sociales, auténticas y verdaderas, así como seguridad en la familia y el hogar. El olivo es el símbolo de la paz, la pureza y la resurrección. Por ello, si alguien nos regala una rama de olivo, es sinónimo de que nos desea lo mejor, pues este árbol también protege la casa contra el rayo y las tormentas.

Ombligo: Un sueño en que veamos ombligos propios o ajenos, tiene varias interpretaciones. Si lo tenemos, o lo tienen prominente, es señal de que la vida se presentará larga, feliz y afortunada. Si, al contrario, está metido hacia dentro, augura una existencia trabajosa, en la que habremos de luchar mucho para conseguir nuestros propósitos, pero todo podrá resolverse gracias a la astucia y a un talante negociador.

Ópalo: Esta hermosa piedra, que puede presentar tonos que van desde el azulado y blanco amarillento, al rojo y al negro, suele ser de mal augurio si la vemos aparecer en nuestro sueño, especialmente si lo sueña una novia, pues esta piedra se la conoce como *la piedra de las lágrimas*, ya que propicia la viudedad. Sólo si el ópalo que vemos es negro es augurio de que nos protegerá para realizar proyectos importantes y favorecerá las empresas arriesgadas.

Ópera: Asistir a una representación de *bel canto*, o bien oír en sueños algún fragmento operístico que nos gusta, señala nuestra afición por esta música y por este espectáculo. Refinamiento intelectual y musical. Si somos nosotros los cantantes de ópera se interpreta como que quisiéramos estar dotados para este arte, aunque no sea así.

Orador y oradora: Es posible que tengamos que hablar en público y estemos inquietos, inseguros, ante esta perspectiva. Nos gustaría hacerlo lo mejor posible, y la figura de alguien capaz de enfrentarse con éxito a un auditorio, es algo que nos obsesiona. Sin embargo, el sueño con este personaje es un anuncio de que nuestra conferencia o discurso gozará el favor de los asistentes.

Orégano: Si el orégano se nos aparece bien como planta o bien como condimento, en su tarrito, nos anuncia que sanaremos pronto de algunas afecciones que estamos padeciendo, relacionadas con el asma, el reumatismo y la tortícolis.

Orfanato: Sensación de desamparo, de soledad. Búsqueda de cariño y de ayuda, de manera especial en el terreno de los afectos personales. Si hemos perdido recientemente a nuestros padres, dolor por su ausencia y nostalgia de su cariño.

Órgano: Oír los acordes de un órgano o estar tocándolo augura momentos solemnes en nuestra vida. Tal vez contraeremos matrimonio, si estamos solteros, bautizaremos a un hijo o acabaremos, con honores, una carrera universitaria. Al igual que con otros instrumentos, indica gusto por la música, pero también puede señalar curiosidad por aspectos religiosos en los que, hasta ahora, no habíamos reparado.

Orientar: Vernos en lugar y estar buscando hacia dónde debemos dirigirnos, es indicio de que buscamos nuestro sitio en la vida, en el aspecto laboral y sentimental. Si orientamos a otros, indicándoles una dirección, una calle, etc., es porque nos sentimos seguros de nosotros mismos y dispuestos a ayudar a los demás. De todas formas, el sueño hace alusión a que pronto nos sentiremos ubicados y felices.

Orilla: Estar en la orilla del mar, de un río, de una carretera, de un camino... puede interpretarse de dos maneras. La primera es que tenemos una actitud pasiva ante multitud de cosas. Estamos en la orilla con deseos de pasar al otro lado, pero no nos atrevemos a dar el salto. La segunda es, por el contrario, activa y satisfactoria. Hemos cruzado y estamos a salvo en la orilla. Conviene analizar cómo es nuestra sensación durante el sueño, si de duda o de tranquilidad al vernos en dicha orilla.

Oro: El más noble de los metales, asociado a los dioses y a los reyes, tiene connotaciones positivas y negativas si se nos presenta, bajo cualquier aspecto en el sueño. Si una embarazada sueña con oro, debería de no llevarlo a la hora del parto, pues su resplandor se opone a la oscuridad del útero materno y podría complicarse el alumbramiento. Sin embargo, si soñamos que llevamos joyas o adorno de oro, estaremos protegidos contra las enfermedades de los ojos. Si encontramos oro, bien en una mina o bien en algún lugar, aunque sea de la casa, como un cajón o un joyero, augura que la fortuna nos sonreirá de manera inesperada. Pero si soñamos varias noches seguidas con oro, es muy posible que nuestras ambiciones no lleguen a cumplirse.

Orquídeas: Soñar con orquídeas, estas bellísimas plantas de formas y coloraciones tan diversas como extrañas, sugieren deseos sexuales que aún no hemos podido satisfacer. Atracción, a veces incluso malsana, por las situaciones complicadas o por las personas con problemas, aunque también puede interpretarse como interés por la belleza exótica o por los parajes de tipo romántico, como son los castillos en ruinas, los cementerios abandonados o un mar tenebroso y embravecido.

Ortigas: Temor a que nos hieran, principalmente en el terreno personal, de forma inesperada y cruel. Deberíamos poner más atención a nuestras amistades, pues es posible que alguien que no esperábamos nos traicione.

Osa y oso: La visión de estos animales señala fuerza, vigor y capacidad de adaptación al medio y a las necesidades que nos pueda presentar la vida. Si soñamos que los acariciamos, auguran seguridad en nosotros mismos. Si los vemos encerrados en un zoo o en un espectáculo circense, es posible que veamos cercenadas nuestras iniciativas más atrevidas. Si nos atacan, temor a las intervenciones ajenas, de fuerza poderosa, en nuestras vidas.

Oscuridad: Simboliza miedos, temores o ansiedades. También un velo subconsciente que queremos poner sobre nuestras propias pesadillas. Es posible que estemos esperando noticias importantes para nosotros, tanto de índole personal como laboral, y éstas no acaban de llegar por lo que estamos sumidos en negros presentimientos que no nos dejan ver la luz de la realidad.

Otoño: Estar en un paisaje otoñal o ver cómo caen las hojas, que es tan propio de esta estación, se debe a nuestro estado de melancolía. Tenemos el corazón un tanto encogido más por causas anímicas que por causas reales y todo nos parece cubierto por una ola de tristeza y abandono. También puede interpretarse como que estamos cansados, después de una etapa muy dura, y en este caso el otoño simbolizaría el deseo de descanso, de tranquilidad.

Ovación: Ver cómo nos aplauden supone un sentimiento de seguridad. Creemos que hemos hecho bien las cosas y esperamos, por parte de los demás su reconocimiento y admiración. Si somos nosotros los que aplaudimos, en un espectáculo o a una persona, aunque no nos resulte conocida, señala que sentimos respeto por esa actividad y por esa persona, y lo demostramos con nuestro aplauso.

Oveja: Mansedumbre de carácter y conformidad con lo que somos y hacemos. Si en nuestro sueño aparece un rebaño, nos sentimos integrados dentro de la comunidad a la que pertenecemos y preferimos no destacar, sino sentirnos parte de esa comunidad porque, con ello, nos encontramos más seguros y amparados. Si nosotros estamos cuidando un rebaño de ovejas, es porque nos consideramos aptos para mandar, pero sin ejercer la violencia ni ser excesivamente duros con nuestros subordinados.

Ovillo: Tiene varias interpretaciones según cómo veamos el ovillo o según lo que estemos haciendo con él. Si estamos formando un ovillo, devanando una madeja, es que deseamos poner las cosas en orden, sin dejar cabos sueltos acá y allá. Si vemos varios ovillos, de lana o de hilo, dentro de una cesta de costura, indica que estamos dispuestos para emprender el trabajo con buena disposición, después de tener a punto todas las herramientas que necesitamos para el mismo. Si el ovillo está enredado, nuestro buenos propósitos de ordenar nuestra existencia se han venido abajo y es preciso comenzar de nuevo. Si un gato o un perro están jugando con un ovillo, recibiremos invitaciones para salir y pasarlo bien con los amigos.

P

Pacer: Ver comiendo el ganado, simboliza buena armonía y tranquilidad económica. Supone que no ha de faltarnos lo necesario para vivir y que lo ganaremos en un trabajo gratificante.

Pacificar o pacificador: Estar en actitud de poner paz en una discusión, o separar a personas que pelean, señala un espíritu conciliador y solidario. Es posible que en la familia, entre los amigos o entre los compañeros de trabajo existan rencillas, y te gustaría ser tú el que acabase con ese mal ambiente. No desistas porque es casi seguro que lo lograrás.

Pacto: Tendencia a la reconciliación y aviso de un buen momento para poner algunos asuntos en orden. Antiguos rencores, puede que se solucionen si somos nosotros los que nos decidimos a dar el primer paso. Disponibilidad a escuchar las propuestas de los demás. Estar abierto a sugerencias que puedan hacernos en todos los ámbitos para lograr un buen entendimiento.

Padre: Ver en sueños la figura paterna tiene interpretaciones muy diversas. Puede representar que, de manera inconsciente, estemos buscando ayuda. Es una llamada, no sólo al padre, sino también a personas muy allegadas, de que estamos necesitando un punto de apoyo sólido que vendría dado por la figura del padre. Pero, en algunos casos, representa el miedo a la reconvención, a un exceso de disciplina, especialmente si hemos realizado acciones que las que no estamos demasiado satisfechos, o nos gusta vivir la vida de manera un tanto libre. Tal vez estamos buscando un punto de referencia, una persona que pudiera orientarnos y guiarnos, a la manera de un padre, en el caso de que no hayamos conocido al nuestro. Si hubiera fallecido, la aparición en el sueño del padre, suele decirse que nos avisa de que desea que roguemos por él.

Paga: Si estamos pagando alguna cosa, una mercancía, o simplemente una compra cotidiana, supone disponibilidad económica, aunque en ocasiones, si nuestra situación es apurada, se interpreta como el deseo de tener un dinero que, por desgracia, no poseemos. Si nos pagan a nosotros, pronto recibiremos el pago de una cuenta o de una deuda que tenían con nosotros.

Paja: Al igual que otros productos agrícolas los sueños en que aparecen montones de paja son sinónimo de riqueza y éxito material como consecuencia de un trabajo perseverante. Si los montones de paja están esparcidos puede ser un aviso sobre el riesgo de perder nuestros bienes por no saber cuidarlos responsablemente.

Pajarita: Si se trata de las de papel, desgana hacia los trabajos importantes y pérdida de tiempo en entretenimientos vanos. También, habilidad manual y meticulosidad en la realización de ciertas labores. Si lo que vemos en el sueño son las pajaritas que se usan a modo de corbata, atildamiento, gusto por el vestir refinado aunque un tanto clásico.

Pájaro: Con ser tan diversos los pájaros, la significación del sueño tendría que ver con el pájaro o pájaros que se nos presentan, pero en general, son de buen augurio. Si vemos bandadas de pájaros volando simbolizan la libertad y el placer de ir y venir sin cuidado de peligros. Si los pájaros están enjaulados, temor justificado a que, por conseguir determinados fines o fines, veamos limitada nuestra libertad y nuestras iniciativas personales. Pájaros en un nido representan el amor familiar, el cuidado y atención entre los miembros de la familia, así como el deseo de tener un techo propio, cosa que lograremos en un plazo breve.

Pala: Si lo que vemos es la clásica pala, de hierro o de madera, con su mango grueso, la estemos manejando para cualquier trabajo, o, sencillamente aparezca, sola o junto a otras herramientas de trabajo, augura esfuerzos continuados y pesados. Se aproxima a nuestra vida una etapa en la que predominará el trabajo físico y en la que tampoco nos veremos libres de preocupaciones, pero pasará pronto.

Palacio y palacete: Las mansiones señoriales van siempre unidas a un deseo de prosperar, de situarnos en una mejor posición social y económica. Sueños de grandeza que no se corresponden con nuestra realidad y ostentación para aparentar lo que no somos y sobre todo lo que no tenemos.

Palco: Vernos en un palco, en un teatro, o en un desfile, augura que, muy pronto, gozaremos de una situación de privilegio. Tal vez en el trabajo nos distingan, de entre nuestros compañeros, otorgándonos más mando, mejor sueldo o una categoría superior. Si tenemos una profesión liberal, es muy posible que nuestra labor se vea reconocida con premios y con el favor del público.

Palma: Excelente símbolo de regeneración, en los sueños es presagio de realización de nuestros deseos, incluso cuando todo parece ir por mal camino. Buen augurio para cualquier cambio que representará el aplauso y la estimación de todos los que nos rodean.

Palmera: Símbolo de protección material. Cuantas más palmeras frondosas y robustas veamos, mayor será la protección. Si son palmeras enclenques indicio de que estamos desvalidos. Llenas de flores o frutos fuera de temporada indica pena. Si esto ocurre en la estación correcta para ello presagia amistad y amor. Secas indican infortunio. Con ramas rotas, enfermedad. Colmada de hojas verdes, ganancias. Subirnos a una, honores y fortuna. Caerse, pérdida del favor de nuestros superiores. Si lo que aparece en nuestro sueño es un palmeral, abundancia de bienes materiales y espirituales.

Paloma: Como símbolo de la paz, las palomas en sueños simbolizan un carácter agradable y plácido. Suelen ser de buen augurio, pues no en vano, en la Grecia clásica, estaba consagrada a Zeus y Afrodita, y se utilizaba para establecer augurios venturosos. Si viéramos una bandada de doce palomas sería señal de felicidad conyugal. Si estuvieran dos palomas arrullándose, nuestros amores serán venturosos, pero si una de ellas emprende el vuelo, podría surgir algún enfado entre los enamorados. Soñar con pichones, o sea, con los pollos de paloma, anuncia acontecimientos dichosos.

Pan: Dependerá de la situación económica real del soñador, pues soñar con pan siempre representa una necesidad. Puede ser un temor a la indigencia o si el sueño se da en personas que no les falta el sustento se referirá a nuestra necesidad de alimento espiritual. Si en el sueño nos vemos amasando pan puede interpretarse que podemos contar con nuestras propias fuerzas para sacar adelante un proyecto en ciernes. Estar comiendo pan, sólo o en compañía de otras personas, simboliza que estamos saciando nuestras necesidades más elementales, sean éstas del tipo que sea, así como armonía con el entorno.

Panal: Puede que seamos muy golosos y la visión del panal en el que las abejas elaboran la miel, represente para nosotros la culminación de nuestro placer sensitivo. También puede interpretarse como buena organización laboral y social, en la que cada uno sabe muy lo que tiene que hacer y el lugar que ocupa.

Pandereta: Oír su sonido o estar tocándola es señal de alegría y de sano esparcimiento, al igual que en caso del pandero. Diversiones sencillas con gentes de nuestro entorno, como pueden ser bailes populares, verbenas de barrio o serenatas entre amigos. Ánimo extrovertido y jovial.

Pantalones: Simbolizan la autoridad y prestigio dentro de un grupo. Si en el sueño nuestros pantalones se los pone otro miembro del grupo, familia, empresa, etc. reflejará nuestro temor a perder una cierta categoría y responsabilidad. En esta misma línea de interpretación, si soñamos con unos pantalones puestos que no nos quedan a la medida, el sueño estará reflejando nuestro miedo a no estar a la altura de la autoridad que nos han confiado.

Pantera: Se considera un símbolo sexual y suele mostrarse relacionado con algún tipo de temor o sentimientos de celos, o también al miedo de verse dominado por una pasión posesiva. Este hermoso animal se asocia también a la belleza perturbadora, a la fascinación y a la pasión cegadora por algo o por alguien.

Pañal: Anuncia próximos natalicios en la familia o entre nuestras amistades más cercanas. Pero si no existe esta posibilidad en nuestro entorno, augura cierta inmadurez en la toma de decisiones y, en general, en nuestro comportamiento.

Pañuelo: Un sueño en el que aparezcan pañuelos, de bolsillo, de llevar al cuello o sobre la cabeza, siempre representa sentido práctico y de utilidad para la vida. Sensatez a la hora de actuar, sin perder nunca de vista, los objetivos últimos encaminados a actuaciones de provecho.

Papel: Papeles en blanco simbolizan que tenemos todo un campo de expectativas por cumplir. Nada está predeterminado y sólo de nosotros depende lo que queramos hacer con nuestra vida y nuestros intereses. Si vemos papeles revueltos, desordenados, necesidad de organización mental y material. Si estamos envolviendo algo en un papel opaco, secretos que deseamos que no queden a la vista. Estar emborronando papeles, supone desasosiego, incertidumbres, especialmente en el terreno laboral, pues sentimos que no lo estamos haciendo bien en nuestro trabajo. Escribir sobre papel rayado, miedo a la improvisación. Preferimos ir sobre seguro aunque esto suponga la pérdida de ilusiones y sueños.

Paquete: Ver uno o varios paquetes, cerrados, que no sabemos lo que contienen, y sentir fuertes deseos de abrirlos, denota impaciencia y curiosidad, no siempre bien intencionada, hacia aquello que desconocemos y que se nos presenta como una tentación. Si los abrimos, denota determinación. Si los dejamos sin abrir, prudencia y paciencia suficiente para dar tiempo al tiempo.

Paraguas: Necesidad de protección y ansias de estar a cubierto de posibles murmuraciones. Si soñamos con un paraguas abierto en el interior de una casa es un mal augurio, al igual que si lo vemos sobre una mesa o sobre la cama. Pero si lo olvidamos en lugar ajeno a nuestro hogar, pronto recibiremos una sorpresa agradable. Si en el sueño vemos varios paraguas juntos anuncian una prosperidad momentánea.

Paraíso: Encontrarnos en un paraje delicioso, en algo parecido a un paraíso, que para cada uno puede ser distinto, el mar, la playa, un verde prado cubierto de flores, o un jardín lleno de plantas, árboles, flores... representa un deseo de disfrutar de aquello que nos gusta. Ilusiones e imaginaciones de alcanzar, algún día, una situación ideal según nuestras imaginaciones.

Parchís: Estar jugando al parchís, por un lado se interpreta como un simple deseo de diversión, junto a familiares o conocidos y por otra parte, simboliza que tememos las intromisiones de los demás en nuestros avances hacia un fin determinado. Habría que ver si en la partida, marchamos en cabeza o por el contrario, nos están comiendo fichas nuestros perseguidores.

Pardo: El color pardo abunda en la naturaleza, de modo que si en nuestro sueño aparece tal color en prendas de vestir, o como tonalidad general indica una tendencia a volver a las raíces y el deseo de disfrutar de las cosas sencillas. También este color está muy relacionado con los hábitos religiosos de forma que puede suponer inquietudes religiosas, interés por los grandes misterios de la fe a los que nos habíamos planteado.

Pared: La pared es un elemento que parte, que delimita, que aísla, y en ese sentido puede interpretarse de varias maneras. Si en el sueño nos topamos con una pared que nos impide el paso, simboliza dificultades para llevar a cabo nuestras iniciativas y proyectos. Si vemos cómo otros levantan una pared o un muro, tal vez se acerquen restricciones sociales que limitarán las libertades públicas e individuales. Si somos nosotros los que lo hacemos es porque deseamos tener un espacio propio, salvaguardado de las intromisiones y miradas ajenas.

Pareja: Si nuestra pareja hace acto de presencia en nuestro sueño, tanto puede representar el cariño y la necesidad que tenemos de ella, como una infidelidad por nuestra parte o por la suya. Habría ver cuál es la actitud o la situación en la que aparece y la relación que tenga esta situación con nosotros.

Parra: Estar a la sombra de una parra frondosa, sesteando o en compañía de otras personas, augura momentos felices de ocio y de tranquilidad. Recuerdos de tiempos pasados especialmente gratos. Pero si estamos arrancando sus racimos de mala manera o vemos que alguien nos los quita, supone enfados y ataques de ira.

Partir: Tanto si somos nosotros como si son otros los que dejan un lugar, sean conocidos o no, siempre representa el final de una etapa, el dejar atrás momentos malos y buenos para enfrentarnos a una nueva situación, a una nueva vida con lo que esto tiene de esperanzas y de incertidumbres. Pero si lo que estamos haciendo es partir un pastel, unas viandas, la significación es distinta. Si hacemos partes iguales, supone un carácter equilibrado y justo. Si guardamos para nosotros una porción mayor, señala egoísmo, o si favorecemos así a alguna persona demuestra nuestra inclinación por ella.

Partitura: Si ves en el sueño una partitura musical quizás es que en la vida real estés intentando entender algo sin conseguirlo y esa preocupación se refleja en el sueño. Si te ves haciéndola es un deseo de planificar los asuntos armónicamente.

Pasear y paseo: Estar dando un paseo, solos o acompañados, sugiere que deseamos tener un tiempo para nosotros, para dedicarlo en distraernos o en hacer ejercicio. Quizás, últimamente, nuestra vida es muy ajetreada y nos hace falta esos momentos de ocio tranquilo que se reflejan en el sueño.

Pastel: Hacer pasteles o estar comiéndolos, puede significar que somos golosos, o que esperamos invitados a los que queremos agasajar. Sin embargo, si nos regalan pasteles o los regalamos nosotros, puede interpretarse como que nos darán o daremos coba con fines interesados y egoístas. Si un pastel se cae al suelo y se desmorona, puede que se descubran secretos que teníamos muy guardados.

Patata: Ver este tubérculo como tal o algún guiso realizado con él, simboliza que podremos saciar nuestras necesidades más inmediatas. Si estamos arrancándola de la tierra o vemos a otros que lo hacen augura que se pondrán en claro asuntos que no lo estaban, y se manifestarán con todo lo bueno o lo malo que representen.

Patinar: Aviso de una situación delicada en la que tendremos que utilizar mucha habilidad y sutileza para salir adelante. Cuidado con lo que hacemos, caminamos entre alambres, por un terreno resbaladizo que puede dar con nosotros y con nuestras ilusiones por los suelos.

Patrimonio: Soñar que tenemos una hacienda con abundantes bienes que hemos heredado, expresa más el deseo de que sea así que la propia realidad. Quizás estemos pasando una época financiera dura y si tuviéramos el patrimonio soñado, podríamos salir de ella con facilidad. De todas formas, es posible que recibamos un legado con el que no contábamos.

Payaso: En los sueños ver a un payaso nos advierte de alguna relación que no merece ser tomada en serio. En el caso de que seamos nosotros los payasos en el sueño es un aviso para que cuidemos nuestra conducta y apariencias. También puede reflejar nuestra necesidad de diversión o de poner humor e inocencia sobre algún asunto que nos preocupa.

Pecado y pecar: Tener la sensación de que hemos pecado o sentir arrepentimiento por alguna acción, supone que no tenemos la conciencia tranquila, aunque intentamos acallarla mientras estamos despiertos, el sueño refleja este malestar espiritual. También puede ser que tengamos un carácter excesivamente severo y escrupuloso, y demos demasiada importancia a cosas que no son tan nocivas como nos las representamos.

Peces: Si soñamos que se nos escapan de las manos cuando los intentamos sacar del mar, reflejan frustraciones sentimentales. Ver peces nadando entre rocas o escondiéndose en el paisaje submarino nos hablan del deseo de evadirnos de las responsabilidades que nos agobian. Si están en una pecera, pérdida de libertad y limitada capacidad de maniobra.

Pecho: En el caso de que veamos el pecho femenino puede ser un sueño de deseos sexuales, si es un hombre el que lo sueña, de sensualidad si es una mujer, aunque también puede representar la nostalgia del pecho de la madre, de la ternura y de las atenciones maternales. Si se trata de un pecho masculino, al descubierto, supone valor para enfrentarse a los problemas.

Pedrada: Verte tirándola indica que estás a punto de dar un paso difícil que puede dañar a otras personas. Te debates ante la duda de hacerlo o no, pero tu determinación parece firme. Si recibes tú la pedrada, te consideras injustamente tratado por demás. Eres una víctima de las circunstancias adversas, aunque esta situación no se mantendrá por mucho tiempo.

Peine y peinado: Además de suponer que somos cuidadosos en nuestro aspecto personal, el peine como objeto o vernos peinándonos tiene un carácter de protección de nosotros mismos, de estar a salvo de influencias maléficas. En muchas civilizaciones antiguas, al cabello se le atribuían poderes mágicos y sagrados, y por ello, todo lo relacionado con su entorno participa de ese sentido.

Pelícano: Si vemos a esta ave acuática, que posee un gran buche de donde saca el alimento para sus polluelos, supone el amor paternal que nos acompañará siempre, y sabremos, también, dar a los nuestros. Antaño se creía que el pelícano se abría el pecho con el pico para dar de comer a su progenie, y por ello tomó la significación del que se sacrifica hasta el final por demás.

Peñascos: Auguran dificultades en nuestro camino hacia un objetivo concreto. Pero hay que tener en cuenta que la tenacidad puede vencer las peñas, los riscos y cualquier otro obstáculo que se nos presente.

Peral: Como sucede con todos los árboles frutales, si lo soñamos cargado de frutas simboliza la abundancia material y la fructificación espiritual. Si está seco por falta de agua o con las peras caídas, es indicio de que estamos descuidando nuestros asuntos materiales, sentimentales o espirituales. Algunos autores ateniéndose al aspecto de las flores en el árbol, indican que el sueño predice salud si las peras están en el árbol, y enfermedad, si aparecen caídas y marchitas.

Perejil: Soñar con esta planta que hoy se emplea como condimento, simboliza la muerte y la resurrección. La muerte a la mala suerte y a los malos momentos para entrar en una etapa totalmente nueva y diferente en la que nos sonreirá la vida y las esperanzas.

Perla: En los sueños la perla significa nuestros ideales y también la pureza de nuestros sentimientos más íntimos. Pero si soñamos que se rompe un collar de perlas, o que tenemos dificultades para ensartarlas y se nos caen, algunos autores interpretan este sueño como presagio de pérdida o el reflejo de nuestro temor de no conseguir nuestros deseos. Si una novia sueña con perlas, es un mal augurio pues representan lágrimas en su relación. Si soñamos que regalamos perlas a un recién nacido, le aseguramos una vida larga y un ánimo sosegado y firme. Si un enfermo ve perlas en sus sueños, curará pronto, especialmente si está afectado por enfermedades oculares, hemorragias o se sufren depresiones.

Perros: La mayoría de las veces, soñar con perros significa un gran deseo de sentirnos amados y protegidos, de tener a nuestro lado alguien que nos proporcione amor y compañía desinteresada. Si vemos a un perro en peligro puede ser señal de que alguna relación afectiva está amenazada. Si oímos el ladrido de uno o varios perros, aviso de un peligro cercano. Si vemos a un perro enseñándonos los dientes, una amistad muy querida nos puede traicionar.

Pescar y pesca: En cualquiera de sus formas, con caña, con red, en la costa o en alta mar, es un sueño que señala la necesidad de conseguir bienes como sea. También supone la esperanza de que mediante contactos influyentes y, sin olvidar nuestro trabajo personal, conseguiremos "pescar" buenas oportunidades que nos aseguren un futuro más prometedor.

Petardo: Ver estallar petardos o bien oír sus estallidos puede augurar momentos festivos y alegres. Pero si nos arrojan un petardo a los pies, o lo arrojamos nosotros, alguien quiere sorprendernos, y no precisamente de manera grata, con alguna noticia que nos asustará aunque no tendrá la importancia que creíamos.

Piano: Como siempre que soñamos con instrumentos musicales, la visión del piano puede ser la manifestación de nuestra afición por la música, sobre todo si nos vemos asistiendo a un concierto de piano. Si lo estamos tocando, y así es en la realidad, supone que queremos perfeccionar nuestra técnica y estamos preocupados por hacerlo cada vez mejor. Si no es así, nos gustaría poder hacerlo, pero nos encontramos incapaces para esta labor y soñamos, como se sueñan tantas cosas, en que somos hábiles pianistas.

Pie: Soñar con el pie derecho augura fortuna y prosperidad, pero si soñamos con el izquierdo los presagios no son nada buenos. Puede ser que nos estemos contemplando los pies, los nuestros, y esto quiere decir que antes de dar un paso nos lo pensamos mucho para no errar. Si los tenemos descalzos puede ser que pasemos por una época de depresión económica y si están bien calzados, nuestra situación material no debe inquietarnos.

Piedra: Muchos autores acuerdan que las piedras aparecidas en nuestros sueños simbolizan obstáculos o dificultades en nuestros proyectos. Pueden referirse a problemas de nuestra propia personalidad, como la tozudez o la insensibilidad, y también nuestra dificultad para afrontar los cambios. Si en el sueño vemos una piedra partida se considera un presagio de ruptura o disgregación en algún plano de nuestra vida.

Piel: En el caso de ver piel o pieles de lujo en prendas de abrigo, reflejan una ostentación innecesaria. Afición al lujo, sin reparar en medios. Frivolidad y deseos de destacar. Si se trata de nuestra propia piel, y la vemos afectada por manchas o granos, preocupación por las enfermedades que puedan afectarlas o temor a que en ella se reflejen defectos interiores que quisiéramos ocultar a los demás.

Piernas: Si en el sueño nos vemos sin piernas significará que estamos faltos de los conocimientos o cualidades necesarios para llevar adelante el proyecto que estamos planeando. Si nos vemos con incapacidad de mover las piernas durante un rato y luego volvemos a poder caminar, simboliza que pasaremos por un período en el que nos abrumarán las preocupaciones, pero que esta situación será pasajera y volveremos a adueñarnos de la situación. Estar mirando unas hermosas piernas de mujer, denota sensualidad y atractivo físico que nos fascina más que las cualidades del alma.

Pijama: Soñar que estamos en pijama indica comodidad y también deseos de descanso. Si no estamos demasiado bien, sufrimos alguna molestia física, la presencia de esta prenda puede representar el temor a padecer una enfermedad más seria.

Pimienta: Esta especia, una de las más apreciadas y usadas en la cocina, verla en sueños o comer algún guiso que la contenga, es augurio de que deseamos poner, en nuestra vida, algún aliciente más alegre y estimulante.

Pino: La mayoría de los autores coinciden en que el pino simboliza la longevidad y la inmortalidad, al igual que todos los árboles de hoja perenne, pero en el pino este aspecto se encuentra subrayado por la incorruptibilidad de su resina. Además, si en el sueño te ves abrazando el pino se reflejará tus deseos de recuperar energía y salud.

Piñón: El fruto del pino si lo estamos compartiendo con otras personas, conocidas o no, simboliza la buena armonía y amistades con las que tenemos mucho en común. Si nos regalan piñones es una muestra de buena voluntad hacia nosotros y de buenos deseos.

Piruetas: Estar haciendo piruetas es augurio de que nos las veremos y desearemos para llevar a cabo nuestros proyectos. Nada nos resultará fácil, y sólo conseguiremos salvar la situación a base de pasos arriesgados pero, al fin, conseguiremos nuestros propósitos.

Piscina: Un sueño que implique gran cantidad de agua siempre representa emociones, y en el caso de la piscina simboliza una parte de nuestra vida bien delimitada y por ello habrá que observar en el sueño qué personas nos acompañan y nuestra propia actitud hacia ellas. Si las aguas están limpias indicará buenas esperanzas para nuestros sentimientos, pero si están sucias vaticinan amores difíciles.

Pizarra: Recuerdos de infancia ligados al colegio y a los compañeros de esa época. Si estamos borrando algo escrito en una pizarra, deseos de comenzar una nueva actividad y una nueva vida. Si estamos escribiendo en ella, seguridad en nuestros conocimientos, pero también cierto temor a las críticas de los demás o a exponer en público nuestras teorías.

Planchar: Intentas allanar las dificultades en tu entorno familiar, pero también te ves agobiado por las tareas domésticas. Fuerte deseo de eliminar las "arrugas" de tu carácter en aras de un mejor entendimiento con tu entorno.

Plantas: No pueden vivir sin el agua y es por eso que en los sueños simbolizan aquella parte de nuestra vida que depende de los sentimientos y emociones. Habremos de tener en cuenta el estado de las plantas en el sueño, que será reflejo de nuestra vida afectiva. Asimismo, si nos vemos cuidando las plantas con esmero es que deseamos entregarnos, de todo corazón, a una relación que pueda satisfacernos de por vida.

Plata: Este metal noble está asociado a la luna y protege los principios de la fecundidad, el agua y la vida. Soñar con plata augura fortuna y protección contra cualquier maleficio. Si llevamos encima adornos de plata, el porvenir se nos presentará feliz, sin sorpresas desagradables. Pero si soñamos que compramos plata, pronostica desgracias en la familia y entre nuestro círculo de amistades.

Plato: Según cómo aparezca en nuestro sueño, así será su simbolismo. Si nos vemos ante un plato vacío, miedo a no disponer de los más imprescindible, o a pasar apuros de índole material. Si el plato está colmado, no importa de qué alimentos, buen momento económico y también afectivo. Sentimos colmadas todas nuestras ansias y estamos pletóricos. Si los platos están rotos o se nos rompen a nosotros, señalan rupturas afectivas de las que seremos las víctimas inocentes, pues se producirán por parte del otro u otra. En caso de estar fregando platos y recogiéndolos, es síntoma de orden y concierto en nuestro hogar y en nuestra existencia.

Playa: Algunos autores acuerdan que si la playa está muy concurrida y nos paseamos por ella, el sueño muestra nuestra necesidad de lucirnos y tener nuevas relaciones sociales, y si la playa está vacía, se muestra nuestro deseo de paz y serenidad. Si la playa está sucia y tenemos dificultades para pasear por ella, representa la necesidad de ordenar nuestra mente y nuestros sentimientos para poder disfrutar de la tranquilidad a la que aspiramos.

Pleito: Si lo ganamos o lo perdemos, siempre augura problemas judiciales, litigios sobre haciendas, posesiones o herencias. También puede simbolizar riñas frecuentes, por un motivo determinado, en el ámbito doméstico y con familiares.

Plomo: Soñar con plomo no augura nada bueno, aunque Paracelso definía este metal como "el agua de todos los metales". Asociado a Saturno, anuncia humillaciones y maltrato, no tanto físico como psicológico. Situaciones opresivas de las que nos será difícil escapar, como si una losa de plomo nos impidiera levantar el ánimo y la cabeza.

Poema, poesía y poeta: Cualquier sueño relacionado con alguno de estos tres conceptos, supone un ánimo creativo y sensible, un deseo de belleza y de sentimiento estético expresado a través de la palabra escrita. Si recibimos un poema, o lo escribimos, denota un alma inspirada e inspiradora de sensaciones líricas.

Pozo: El pozo tiene varias interpretaciones, según cómo lo veamos en nuestro sueño. Sacar agua de un pozo, es indicio de que conseguiremos aquello que nos proponemos aunque tengamos que emplearnos a fondo para lograrlo. Si se nos cae algo al pozo, señala nuestros deseos de mantener en secreto o de olvidar un asunto que nos atormenta. Caernos en un pozo, y más si éste parece no tener fondo, temor a perdernos en situaciones peligrosas de los que no sabremos cómo salir.

Predecir: Existen sueños a los que podríamos llamar proféticos. En ellos vemos un posible suceso, que aún no ha tenido lugar, que se nos presenta como cierto, o bien nosotros predecimos lo que a va a pasar en la seguridad de que será así. Puede que se trate de un sueño de estas características y es muy posible que se cumpla, especialmente, si se trata de acontecimientos cercanos a nosotros o los nuestros. Es como si el sueño nos anticipase un futuro cercano. Suele ser más común de lo que podríamos imaginar y son muchas las personas que lo han experimentado más de una vez.

Premios: Entregar premios o recibirlos, es de buen augurio. Representa que se reconocerán los méritos y los esfuerzos que hemos realizado, sea en el campo que sea, o que sentimos la satisfacción de darlos a aquellos que se han hecho acreedores de los mismos. Pero, sin embargo, si vemos que lo reciben personas que consideramos que no los merecen, supone frustraciones para nosotros y sensación de injusticia.

Prestar: Aunque el préstamo supone siempre una devolución, señala un carácter generoso y solidario. Si nos prestan algo a nosotros, es porque infundimos confianza en los demás, que no dudan en que recobrarán el objeto prestado, sea una cosa o sea un dinero. También puede tratarse de un préstamo personal, en el sentido de ofrecernos para mediar en un asunto complicado o de allanar el camino en una situación espinosa.

Primavera: Disfrutar, sentir, o encontrarnos, en el sueño, en esta estación, anuncia un deseo de renovación, de ver la vida de otra manera, más optimista y más vital, después de una etapa de desconcierto y oscuridad.

Prueba: Vernos sometidos a una prueba, por ejemplo: si estamos en una entrevista de trabajo, del tipo que sea, compitiendo en una prueba deportiva, o sentirse sometido a los problemas de la vida, señala el miedo que sentimos a no superarlo. No tenemos la certeza de que seamos capaces de vencer y esto nos trae preocupados e inquietos.

Puente: Este símbolo representa dos lugares, uno, significa dónde estamos y el otro hacia dónde vamos. Es importante analizar el estado del puente, y de los elementos que lo rodean en nuestro sueño, así como nuestra actitud. Por ejemplo, un puente sobre un río con fuertes corrientes que no nos atrevemos a cruzar, puede interpretarse como el temor a ser arrastrado por las pasiones y los instintos más salvajes. En cualquier caso, el sueño nos mostrará las dificultades o facilidades que encontraremos hasta alcanzar nuestro objetivo.

Puerta: Como acceso a un lugar cerrado, la puerta se presta a muy diversas interpretaciones. Estar ante una puerta cerrada que no podemos abrir, es augurio de secretos que se niegan a ser descubiertos, y también imposibilidad de entrar en algún lugar que deseamos. Oportunidades que no se abren ante nosotros. Si la puerta está entreabierta y atisbamos por ella, señala la curiosidad que sentimos ante un hecho concreto, pero sobre el que no nos atrevemos a indagar a fondo. Si llamamos a una puerta y nos abren, seremos bien recibidos en ese lugar y en cualquier otro. Una puerta secreta, también llamada falsa, supone que somos unos iniciados, unos privilegiados, y tenemos acceso a conocimientos que no son del dominio común.

Puerto: Si soñamos con el puerto pero sin partir desde él, refleja un anhelo de evasión, pero que no conseguimos llevar a efecto. Surge un miedo a lo desconocido, o a empezar una nueva etapa de la vida. Si estamos esperando a alguien que llega por mar, tanto puede representar la recuperación, después de una larga ausencia, del ser amado, como la llegada de nuevas esperanzas e ilusiones.

Púrpura: Este color rojo intenso, característico de las vestiduras reales y sacerdotales, es símbolo de la ambición y de lo mucho que nos gustaría ocupar un lugar de privilegio dentro de la sociedad. También si lo vemos en vestidos que llevamos puestos, indica frivolidad y un exceso de preocupación por lo que nos ponemos encima, así como que no nos importa gastar, a veces lo que no tenemos, para aparentar lo que no somos.

Pus: Si soñamos que tenemos heridas infectadas con pus, es posible que, en realidad, temamos que esto nos suceda. Quizás hayamos sufrido cortes o heridas de las que nos estamos curando, pero nos preocupa que no sanen bien. También puede ser que ese pus represente murmuraciones y calumnias en nuestro honor que infecten la opinión de los demás sobre nosotros, teniendo en cuenta que son infundios de la peor calaña.

Putrefacción: Refleja un estado de transición, la destrucción quizás de los restos mentales que se habían convertido en un obstáculo para nuestro desarrollo personal. Para que se produzca una resurrección, la conversión a un nuevo estado y una nueva vida, es necesario que primero se produzca la muerte, la desaparición total de los vestigios anteriores para que no dificulten el esperado renacimiento.

Q

Quebrar: Si quebramos algún objeto que significa servidumbre o dependencia equivale a la liberación de dichas sujeciones. Soñar que se quiebra un vaso lleno de agua y ésta se desparrama por el suelo indica la pérdida definitiva de un afecto. Quebrar una espada significa nuestro triunfo sobre nuestros enemigos (si la espada es de ellos) o nuestra propia pérdida (si es nuestra). Quebrar un collar significa nuestra liberación de otra persona.

Queja: Presagia próximas dificultades que influirán negativamente sobre tus afectos y tus finanzas. También puede tratarse de que hayas sufrido alguna pérdida importante para ti y la queja exprese ese dolor por la ausencia. Si la queja es colectiva puede que se trate de una situación social que limita las libertades o que afecte a la realidad económica. Tal vez se haya producido alguna catástrofe y esas lamentaciones reflejen el sentir general.

Quemaduras y quemar: Si soñamos con quemaduras en nuestro cuerpo o con el dolor que producen lo primero que debemos hacer es descartar que se trate de una enfermedad. En caso de no ser así, las quemaduras siempre presagian disputas o cóleras que pueden desencadenar la pérdida de bienes o de amistades. Si estamos quemando algo puede ser un deseo de purificación, de olvido y de perdón. Si vemos a otros quemando objetos o edificios, cólera violenta y pasiones desatadas.

Querubín: Soñar con ángeles u otros seres celestiales es uno de los mejores sueños que se pueden tener. Auguran el fin de todos los problemas que en estos momentos atormentan al soñador. En sentido espiritual el sueño refleja nuestra entrega al Supremo. Si los ángeles están tristes, amenazadores o furiosos el cambio es para mal y en sentido espiritual reflejan nuestros temores e inseguridades.

Queso: Indica que tus recursos tendrán el nivel adecuado como para permitirte contemplar el porvenir con serenidad. Si el queso se halla en mal estado o tiene mal sabor augura inconvenientes de dinero. Si alguien nos regala un queso, hay que recelar, pues puede ser que trate de engañarnos.

Quiebra: Puede significar la esperanza de una notable mejoría en sus condiciones de vida. Necesidad de un cambio radical, pero no nos atrevemos a realizarlo. Sabemos lo que queremos, pero no lo conseguimos desarrollar. Temor a que nuestros negocios experimenten una merma notable.

Quimeras: La quimera es un monstruo mitológico de cabeza de león, cuerpo de cabra y cola de dragón. Su cabeza simboliza las tendencias dominadoras que corrompen toda la relación humana. Su cuerpo simboliza la sexualidad caprichosa y perversa. Su cola de dragón, la perversión espiritual de la vanidad. Este sueño denota que tenemos una imaginación desmesurada e incontrolada que puede llegar a ser peligrosa.

Químico: Se preparan acciones cuyas desastrosas consecuencias podrían afectarte. Personas o proyectos que hemos comenzado tienen el peligro de ir en tu contra, nos manejamos con situaciones que no podemos controlar. Pero también puede suponer habilidad para combinar varios elementos, o poner de acuerdo a varias personas, que nos ayudarán llegar a las metas que nos hemos propuesto.

Quimono: Adversarios que nos complican la existencia en el ámbito sentimental como profesional serán vencidos, empleando y haciendo valer nuestras cualidades de rectitud y coraje. No debemos doblegarnos ante ciertas personas. Interés por culturas diferentes de la nuestra.

Quiniela: Jugar a las quinielas, estar rellenándolas o sellándolas, pone de manifiesto nuestra ilusión por ganar, especialmente en el plano económico, aunque también señala que nos gustaría ser agraciados por un mejor empleo o una mejor retribución.

Quiosco: Novedades por las cuales se impondrá una elección según la importancia y la urgencia que tú mismo determines.

Quiste: Soñar que tenemos un quiste indica preocupación por nuestra salud y revela la existencia de problemas emotivos. Si es nuestro padre el lo que lo tiene, existe la posibilidad de que enfermemos de la cabeza. Si es la madre, del vientre. Un hijo, del corazón. Un hermano, de los brazos o las piernas. Quizás tengamos, en la vida real, una preocupación honda, una espina clavada que no nos deja avanzar y el sueño reflejaría esta situación mediante la aparición de un quiste.

Quitanieves: Soluciones inesperadas te permitirán reactivar proyectos condenados a la inercia. Estas soluciones pueden llegar de la mano de alguien que no creíamos que estaba interesado en ayudarnos. Esperanza de próximo éxito.

R

Rabia y rabiar: Situaciones que nos hagan sentir coléricos, iracundos, muy bien pueden representar nuestro descontento reprimido por las circunstancias y que quisiéramos exteriorizar. Pero si soñamos que nos muerde un perro rabioso, temor a vernos atacados, tanto física como espiritualmente, por alguien que no tiene catadura moral para hacerlo.

Racimos: Ver racimos de uva o de flores es indicio de abundancia y felicidad. Cosecharemos lo que hemos sembrado y cultivado con mimo y esmero y nos sentiremos satisfechos de nuestra labor.

Radio: Estar oyendo la radio o ponerla para escucharla, aparte de entretenimiento interés y curiosidad, se interpreta según las noticias que oigamos, si son de política, de guerra o, simplemente de diversión. Señalarían cuál es el tema que nos preocupa. También puede indicar que somos dados a escuchar y dar crédito a rumores y murmuraciones.

Raíz: Arrancar una planta y ver las raíces o contemplar las raíces de un árbol, se interpreta como la necesidad de sentirnos pertenecientes a un lugar o a una familia, así como el deseo de establecernos de forma permanente, después de una vida que nos ha llevado de aquí para allá. Buscamos, también, un afecto definitivo y duradero.

Ramas: Las ramas de un árbol significan que nos vemos integrados en la sociedad y la familia, que somos como las prolongaciones de un todo que nos sirve de sustento para nuestra existencia. Pero si vemos cómo podan ramas o nosotros mismos las estamos cortando, desgarrados en el campo emocional y miedo a que nos aparten de aquello que queremos.

Ramillete y ramo: Es una llamada al sentimiento, sea porque lo presentimos o porque lo deseamos, y para saber si el sueño es favorable o no deberemos fijarnos si las flores están lozanas o mustias. Si se trata de un ramillete de flores de azahar o de flores blancas, no importa que sea hombre o mujer el que lo sueñe, próxima boda.

Ranas: Sobre todo si les oímos croar en el sueño, son presagio de murmuraciones y habladurías, o de compañías que nos resultarán muy molestas y difíciles de evitar. Si vemos una rana en un camino, nos sonreirá la fortuna.

Rapto: Soñar que raptan a alguien de nuestro entorno o a nosotros mismos, temor a que nos arrebaten de forma violenta e injustificada, algo que queremos mucho. Miedo a padecer robos en nuestro hogar, o a sufrir engaños.

Rasgar: Telas o papeles, simboliza nuestro enfado y malhumor, así como el deseo de terminar, de una vez, con situaciones que nos han tenido con el corazón en un puño.

Ratas: Representan todo aquello que nos intranquiliza y nos roe por dentro, a modo de voz de la conciencia que nos recuerda nuestros actos. Poder de adaptación al medio y capacidad para conformarse con lo que uno tiene. También pueden ser una manifestación de pobreza, de miseria. Si se tiene fobia a ese animal, lo que suele ser bastante frecuente, verlo en sueños sería la expresión de todo aquello que nos desagrada y nos molesta en grado sumo.

Rayo: Puede ser un presagio (bueno o malo según el contexto del sueño) de un cambio brusco que se nos avecina, una intuición de transformación en algún plano de la existencia. Durante muchos siglos se creyó que el rayo era una manifestación divina de poder y en ese sentido, el rayo que puede matar y destruir, se interpreta como una iluminación, como una idea brillante que, de repente, acude a nuestra mente para ayudarnos a clarificar el entendimiento.

Rebaño: Si vivimos en la ciudad y no tenemos ninguna relación profesional con el ganado, puede simbolizar nuestra necesidad de pertenencia a un grupo y valdrá la pena que analicemos en nosotros cualquier síntoma de indefensión o temor a la soledad.

Receta: Si es de un medicamento, señala que nos sentimos enfermos y puede que en la vida real sea así. La presencia de la receta se interpreta como un deseo de curación y de sanar lo más pronto posible. Por el contrario, si tenemos en la mano una receta de cocina, señala ganas de vivir y gusto por un placer tan primario y exquisito como la comida.

Recolección: Estar recolectando cualquier tipo de fruto, solo o acompañado, representa alegría y esfuerzos recompensados, después de una etapa de trabajo intenso y de incertidumbre sobre sus resultados.

Red: Ver una red en sueños tanto puede ser la expresión de que deseamos atrapar algo que se nos escapa, sea un amor, un trabajo, una oportunidad de prosperar, como el miedo a ser nosotros los atrapados y sin posibilidad de escape. Depende de la situación de nuestro ánimo, en la realidad, para dar uno u otro sentido a la red soñada.

Regalo: Dar y recibir regalos, es siempre una manifestación de generosidad y de buenas relaciones. Vida cómoda y tranquilidad. Descanso agradable y placentero después de muchas cuitas y problemas.

Regar y regadío: Estar regando una tierra de labor, un huerto o unas macetas con flores, señala que estamos dispuestos a hacer lo que sea necesario para que fructifiquen nuestros propósitos, sobre todo en el terreno sentimental, pues como todo lo que tiene que ver con el agua, está relacionado con el campo de los afectos. También simboliza que estamos dispuestos a ayudar a los demás en aquello que les resulte más necesario.

Reja: Simboliza impedimentos y obstáculos y dependiendo de la robustez o el material de la reja tendremos las claves para determinar la naturaleza de estas dificultades. Aislamiento y sentimientos de tristeza por creer que los demás nos rechazan, aunque no es así. Si lo que aparece en el sueño son las rejas de un arado, buena predisposición para el trabajo por laborioso que se presente.

Reloj: Sea de pared, de pulsera, de bolsillo o de sol, representa nuestra obsesión por el paso del tiempo. Tememos desperdiciarlo en cosas fútiles y por otra parte, nos preocupa demasiado nuestro aspecto personal y las marcas que deja el tiempo en nuestro rostro y en nuestro cuerpo. Consultar la hora en reloj, también puede indicar que somos puntuales y ordenados.

Remiendo: Echar un remiendo a una tela, a un vestido, o ver remiendos, señala pobreza, situación económica apurada, aunque también puede indicar un carácter ahorrativo, quizás en demasía.

Rendición: El sueño nos revela que estamos a merced de los demás para conseguir nuestros objetivos, o del temor a caer en esta situación. Quizás estamos demasiado cansados de luchar contra las circunstancias adversas y contemplamos la posibilidad de rendirnos como un descanso necesario.

Repugnancia: Sentir una aversión profunda por algo o por alguien en sueños, bien puede corresponder a este sentimiento en la realidad. Aunque no se puede descartar que sea una sensación física, un malestar producido porque algo nos ha sentado mal.

Resbalar: Denota inseguridad o angustia y puede advertirnos que estamos entrando en terrenos resbaladizos que nos pueden traer problemas si no ponemos mucho cuidado.

Rescatar y rescate: Tanto si somos nosotros los rescatados o los rescatadores, liberarnos de un peligro, recuperar algo que nos ha sido arrebatado, devolver a alguien la libertad, es presagio de buen augurio, de que las cosas van a volver a su cauce y de que recobraremos, o haremos recobrar, la tranquilidad y la serenidad.

Retrete: Muchos autores están de acuerdo en que suele ser un buen presagio referente a que seremos capaces de librarnos de un lastre, de algo íntimamente perjudicial, como un sentimiento de culpabilidad, un miedo, o algún tipo de inhibición. Por ello se interpreta que mejoraremos nuestra vida psíquica logrando una purificación de nuestro estado mental.

Rezar: Estamos necesitando ayuda y nos dirigimos a Dios para invocar su protección. También puede ser que recemos agradeciendo algún bien recibido, pero la actitud orante es símbolo de sumisión, de ponerse en manos de la Providencia cuando se cree que las ayudas terrenales no actúan en nuestro favor. Si no se es creyente, quizás indique curiosidad hacia los temas de la religión.

Riesgo: Estar o sentir que estamos en una situación de riesgo, supone nuestras dudas sobre una empresa que estamos a punto de emprender y sobre la que tenemos fuertes dudas. Tal vez estemos viviendo al borde del abismo, personal, económico o laboral y el sueño expresa ese miedo a caer en él. Por otro lado, quizás nuestro carácter es muy medroso y cualquier contingencia, por pequeña que sea, nos hace sentir que estamos en peligro.

Río: Simboliza el curso de la existencia. Al igual que las aguas se van deslizando hacia el mar o hacia otro río, también se va deslizando nuestra vida hacia el único final cierto. Si el río es caudaloso, pero las aguas bajan mansas, auguran serenidad, abundancia y prosperidad. Si el río está revuelto, con aguas turbulentas, rápidos o cascadas, es un presagio de una vida llena de sobresaltos y alteraciones de todo tipo. Si las aguas son escasas o es un río que sufre estiaje, llegando a quedarse seco, penalidades económicas nos perseguirán de continuo.

Roble: Simboliza protección o el poder de nuestra propia fortaleza que nos facilitará, en cualquier caso, el éxito. Si lo vemos de un tamaño grande y con mucho follaje indica que los beneficios y la calidad de la protección serán grandes y abundantes. Si lo soñamos endeble, sin follaje o muerto indica la pérdida de un protector o la debilidad de nuestro carácter. Pero si talamos un roble, es augurio de desgracias.

Roca: Tendrás que tener muy en cuenta, cuál es la sensación que en el sueño te produce su visión. En general significa permanencia, solidez y resistencia pero si se presenta como un obstáculo, puede estar refiriéndose a grandes dificultades en tus proyectos, que sólo vencerás con perseverancia.

Rocío: Simbólicamente tiene un carácter sagrado porque se le considera precursor de un nuevo día, de manera que en sueños se le considera como uno de los mejores presagios de suerte y fecundidad.

Rojo: Si el color rojo domina nuestro sueño debemos interpretarlo como sinónimo de acción, pero deberemos tener en cuenta que esa acción puede derivar tanto en amor como en odio, tanto en conquista como en entrega. Este color, para algunos estudiosos del tema, significa violencia pero para otros se trata de dinamismo o aventura. También se considera el color de la pasión, y según el contexto del sueño, puede tener un trasfondo sexual, o por ser el color de la sangre, representar la vida y la muerte.

Romería: Participar en una romería es sinónimo de alegría, de diversión, de buenos momentos con amigos y conciudadanos. Representa devoción religiosa y fe sencilla.

Romero: Soñar con romero sólo tienen connotaciones positivas. Asegura buena salud, especialmente si se padecen afecciones reumáticas, o entumecimiento en los miembros superiores e inferiores. Tendremos suerte en el amor y nuestra pareja nos será fiel.

Ropa: Soñar con ropa indica deseos de elegancia, notoriedad y éxito, en fin, deseos de destacarnos por nuestra apariencia. También hay que considerar su simbolismo como elemento de autoprotección frente a los demás y la existencia de una timidez frente a otras personas. Dependerá mucho de las sensaciones que nos produzca la ropa en el sueño, para poder interpretar su mensaje.

Rosa: Como color simboliza los afectos y la sensualidad, por su mezcla de blanco (nacimiento) y rojo (pasión). También es considerado como tonalidad favorable a los enamoramientos y las creaciones artísticas. Presagia una época en las que nos sentiremos abiertos a los demás.

Rosario: Estás intentando buscar una protección sobrenatural, pero como cualquier otra forma de rezo quizás en el sueño refleja tu deseo de que otros carguen con tus problemas.

Rosas: Soñar con rosas se interpreta como el logro de un anhelo sentimental, pero si en el sueño nos pinchamos con sus espinas, es augurio de traición o engaño amoroso. Si en el sueño nos vemos frente a las rosas pero sin atrevernos a cogerlas, puede estar reflejándose un cierto temor a las relaciones sexuales. Depende del color que tengan las rosas del sueño, la significación puede ser diversa: rojo: amor profundo y apasionado; blanco: pureza de intenciones y castidad; amarillo: peligro de traición, posible infidelidad, etc.

Rubí: Esta piedra preciosa se considera símbolo de felicidad en el terreno sentimental, por lo que su aparición en nuestro sueño se considera presagio de intenso amor que nos colmará de satisfacción. Las virtudes que se atribuyen al rubí presagian felicidad conyugal, fortaleza para los pobres de espíritu, sosiego para los ánimos atormentados y reconciliación entre las parejas que hayan discutido.

Rueda: Estás en una etapa de cambios pero sigues aferrado a la seguridad y los lugares comunes que te ofrece tu círculo habitual. Te gustaría emprender nuevas tareas, encontrar nuevos afectos, olvidar viejos rencores y rencillas, conocer nuevos horizontes, pero siempre que pudieras volver, en algún momento, a tus orígenes y a tus gentes.

Ruinas: Contemplar unas ruinas puede simbolizar un declive económico y sentimental, especialmente si son las de nuestra casa. Si se trata de ruinas históricas, apego y nostalgia del tiempo pasado, así como un sentido romántico de la vida.

Ruleta: En el sueño se revela un deseo de una vida mejor pero también la debilidad de carácter que nos lleva a buscarlo en un golpe de suerte y no en el esfuerzo personal. Es posible que seamos aficionados al juego y la ruleta puede ser un aviso de que no gastemos más de lo que podemos.

S

Sábanas: Suelen representar el hogar y el reposo que éste nos ofrece. Ver sábanas rotas, señala penurias y, si por el contrario las que aparecen son bordadas y adornadas con puntillas, la economía doméstica será saneada. Si las sueña una joven es presagio de que pronto contraerá matrimonio, pues las sábanas, así como otros objetos de la cama y el hogar, representan el ajuar.

Sabio: Si eres tú mismo quizás deseas que te admiren, pero también puede simbolizar tu *yo* más profundo, portador de mensajes que pueden ayudarte. Buen juicio, cordura y coherencia en la toma de decisiones.

Sable: Si en el sueño sólo lo ves simboliza tu temor a que alguien te ponga en un compromiso, pero si lo utilizas, el sueño revela tu deseo de atemorizar a alguien para obtener un beneficio.

Sacerdote: Esta figura suele estar relacionada con el tipo de fe religiosa que profesemos, pero aun para los casos en que no se profese ninguna religión, el sacerdote simboliza en los sueños un íntimo deseo de paz espiritual o en algunos casos de aspiración mística. Será muy importante tener en cuenta los sentimientos que en el sueño nos despierta esta figura.

Saco: De cuero, de arpillera, o de tela, la aparición de un saco señala que queremos guardar más de lo que habitualmente lo hacemos. Tomamos conciencia de que, hasta el momento, hemos gastado bastante más de lo que deberíamos y ahora estamos en apuros.

Saeta: Verte en un sueño lanzando esta especie de flecha, indica tus deseos de superación personal y de ampliar tu campo de acción, sobre todo en el campo profesional. Predisposición para cambiar de trabajo a uno mejor.

Sal: En algunas tradiciones ancestrales ofrecer sal era símbolo de amistad indestructible por su virtud de incorruptibilidad. Por eso, en sueños, ofrecer o recibir sal se interpreta como un buen augurio, pues predice que podemos contar con eficaces apoyos para nuestros proyectos y negocios, o con sólidas amistades que nos confortarán en todo momento.

Salpicaduras: Puede ser una advertencia para que pongamos mucha atención ante la posibilidad de vernos mezclados, injustamente, en un escándalo. Nos sentimos un poco sin orden ni concierto en nuestra vida, como si estuviéramos saltando de un lugar a otro, de un trabajo a otro, de un afecto a otro, sin centrarnos. Y, sin embargo, en nuestro fuero interno deseamos estabilizarnos de una vez.

Saltar y salto: Si en el sueño nos vemos saltando hacia arriba será un buen presagio de que podemos mejorar nuestra situación, ya sea con nuestras propias fuerzas o con algunas ayudas que vendrán representadas en el sueño por los apoyos que nos sirvan de impulso para el salto. Pero si el salto es hacia abajo o sorteando un foso, etc. y sentimos temor, puede interpretarse como nuestro miedo a afrontar una dificultad que no tardará en presentarse, por lo que será importante observar cómo acaba dicho salto en el sueño.

Salvavidas: Estás intuyendo que te encuentras ante una última oportunidad y necesitas aferrarte a ella. Si nos agarramos a un salvavidas en un naufragio, simboliza nuestros deseos de sobrevivir, por encima de todo, sin dejarnos abrumar por las situaciones adversas. Si arrojamos un salvavidas a alguien, somos colaboradores, solidarios y siempre estamos dispuestos a echar una mano a los demás.

Sandía: Como todos los frutos repletos de semillas, simboliza la fecundidad y puede estar referida a las ideas o proyectos que tengamos que desarrollar.

Sangre: La sangre representa la vida y la muerte. Así que tal como se nos presente, así será su interpretación. Si en el sueño la aparición de sangre viene unida a una sensación desagradable, indica el temor a desgracias físicas, o el padecimiento por algún abuso que crees se está cometiendo contra ti. Pero si la sangre en el sueño no se ve con desagrado, algunos autores lo interpretan con predicción de prosperidad, aunque pasando antes por etapas de alguna violencia.

Sanguijuelas: Aunque durante muchos siglos estos anélidos se emplearon en medicina, para hacer sangrías, soñar con ellas hoy se identifica como que somos víctimas de una explotación. Puede ser en el terreno laboral, afectivo o familiar. Alguien se está aprovechando de nosotros a fondo, nos está "chupando la sangre", literalmente, y no sabemos cómo actuar para deshacernos de la situación, pero lo lograremos, no sin problemas y algún que otro dolor.

Santiguar: Si durante el sueño nos estamos santiguando, vemos a otros que lo hacen o somos nosotros los que hacemos la señal de cruz, como bendiciendo, supone que estamos implorando la protección divina. Queremos ponernos a salvo a situaciones y de tentaciones que creemos nos van a hacer mal y con la fuerza de la cruz, pensamos que podremos conjurar el peligro.

Sauce: Hay muchas clases de sauce pero siempre sus ramas son finas como las emociones. Si el sauce de nuestros sueños es de "tirabuzón" simboliza los conflictos emocionales que nos impiden hallar la serenidad. Será muy importante analizar los otros elementos del sueño para encontrar los motivos del conflicto que nos aflige.

Si el sauce es "llorón" por asociación con el nombre simboliza la tristeza. Sus ramas inclinadas hacia el agua también pueden representar la debilidad o la apatía.

Sebo: Soñar con sebo, que no es más que la grasa de los animales herbívoros, presagia abundancia, especialmente en el hogar. Las múltiples utilidades del sebo, nos dicen que tendremos fuego y luz, alimento y con qué cocinarlo.

Secreto: Si nos cuentan un secreto, no importa quién lo haga, sea conocido o desconocido, indica que hay algo que deseamos conocer acerca de alguien y que, hasta ahora, no lo hemos conseguido y nos tiene muy intrigados. Tal vez somos demasiado curiosos y dados a intervenir en las vidas ajenas.

Sed: A veces el sueño responde a una necesidad real que puede estar producida por fiebre, una comida demasiado sabrosa, etc. pero si no es el caso, el sueño simboliza una necesidad ardiente de evolución personal, casi siempre de tipo espiritual o místico. Algunos autores tienen muy en cuenta con qué tipo de agua llegamos a calmar esa sed en nuestro sueño, pues si se trata de un líquido turbio o sucio lo consideran presagio de engaños o decepciones en el camino que escogemos para conseguir ese desarrollo. Pero si es un agua limpia, lograremos saciar esas ansias de espiritualidad que sentimos.

Seda: Llevar vestidos de seda o acariciar una tela de este tejido, habla de nuestra afición por el lujo, pero también de la elegancia y del buen gusto que preside nuestra vida, sobre todo en el terreno del adorno y de la atención a nuestro aspecto exterior.

Segar: Estar segando o viendo labores de siega, a la manera tradicional, es presagio de que todos nuestros esfuerzos en el plano laboral y sentimental, llegarán a buen puerto, después de una etapa de dudas y temores.

Selva: Sentirnos perdidos en la selva señala confusión mental, no saber por dónde tirar para aportar algo de claridad a los problemas, más inventados que reales, que nos acucian. Si logramos salir de la selva, o estamos en ella como visitantes, con un guía, en plan de viaje o excursión, pronto conseguiremos aclararnos y valorar las cosas en su justa importancia, sin agobios innecesarios.

Semáforo: Algo se interpone en tu camino. Si es rojo puede ser peligroso, si es verde significará una ayuda y si es ámbar no te fíes de las apariencias. Si estamos conduciendo y nos saltamos un semáforo, indica precipitación peligrosa en la toma de decisiones importantes. Si por el contrario lo respetamos, nos tomaremos nuestro tiempo para tratar de hacer las cosas lo mejor posible.

Sembrar: Época de esperanzas e ilusiones. Tanto si sembramos un campo o una planta en una maceta, simboliza que estamos dispuestos a trabajar para lograr nuestros objetivos, sin importarnos el tiempo y los cuidados que tengamos que poner en ello. También puede señalar el deseo de maternidad o paternidad.

Semillas: Simbolizan el potencial de creatividad y dependerá de lo que les ocurra a las semillas de nuestro sueño, como dónde la sembremos y su desarrollo, el sentido del pronóstico. La creatividad puede referirse a hijos, negocios, nuevos sentimientos o creaciones personales, es decir, todo aquello que nace y crece a partir del soñador.

Senos: Si el sueño nos despierta un sentimiento dulce, es presagio de amor e intimidad. También podemos estar mostrando en el sueño nuestra necesidad de protección. Pero si el sueño está lleno de melancolía puede indicar nuestra nostalgia por la infancia. Si en el sueño aparecen connotaciones eróticas, estamos proyectando nuestras necesidades sexuales.

Sepulcro y sepultura: Verlos en sueños puede poner de manifiesto un carácter romántico, dado a la melancolía y la ensoñación. No suelen ser de buen augurio, pues como representación de la muerte, simbolizan tristezas y pesares. Si hemos perdido, hace poco, a un ser querido es la manifestación de la pena por su ausencia.

Serafines: Si los ángeles hacen su aparición en nuestro sueño tendremos la suerte y la protección aseguradas. Deseos de espiritualidad y ansias místicas que veremos colmadas en nuestro interior.

Servidumbre: Si nos vemos como criados al servicio de una casa o de alguien, es indicio de que tememos perder nuestro estatus social. Tal vez estemos pasando una época en la que sentimos que todo nos va mal y nos parece que esto ha de reflejarse de forma que tengamos que vernos reducidos a esta situación. También puede ser que tengamos un carácter acomodaticio y nos nos importe hacer lo que sea con tal de sobrevivir y tener un medio de vida.

Sexo: Soñar con relaciones sexuales es muy frecuente y la mayoría de las veces reflejan necesidades o deseos reales en este terreno. Pero pueden darse sueños en los que aparezcan escenas de perversión o relaciones sexuales con gente que nos es desconocida. En esos casos, suele tratarse de que el inconsciente, para hacer más perceptible algunas carencias, nos muestra escenas extremas. Podemos estar queriendo innovación o novedad, o quizás estar reprimiendo algunas apetencias que en el sueño afloran.

Silbar: Silbar por placer o entonando una melodía, es señal de momentos gratos y relajados. Pero si silbamos a alguien señala nuestro desacuerdo y hostilidad hacia él o hacia lo que estamos presenciando. Antaño se creía que mediante silbidos las brujas alertaban al demonio para que desatase todo tipo de males sobre la tierra. De ahí, tal vez, la creencia que hubo durante un cierto tiempo de que silbar era signo de mala educación y de mal augurio.

Silencio: Aquellos sueños en los que destaca un silencio persistente alrededor de un tema o situación pueden simbolizar un sentimiento de culpabilidad hacia ese asunto. Pero si lo que observamos mientras soñamos, es el silencio de las personas que nos rodean, puede ser que el sueño nos esté mostrando nuestro temor a la indiferencia de los demás quizás respecto a nosotros mismos o nuestros proyectos.

Silla: Simboliza la seguridad y la llegada de una etapa de estabilidad, sobre todo si en el sueño te ves en ella sentado. Si estamos de pie ante la silla, significa que necesitamos de esa tranquilidad pero no acaba de llegar.

Sobresalto: Sobresaltarnos en sueños, puede tener un origen real, un ruido fuerte, un movimiento brusco e inesperado... pero también puede representar el temor a una situación imprevista que nos coja de improvisto para hacerle frente.

Socorro: Estar pidiendo socorro es una llamada urgente que nos está enviando nuestro inconsciente ante un peligro que aún no hemos detectado. Si nosotros ayudamos a otra persona que lo solicita es símbolo de un espíritu colaborador y solidario.

Sol: Soñar con el sol naciente presagia el comienzo de una época de bienestar. Si vemos mucha luminosidad indicará, además, prosperidad y buena salud. Si vemos salir el sol pero sin brillo, tapado por nubes y oscurecido presagia problemas y dificultades o quizás nuestro miedo ante un futuro desconocido. Ver salir el sol después de una tormenta, augura que ya ha pasado el tiempo de la incertidumbre. Estar tomando el sol en una playa o en la montaña, señala momentos de tranquilidad y bienestar.

Soldados: Si somos nosotros los soldados, el sueño nos remite a nuestra precaución ante una situación difícil con la que intuimos habrá que luchar, por lo que nos estamos preparando. Si en el sueño vemos soldados a nuestro alrededor simbolizan las obligaciones y el deber a que nos constriñe la sociedad. Implica que nos estamos viendo sometidos a alguna coacción de la que queremos liberarnos, por lo que el tipo de uniforme de los soldados puede darnos algunas pistas respecto del origen de esa represión.

Sombrero: Simboliza algo relacionado con las ideas o el comportamiento del soñador. Ver sombreros en el sueño pero no llevarlos puestos, te anuncia que debes tomar algunas precauciones. Verte con el sombrero puesto, sin querer quitártelo, significa que intentas guardar algún secreto que no quieres compartir. Verte tocado con un sombrero ridículo, puede ser una advertencia de alguna actitud personal que los demás observan como ridícula pero nosotros no nos percatamos de tenerla.

Soplar: Debemos tener en cuenta si en el sueño soplamos para avivar un fuego, o para apagar algo, pues en el primer caso simboliza nuestro esfuerzo por mantener viva una situación, por lo general, sentimental que nos parece positiva, pero si soplamos para apagar hemos de tener en cuenta el objeto sobre el que soplamos pues nos estará dando pistas sobre la situación que consideramos debe terminar.

Sordera: Habremos de cerciorarnos de que no padecemos realmente ninguna enfermedad de oído. Y en sueños siempre indica el deseo de no oír, quizás referido a algún tipo de consejo que nos dan. Queremos aislarnos de dimes y diretes, y preferimos hacer oídos sordos.

Subasta: Si vemos subastar algún objeto que nos pertenece, representa el temor a una pérdida importante en nuestras posesiones. Si asistimos a una subasta como espectadores o compradores, significa, por el contrario, que estamos en buena disposición económica.

Subir: Indica arrojo, valentía y capacidad de lucha que te llevará a conseguir logros personales importantes. Si te ves subir por una escalera muy elevada y empinada, supone que tendrás que esforzarte mucho, así como si estás subiendo por una montaña difícil. Pero si la subida es cómoda, todo te resultará más accesible.

Submarino: Verte viajando dentro de un submarino indica que te sientes en una situación inestable y delicada, posiblemente refleja tu deseo de mantenerte en secreto o también la necesidad de protegerte frente a las influencias externas.

Subrayar: Tu inconsciente te avisa de que algo importante estás pasándolo por alto. Así que tendrás que analizar con detalle todo el contexto del sueño. También puede indicar que tienes un carácter analítico, quizás en extremo y te gusta destacar y pormenorizar aquello que consideras de interés, aunque, a veces, te pasas subrayando temas de forma que te agobias sin necesidad.

Subterráneo: Situación de pesimismo y desconfianza en el porvenir. Augura un período de pruebas antes de conseguir ver la luz en nuestros proyectos. La idea de estar en un subterráneo puede señalar la necesidad de protección, de sentirnos a cubierto de lo que pueda pasar en el exterior, como si quisiéramos escondernos bajo un caparazón en el que nada pudiera hacernos mella.

Sudar y sudor: Puede ser que estemos demasiado abrigados en la cama, o haga un calor excesivo en la habitación y el sueño sea un reflejo de esta situación. Si no es éste el caso, vernos sudando indica una etapa de trabajos duros, especialmente de tipo físico, o de preocupaciones importantes. Si estamos enfermos o padecemos alguna molestia, la aparición del sudor simboliza que pronto nos curaremos.

Suerte: Soñar que tenemos suerte, que encontramos el trabajo soñado, a la persona de nuestra vida, que nos toca la lotería o cualquier otro factor que consideremos una suerte para nosotros, presagia un ánimo alegre y optimista. Si no en todo, es posible que la suerte nos sonría en alguno de estos apartados.

Suma y sumar: Estar echando cuenta y vernos sumar, es augurio de que veremos incrementarse nuestros bienes, más por nuestro trabajo que por una bonanza inesperada. También puede ser síntoma de que somos ahorrativos, de que no nos gusta gastar más que lo estrictamente necesario.

Susurro: Oírlos en sueños simboliza el temor a las habladurías sobre ti; pero si eres tú el que susurra puede indicar inclinaciones sexuales o relaciones sentimentales que quieres mantener en secreto. Si sueñas que alguien te susurra algo al oído, aunque no entiendas el mensaje, se considera presagio de una ayuda imprevista pero importante para el éxito de tus proyectos.

T

Tabaco: Estar fumando, un cigarrillo o un puro, puede indicar en el primer caso, un situación de nerviosismo y estrés. En el segundo, una sensación placentera, celebrando un acontecimiento importante para nuestra vida. Si estás fumando en una reunión de amigos, o bien son otros los que fuman, señala relaciones de armonía y tolerancia entre las amistades.

Tábano: Algo te molesta muy intensamente o tienes la intuición de peligro ante una alergia o una picadura de insecto. En cualquier caso, representa un augurio de malos tiempos, tanto sea desde el punto de vista físico como psíquico. Se dice que si se sueña con que un tábano entra en casa, señala desgracias, pero si lo matamos cesa el mal augurio.

Taberna: Es muy importante el ambiente de la taberna del sueño, para dar una interpretación adecuada. Si es alegre, y estamos compartiendo unos vinos con personas conocidas o no, es indicio de buenos momentos, relajados y de compañerismo. Pero si se trata de una taberna de ambiente siniestro, cuidado con las malas compañías y con amigos poco recomendables que pueden llevarnos a lugares que no nos conviene frecuentar.

Tabla: Puede simbolizar un punto de apoyo, un punto de agarre y salvación en un momento apurado. También, según el tipo de tabla que sea, puede ser símbolo de resguardo, de protección. Una tabla puesta en una puerta, sobre un puente para cruzarlo, es presagio de que estaremos protegidos ante los avatares de la existencia.

Tablero: Un buen momento para cambiar tus estrategias, y también para planificar con más detenimiento tus asuntos. Momento de sentarse a meditar sobre nuestras acciones, quizás tengamos que cambiar la forma de actuar.

Tala: Estar cortando árboles, o ver cómo lo hacen otros no presagia nada bueno. Algo o alguien importante en nuestra vida y nuestro entorno está a punto de desaparecer, lo que nos causará un gran pesar. Sin embargo, si lo que talamos son ramas secas, superfluas para sanear un árbol o hermosearlo, indica que eliminaremos todo aquello que nos está molestando, distrayendo de nuestro fin último, tanto en amistades como en tareas que nos complicaban la existencias sin ningún rendimiento claro.

Tambalear y tambaleo: Estar a punto de perder el equilibrio, si no se debe a una sensación real de mareo, presagia inestabilidad emocional, que puede venir dada por complicaciones económicas o afectivas. Nos sentimos inseguros, nos parecen que las situaciones nos llevan a su merced, de acá para allá, sin que tengamos la fuerza suficiente, para asirnos a un punto que nos sostenga seguros. Si logramos sujetarnos bien, es indicio de que nosotros podremos con las circunstancias y no ellas con nosotros.

Tambor: Si lo oyes, es que estás escuchando la llamada primaria de algún instinto, aunque lo quieras tapar, o no lo quieras hacer caso. Si lo tocas quizás estás tratando de llamar la atención de una persona del otro sexo, que no te hace ningún caso.

Tañer: Estar tocando un instrumento musical de percusión o de cuerda, es una muestra del gusto por la música. Si lo estamos haciendo delante de un público, supone que nos gustaría dominar este arte, aunque no sea así en la realidad. Si los tocamos a solas, cierta melancolía y un ánimo propenso a la meditación y a la soledad.

Tapón: El sueño te avisa que no has de menospreciar a tus enemigos por insignificantes que te parezcan, pues corres el peligro de que una cosa muy nimia obstaculice tus planes. Alerta ante un batacazo por un mal cálculo de nuestras posibilidades.

Tarántula: Ver en sueños a esta araña suele ser bastante común en aquellas personas que tienen fobia a los arácnidos, así como soñar con arañas de otro tipo. Pueden señalar un miedo profundo y un tanto absurdo, ante situaciones que creemos que nos superan. Pero no siempre es un mal augurio, pues la laboriosidad y picardía de las arañas, tejiendo redes para capturar a sus víctimas, señala un espíritu emprendedor y sagaz.

Tartamudear: Nerviosismo, alteración del ánimo ante personas o situaciones que nos causan miedo o un respeto que nos hace perder nuestra seguridad personal. Convendría que tuviéramos un poco más de autoestima, pues la cosa no es para tanto, y estamos perfectamente capacitados para desempeñar un buen papel.

Tatuaje: Temes quedar marcado para siempre por algo que no crees tener tanta importancia como la dan las personas que te rodean. Por el contrario, también puede significar que quieres que se te reconozca, necesidad de notoriedad, o que un defecto tuyo quede enmascarado frente a los demás, para tener mejor reputación.

Teatro: Suele simbolizar alguna propia vivencia conflictiva y supone el escenario elegido para la representación. Es importante observar qué papel es el que tomamos en el sueño, pues nos hablará de la postura que hemos adoptado ante tal problema. Es decir, si somos meros espectadores, protagonistas, directores del espectáculo u observadores desde bambalinas. El argumento de la obra teatral y el aspecto del teatro en el sueño también nos darán buenas pistas sobre el problema que consciente o inconscientemente nos preocupa y que el sueño quiere revelarnos.

Tejado: Por una parte puede significar protección, necesidad de cobijo, pero también un impulso a encerrarnos en nosotros mismos, no permitiendo las influencias del exterior. Otros autores consideran el tejado como símbolo de nuestra cabeza, y cuando soñamos que se produce un incendio en el tejado, se considera el aviso de una posible enfermedad mental que está empezando a manifestarse y conviene vigilar. Si vemos que se cae un tejado se interpreta como la pérdida de cierto equilibrio emocional y también económico.

Tejer: Tejer o ver tejer en sueños, al menos si el tejido queda bien tramado, es presagio de prosperidad, pero si intentamos tejer y no sabemos o no podemos, revela falta de creatividad. Si nos vemos tejiendo y destejiendo la labor indica irresolución por nuestra parte y dudas sobre el camino que hemos elegido en un principio con determinación.

Telón: Ver levantarse un telón en una obra de teatro señala el inicio de una nueva etapa, y, tal vez de una nueva actividad. Por el contrario, si lo vemos caer, supone que ponemos fin a momentos de nerviosismo, de temores ante el juicio de los demás ante nuestras obras.

Temblar: Impresión, pesadilla o hay quien lo interpreta como un mal regreso de un viaje astral. Posiblemente estás conteniendo demasiado los nervios durante el día y necesitas desfogarte. También puede tratarse de que tengamos fiebre y sintamos escalofríos físicos o que estemos desabrigados y esta sensación se manifiesta en el sueño.

Tempestad: Tiempos movidos y de cambios en nuestra vida. El destino nos pone a prueba. Estos cambios irán unidos a obstáculos, que tendremos que ir salvando si queremos conseguir lo que deseamos, el ansiado cambio. Por muy fuerte que sea la tempestad y por mucho que nos veamos inmersos en ellas, no hay que olvidar que después de la tempestad siempre llega la calma.

Tenazas: Soñar con tenazas, que las manejamos en cualquier tarea, o simplemente, verlas, augura trabajos duros, pero ante los que no sentimos con fuerza suficiente para llevarlos a cabo. Algunas interpretaciones dicen que este instrumento representa también la discreción, el saber guardar un secreto a pesar de todo y de todos.

Termómetro: Puede haber peligro de fiebre pero también revela tu necesidad de tener controlado el ambiente y a las personas que te rodean.

Terremoto: Muchos autores concuerdan en interpretar los sueños con terremotos como la rotura de nuestras creencias, hábitos y certezas. En este sentido puede presagiar una época de crisis pero también el comienzo de una nueva etapa, la llegada de una transformación personal.

Terror: Tener pesadillas con un miedo intenso, tanto si este miedo viene generado por algo concreto, como si se trata de un terror indeterminado, se asocia, casi siempre, a un malestar físico o a una enfermedad. Pero también puede deberse a una gran preocupación, a un problema que consideramos muy grave y que nos tiene aterrorizados.

Tesoro: Encontrar un tesoro, es presagio de que pronto nos veremos con un dinero extra, con una herencia inesperada o nos tocará la lotería. Pero este dinero se nos disipará con la misma facilidad con el que lo conseguimos. Si estamos buscando un tesoro, pero no lo encontramos, señala un deseo de rápido enriquecimiento que no llegará a producirse.

Tiburón: Si este escualo aparece en nuestro sueño es porque tememos que nos arrebaten los beneficios que pensamos obtener de un negocio que tenemos en marcha. Sentirse rodeado de tiburones, es verse perdido, a punto de caer en las manos de alguien que, con su voracidad, puede arruinarnos. Sin embargo, si vemos tiburones en el agua, pero nosotros estamos lejos de ellos, en la costa o en un barco, protegidos de sus ataques, simboliza que tendremos la suficiente astucia y habilidad para salir indemnes de las asechanzas económicas de los demás.

Tienda: Este concepto simboliza nuestros bienes, o todo aquello que consideramos nuestras más valiosas posesiones, sean de carácter intelectual, material o espiritual, y para entenderlo haremos bien en fijarnos qué tipo de tienda aparece en nuestro sueño. Asimismo es importante el aspecto que muestra la mercancía y el local. Algunos autores consideran que una tienda cerrada es presagio de calamidad, y una tienda bien ordenada y cuidada, presagio de bonanza económica.

Tierra: Simbólicamente la tierra nos habla de maternidad y de fecundidad, aunque este mensaje no tiene por qué ser tomado de forma literal, sino teniendo en cuenta lo que la tierra supone de madre que nos sostiene y alimenta. Por ejemplo, soñar con una tierra rica y fructífera puede ser augurio de fecundidad en el sentido económico. Si nos vemos arándola el sueño nos puede estar señalando la necesidad de trabajar con ahínco sobre algún asunto que tengamos en mente. Cosecharla indicaría que el éxito llegará pronto, y si en nuestro sueño nos vemos impedidos para trabajar esa tierra, se puede entender que el tema que nos preocupa no es adecuado para nosotros. Algunos autores también indican que la tierra puede simbolizar en nuestro inconsciente, la figura de un ser querido.

Tigre: Fuerza, belleza, vigor y energía para hacer frente a la vida. Pero si soñamos que nos ataca un tigre, hay que precaverse ante situaciones y personas que pueden causarnos un gran daño, no tanto físico como moral o psicológico.

Tijeras: Pronostica discusiones entre amigos o peleas matrimoniales, llegando incluso a pleitear con la parte contraria. En el caso de estar abiertas, nos alerta de posibles tramas contra nosotros para que lleguemos a tales discusiones que nosotros no pretendíamos.

Tilo: Este árbol se asocia con la mujer y la feminidad y en el cristianismo está consagrado a la Virgen María. En este sentido, si un hombre sueña con un tilo, puede representar a la madre, la esposa y el matrimonio en armonía y felicidad. Si es una mujer, representa el amor al marido y el hogar tranquilo. Nada inquietará nuestro ambiente familiar y de suceder algún pequeño problema o discusión, se solucionará sin mayores complicaciones.

Timón: Simboliza la seguridad y el rumbo definido, por lo que puede entenderse como referido al sentido que va tomando nuestra vida, o alguna de sus parcelas que nos preocupa. Si hasta ahora no hemos tenido puestos de responsabilidad, es muy posible que nos ofrezcan un puesto de mando, pues aprecian nuestras cualidades para organizar y llevar a buen puerto cualquier misión.

Tinte: Soñar que teñimos algo, desde nuestro pelo hasta una ropa o unos zapatos, es señal de que queremos cambiar nuestro aspecto y nuestro modo de vida. Las cosas son de una forma determinada, que no nos gusta, y mediante la acción de darles otro color pensamos que podemos hacerlas diferentes. En unos casos lo lograremos y en otros no, pues hay que cambiar la esencia y no, sencillamente, el aspecto exterior.

Títeres: Ver una función de títeres, solos o acompañando a nuestros hijos o a los niños de la familia, suele representar la añoranza de la infancia y de las diversiones sencillas de esta etapa de la vida. Si somos nosotros los que los manejamos, puede simbolizar que tenemos una personalidad atrayente que encandila a los demás y que hacemos buen uso de ella. Pero también puede tratarse del miedo inconsciente a sentirnos manejados, sin posibilidad de expresar nuestras propias opiniones, ni hacer aquello que verdaderamente nos gusta.

Tomillo: Esta planta perfumada, tan común en nuestro campos, con muchas propiedades curativas y con grandes aplicaciones gastronómicas, es símbolo de la valentía y el coraje. Si la vemos en sueños, no han de faltarnos para enfrentarnos a los problemas y a los trabajos de la vida. Si padecemos reumatismo, anemia, a un cansancio crónico, el tomillo augura que sanaremos pronto.

Torneo: Contemplar un típico torneo medieval en sueños, muy bien puede ser el reflejo de que hayamos visto una película o estemos leyendo un libro sobre esta época histórica, aunque si nos vemos como participantes puede interpretarse como que estamos dispuestos a medir nuestras fuerzas y capacidades con cualquiera, seguros de que saldremos vencedores.

Torre: Nos sentimos seguros y protegidos, a salvo de influencias exteriores que puedan complicarnos la vida. Esto si estamos dentro de la torre. Si estamos fuera de la torre y queremos entrar en ella es porque buscamos refugio, pero también puede manifestar un deseo de aislarnos del mundo. Pero si estamos a sus pies y la contemplamos como algo inalcanzable, supone problemas de envergadura que no sabemos cómo solventar.

Torrente: Una corriente de agua impetuosa significa, también, sentimientos convulsos, pasiones que arrastran todo lo que encuentran, actuaciones impensadas y anárquicas. Pero todos estos arrebatos serán pasajeros, y al igual que los torrentes, con la misma fuerza que se formaron se extinguirán para dejar paso a una época de mayor equilibrio.

Tórtola: Amor sincero y apasionado, aunque, en ocasiones, demasiado melifluo. Estas bonitas aves, se emplearon, en muchas culturas antiguas, como ofrendas y sacrificios de purificación de las mujeres que habían dado a luz, y simbolizarían el amor maternal, puro y sin contraprestaciones.

Traducir: Estás contando sólo parte de la verdad, también a ti mismo, interpretando a tu favor las circunstancias. Intentas dar más explicaciones de las necesarias en la creencia de que así, la verdad última, no será descubierta.

Tragaluz: Esa pequeña ventana presagia que tienes un atisbo de esperanza en el panorama de oscuridad que preside, en estos momentos, tu vida. Aunque no parece gran cosa, no ha de tardar el instante en que todos los problemas se clarifiquen y te preguntes cómo pudiste estar tan obcecado.

Traición y traidor: Sentirte traicionado o ver a alguien que te traiciona, señala que no estás muy seguro de tus amistades. Últimamente, en tus relaciones notas que algo falla, tanto si se trata de relaciones de pareja, como familiares y laborales. Se ha apoderado de ti la desconfianza y quizás tengas motivo para ello, por lo que te convendría analizar, pero de forma desapasionada, la actuaciones de los demás para contigo.

Trampolín: Soñar que nos tiramos desde un trampolín señala decisión y arrojo, ganas de hacer cosas y lanzarnos a ello con todo el corazón. Si hemos llegado hasta lo alto de trampolín, pero no nos atrevemos a tirarnos, nuestro carácter no es aventurero, sino más bien dado al cálculo y algo temeroso. Si contemplamos cómo otros se tiran del trampolín ante la expectación y el aplauso general, envidia de la determinación que tienen otros y que en nosotros está ausente.

Trapecio: Si volamos en un trapecio y no tenemos nada que ver con el circo, es indicio de que nos gustaría ser más ágiles, tanto física como mentalmente. Las piruetas en el aire de los trapecistas nos sugieren ansias de elevarnos sobre las miserias de la vida cotidiana.

Trébol: Es siempre presagio de buena suerte. El trébol, como su nombre indica, tiene tres hojitas que se identifican con la Santísima Trinidad, y el que lo coge tendrá un entendimiento claro y rigor para analizar las situaciones, con cordura y tino. El trébol de cuatro hojas, que es una rareza, trae la felicidad amorosa y el bienestar material al afortunado capaz de encontrar uno, pues las cuatro hojas se relacionan con la cruz, protectora y auxiliadora en cualquier faceta de la vida humana.

Tren: Viaje en puertas, deseos de vacaciones y de dejar atrás una etapa para encontrar nuevos horizontes. Ilusiones y esperanzas que esperamos encontrar más allá de la situación que estamos viviendo.

Trigo: Como la base de la harina y del pan, esta gramínea representa la abundancia, y también la caridad y la misericordia hacia los más pobres si en el sueño estamos dando trigo a alguien. Tener trigo en sacos es señal de previsión y de ahorro. Moler trigo se interpreta como un deseo de espiritualidad, de anularse uno mismo, de sacrificarse para ayudar a los demás.

Tronco: Estar abrazado al tronco de un árbol o apoyado en él, es una manifestación de arraigo sólido a los nuestros, a nuestra clase social, a la familia, hábitos y creencias. Nos sentimos fuertes y seguros en nuestros presupuestos vitales. Pero si nos vemos talando un tronco, o éste está carcomido, reseco o astillado, sentiremos desarraigo, y se tambalearán todos aquellos principios que daban fuerza a nuestra existencia.

Tropezar y tropezón: Soñar que tropezamos y como consecuencia nos caemos, es indicio de posibles problemas, de obstáculos que se interpondrán en el camino emprendido hacia nuestros objetivos. Pero si nos caemos y nos levantamos, sacudiéndonos el polvo, sólo será una breve interrupción, un momento pasajero de trabas, que conseguiremos superar.

Tulipán: Los tulipanes, cuyo nombre deriva de la palabra turca *dulband*, que significa turbante, siempre se identifican con el misterio y el secretismo, pues sus hojas aparecen juntas y semicerradas. Verlos en sueños significa la belleza que esconde algún secreto, hermosura a la vista, pero más aparente que real ya que es una flor que no tiene perfume.

Turquesas: Esta piedra semipreciosa, de color azul verdoso, es símbolo de la ilusión, de la esperanza y del equilibrio emocional. Si nos la regalan en alguna joya, la persona que nos la ofrece nos quiere de corazón, tanto puede ser en el plano amoroso como en el plano de la amistad.

Turrón: Muestra la posibilidad de recuperar energías o el buen humor, después de un período difícil. También se considera presagio de reuniones familiares.

Tutor: Si en el sueño lo estás viendo o esperando, revela que estás en disposición de someterte a una disciplina o tratamiento. Si el tutor en el sueño lo eres tú, es que tendrás que responder por los fallos ajenos.

U

Ubre: Un sueño en el que aparezcan las ubres de una vaca, de cualquier otro mamífero o incluso el pecho de una mujer, representa el alimento material y espiritual. La unión con la naturaleza, la fuerza de la maternidad, de la hembra en el conjunto de la vida animal y humana.

Úlcera: Ver una piel ulcerada simboliza una época de desgracias, de momentos de penurias en todos los planos existenciales. Temor a ser objeto de agresiones, especialmente en nuestro honor y en nuestro buen nombre. Pero no hay que olvidar que las úlceras se curan y no suelen dejar señal.

Umbral: Lo más importante es nuestra actitud ante el mismo. Así, detenernos frente a él indica indecisión, y colocarnos bajo el umbral, buscar algún tipo de protección. Si lo atravesamos de un solo paso, tendremos buena suerte, pero si dejamos sobre él algún objeto, atraeríamos sobre nosotros la mala suerte.

Ungüento: Si se trata de un ungüento medicinal es presagio de curación, si nos vemos aplicándonoslo o dándoselo a otra persona. En el caso de que sea un ungüento perfumado supone gusto por el acicalamiento personal, refinamiento y elegancia. Por su poder suavizante, también puede interpretarse como tener un ánimo conciliador, poco dado a los enfrentamientos, que prefiere el camino del diálogo y del buen entendimiento.

Unicornio: Este animal mítico, si se nos presenta en sueños, augura buena suerte en tus proyectos pero te advierte sobre tu pesimismo o sobre la falta de fe en tus propias capacidades para lograrlo. El sueño muestra también tu inquietud o desconfianza hacia tu propia felicidad cuando la sientes. Sensibilidad y pureza pues el unicornio sólo descansaba sobre la faldas de las doncellas vírgenes.

Uniforme: Usar uniforme en el sueño, simboliza el deber y las constricciones a las que nos somete la sociedad. Si nos sentimos a gusto con el puesto, puede interpretarse como una coacción de la que deseamos librarnos o un tipo de hábito o disciplina a la que deseamos someternos.

Universidad: Deseos de conocer, de aprender. Si hemos ido a la universidad puede suponer cierta nostalgia de la juventud, de los amigos y aventuras que vivimos en aquella época. Si no es así, interés y admiración por el saber. Si estamos impartiendo clases, seguridad en nuestras áreas de conocimiento que nos gustaría transmitir a los demás.

Uñas: Son una prolongación de nosotros mismos, por eso si las sueñas largas, duras y hermosas presagian salud, dinero y amor. Si son cortas o están mordidas, pérdidas económicas. Si soñamos que nos las arrancan, desgracias y muertes cercanas. A las uñas se les ha otorgado un carácter mágico, y en algunos momentos de la historia, se emplearon para pócimas buenas y malas, para captación de voluntades y amores, o para desencadenar los celos y las tormentas.

Urna: Según cómo sea la urna que veamos en el sueño, así será su interpretación. Una urna funeraria señala sentimientos tristes y, tal vez, la pérdida de alguien a quien amamos. Si se trata de una urna de cristal en la que se guarda algún objeto de arte o algún santo, señala cuidado y atención hacia aquellas cosas que nos resultan muy preciadas. Si fuera una urna de las que se emplean en las votaciones puede indicar que nos gustaría ser elegidos para algún puesto importante, que no necesariamente, tenga que ver con la política.

Urraca: En sueños se considera que presagia malas noticias relacionadas con envidias y murmuraciones. Oírla graznar es un toque de atención hacia negocios y trabajos que pueden darnos muy buenos resultados. Pero verla volar muy cerca de nosotros, sobre nuestras cabezas, puede augurar que vamos a ser objeto de un robo o una sustracción, pues las urracas suelen llevarse al nido aquellos objetos brillantes que encuentran.

Utensilio: Sea del tipo que sea, de cocina, de mecánica, para un trabajo determinado... y si lo estamos manejando, supone que tenemos buen ánimo para el trabajo, bien manual o intelectual.

Uva: Estás esperando con ilusión el tiempo de cosecha, pues intuyes que será sabrosa, después del esfuerzo aportado. Como madre del vino, la uva se identifica con la alegría de vivir y verla en sueños pronostica momentos de dicha y felicidad compartidos. Sensualidad y placeres de los sentidos.

V

Vaca: Según la tradición simbólica este animal representa la paciencia y la generosidad que se asocia con la nutrición. De manera que los sueños en que aparece nos estarán hablando de nuestra necesidad de esas cualidades. Algunos autores especifican que ver en sueños una vaca preñada es presagio de que las nuevas ideas, que se están gestando en nuestra mente, resultarán provechosas.

Vacaciones: Necesitamos reposo o intuimos el peligro de algún error producido por nuestro agotamiento. Si lo que soñamos son recuerdos de vacaciones pasadas y felices, añoranza de los buenos momentos y deseo de volverlos a vivir.

Vadear: Será importante tener en cuenta lo que aparecen en las orillas y la superficie acuática que en el sueño queremos vadear, y también los medios que disponemos para cruzar, pues el sueño simboliza un momento crucial de nuestra vida.

Vagabundo: Si en el sueño, nos vemos como vagabundos pero estamos contentos, se puede interpretar como que necesitamos alejarnos de algunas responsabilidades que nos abruman pero si en este estado, mostramos pena, debemos interpretar que albergamos temores graves por nuestro futuro económico.

Vagar: Andar de un lado para otro, sin una meta determinada, supone indecisión, falta de objetivos. No encontramos el camino idóneo en el que encauzar nuestra vida, y sin embargo, en ocasiones puede representar también la libertad de moverse por donde uno quiere, sin estar sometido a nada ni a nadie.

Vainilla: Aromática, deliciosa y muy longeva, la planta de la vainilla si se nos presenta en sueños, nos augura una vida larga, feliz, en la que primará más lo bueno que lo malo.

Vajilla: Simboliza el hogar, el servicio de mesa en torno al cual se reúne la familia. Si es de loza normal, puede significar que el estado económico es normal, sin grandes sobras y sin grandes faltas. Si se trata de vajillas de oro o de plata, ostentación innecesaria, y posición económica muy saneada.

Valeriana: Si estamos tomando una infusión de esta planta, es que necesitamos templar nuestros nervios. Estamos viviendo unos momentos que podríamos calificar como de muy agitados y nuestro cuerpo y nuestra mente necesita un descanso.

Valla: Si nos hallamos ante una valla que nos impide el paso, algún obstáculo se nos va a presentar en nuestro camino. Si la valla es alta y no la podemos sobrepasar, sensaciones de desánimo. Si la podemos superar significa que estamos dispuestos a seguir adelante, pese a quien pese. Si damos una vuelta para ver por dónde puede ser accesible la valla, somos astutos y perseverantes. Ver un terreno vallado o vallamos nosotros, es indicio de un sentido exagerado de la propiedad y de cierto egoísmo.

Valle: Muchos autores acuerdan que el valle representa el territorio de nuestra vida, y si el valle que vemos en nuestro sueño es fértil, se interpreta como un sueño prometedor de abundancia y felicidad. Pero si el paisaje está árido nos muestra nuestra tendencia a la negatividad o la prevención sobre algún asunto de nuestra vida que está estancado, o en punto muerto.

Vampiro: Simboliza nuestras ansiedades por experimentar, usar y hasta abusar en nuestro deseo de saciarnos. Si nos vemos en el sueño atacados por vampiros es un aviso de que a nuestro alrededor alguien puede querer aprovecharse, en cualquier dimensión, de nuestras actividades cotidianas. Y si en el sueño somos nosotros los vampiros, es el aviso del peligro que supone dejarnos llevar por nuestras pasiones, a riesgo de dañarnos a nosotros mismos sea física o mentalmente.

Vara: Si es una vara de mando, tipo cetro o vara de alcalde, indica que nos sentimos respetados y que nos gustaría mandar más de lo que lo hacemos. Si se trata de una vara para defendernos, temor a las agresiones ajenas, tanto físicas como las que puedan herir nuestro honor. Si es una vara de medir, espíritu cuidadoso, al que le gusta llegar pero no pasarse y dar a cada cual lo suyo, pero sin excederse.

Vaso: Ver un vaso lleno de líquido es señal de tener cubiertas las necesidades más perentorias. Si el líquido es vino o algún tipo de licor, gusto por los placeres, especialmente referidos al paladar. Si estamos bebiendo de este vaso que aparece en el sueño, satisfacción personal y tranquilidad de ánimo.

Vecindad y vecinos: Soñar con nuestros vecinos o gentes de nuestra vecindad, tanto puede suponer buena armonía en las relaciones con ellos, como manifestar rencillas y desavenencias que han surgido, precisamente, por esa proximidad. Hay que analizar la situación que se desarrolla en el sueño. Temor a que se entrometan en nuestras vidas.

Vela: Si la llama de la vela se ve firme en nuestro sueño, algunos autores lo interpretan como signo de pujanza y longevidad, y todo lo contrario cuando la llama es vacilante. También puede interpretarse con relación a nuestras ideas, por lo que puede ser una forma de aviso sobre nuestra inestabilidad mental o falta de serenidad. Si nos vemos en el sueño, encendiendo una vela para alumbrar un lugar oscuro, expresará nuestra tendencia a indagar en la vida espiritual.

Veleta: Su aparición en los sueños nos advierte contra la indecisión, la inconstancia y las dudas, ya sea en nuestros actos o en nuestras ideas o afectos. Tenemos un carácter inestable, con convicciones poco profundas, que cambian según lo que nos dicen, pues somos fáciles de convencer. Pero puede indicar, también, que poseemos buen criterio a la hora de adpatarnos a los tiempos que corren.

Velo: Cubrirnos la cara o la cabeza con velo, es querer apartarnos de aquello que nos molesta. No queremos ver los problemas e intentamos ocultarnos tras un velo. Quizás no estemos ocultando algún rasgo de nuestra personalidad o algún secreto que no deseamos que conozcan los demás.

Vendas y vendajes: Estamos ciegos ante las circunstancias y hay peligro de que se aprovechen de nosotros, tanto en los aspectos materiales como sentimentales. Si se trata de vendas que se utilizan como apósito, se puede interpretar como que nos estamos restañando las heridas causadas por una aflicción de tipo emotivo. Si las estamos haciendo, indica prevención ante posibles problemas.

Vendimia: Estar de vendimia o ver a otros cómo recogen las uvas granadas, supone alegría y abundancia. Obtendremos provecho de algunos negocios que tenemos en marcha, pero debemos revisar nuestra actitud pues, a veces, con tal de obtener beneficios somos injustos con los demás.

Ventana: Estar asomados a una ventana, mirar a través de ella o ver otros en esta actitud, señala que deseamos comunicarnos, establecer contacto con aquellos que nos rodean, para lo cual no dudamos en mostrarnos en un lugar bien visible. Si estamos tirando algo por la ventana, es que estamos desperdiciando buenas ocasiones.

Verano: Los sueños que transcurren en esta estación se consideran presagios de abundancia y buena realización de objetivos. Es como si en el sueño el subconsciente ya estuviera disfrutando de la venidera época fructífera y positiva, incluso, para los asuntos que ahora parezcan más difíciles.

Verbena: Estar en una verbena augura momentos de diversión y de esparcimiento con los nuestros, especialmente con los niños de la familia. Si lo que aparece en nuestro sueño es la planta de este nombre, a la que se le han atribuido, a lo largo de la historia, muchos poderes mágicos y sagrados, tendremos felicidad y amor, gozando, además de una salud espléndida.

Verde: Símbolo, también en sueños, de la esperanza y la regeneración. Para quienes se dedican a la literatura puede interpretarse como presagio de una etapa inspirada, y para los comerciantes, buenos negocios. En cualquier caso, el verde también hay que tomarlo como un color que indica algo incierto, todavía no maduro, por eso conviene mantenerse alerta y no dar por sentado buenos resultados, sino buen ánimo para trabajar en la consecución de lo que anhelamos.

Verdugo: Temor a que nos suceda algo verdaderamente terrible para nosotros, como un despido en el trabajo, la pérdida de alguien a quien queremos mucho, o una separación matrimonial. Si nosotros somos los que ejercemos de verdugos, se interpreta como fuertes deseos de venganza. Estamos atravesando una etapa en la que sentimos odio por la humanidad.

Vestido: Los sueños relacionados con vestidos, nos hablan de la imagen que estamos deseando ofrecer al exterior o de cómo nos estamos viendo, nosotros mismos, por dentro. Si nos vemos mal vestidos con relación a la hechura o el color del traje, se trata de mala adaptación social. Dependiendo del tipo de vestido, podemos analizar si se trata de una falta de adaptación referida al trabajo, al ambiente, a la edad, etc. Si el vestido está sucio o roto, entonces se trata del remordimiento que sentimos por algún acto que no está de acuerdo con nuestro intimo código moral.

Viaje: Si soñamos que estamos de viaje, no importa a qué lugar o con qué medio de locomoción y la sensación es placentera, indica nuestro gusto por esta actividad, o que estamos a punto de emprender uno que deseamos hacer. Si nos sentimos a disgusto, es porque desearíamos permanecer donde estamos, sin tener que abandonar nuestro tipo de vida y nuestras comodidades. A veces señala, también un deseo de rompimiento con el anclaje tradicional de nuestra vida. Marchar y dejar atrás a personas y situaciones que sentimos como un lastre.

Viandas: Ver una mesa con viandas bien aderezadas, preparadas para comer, se interpreta como una situación económica desahogada que nos gustaría compartir con los demás, un poco para presumir de nuestra riqueza. Si no es así, y estamos un poco apurados de dinero, pronto se solventarán este tipo de problemas. Si las viandas aparecen ya comidas, y la mesa presenta el aspecto típico de después de un banquete, señala precaución y no gastar innecesariamente pues pueden venir momentos de escasez.

Víbora: La mayoría de autores consideran que los sueños en los que aparece este animal nos están hablando de algún impulso o estructura del inconsciente que, hasta que no la enfrentemos de modo consciente, nos está afectando en nuestra estabilidad psíquica, por eso será de mucho interés para la interpretación tener en cuenta las circunstancias del soñador y el resto de detalles que aparecen en el sueño. Como todas las serpientes, la víbora se identifica con la sagacidad y la astucia.

Vid: Un campo de vides o una sola planta, señala la fuerza y la pasión por la vida. Cada año la vid renueva sus brotes y, aunque aparezca sarmentosa y muerta después de la vendimia, de nuevo en septiembre tendrá pámpanos y racimos. Se asocia, en ocasiones, a sentimientos religiosos y sensaciones místicas, pues la vid como origen de la uva y del vino, representa la sangre de Cristo que redime al género humano y es alimento del alma del creyente.

Vidrio: Ver objetos de vidrio puede presagiar nuestro miedo a romper una relación que apreciamos mucho pero que últimamente la sentimos más débil y quebradiza. Si lo que se nos aparece en el sueño es el vidrio que cubre una ventana y que deja pasar la luz, señala que nos sentimos protegidos y a la vez en posición de ver los asuntos de nuestra vida con claridad. Vidrios rotos, o que se nos rompen a nosotros, anuncia que padeceremos situaciones injustas, que se nos culpará de acciones que no hemos realizado, en una palabra, que seremos víctimas inocentes.

Viento: Sentirnos azotados por el viento simboliza el miedo a vernos llevados de acá para allá por las circunstancias, sin que podamos oponer resistencia, aunque si nos mantenemos firmes a pesar de sus embestidas, supone un carácter forzado y maduro, al que no resulta fácil apear de sus determinaciones. Si vemos cómo el viento dobla los árboles y levanta polvaredas, pero nosotros estamos a cubierto, o en un interior, seguridad en nuestras convicciones y seguridad también en que los momentos adversos pasarán sin tocarnos. Si el viento no es violento, sino más bien tipo brisa, augura momentos felices, sobre todo si estamos enamorados.

Viga: Simboliza un importante punto de apoyo y revela seguridad cuando aparece sólida y temor en caso contrario. Si aparecen vigas caídas en el suelo, procedentes de un derrumbe, es posible que veamos, también derribarse, nuestros afectos y nuestra posición social.

Vino: Beber y servir vino puede interpretarse como un deseo de ser más extrovertido, de soltarnos cuando estamos con los demás, pues sabido es que el vino desinhibe y da rienda suelta a los sentimientos y a las palabras. A veces también tiene un carácter místico, pues se asocia a la sangre de Cristo y si bebemos vino con unción, puede representar un deseo de espiritualidad y de comunión con ideales religiosos.

Violeta: Es el color del misterio, la trascendencia y el más allá. Pero algunos autores también lo relacionan con la sumisión y la obediencia. En general se interpreta como un sueño en el que se intuye un crecimiento interior, un aumento de la sensibilidad hacia los asuntos místicos, y en cierto sentido un acatamiento de las leyes universales. Es una mezcla de devoción (azul) y sentimiento (rojo). Si en nuestro sueño lo que vemos son las flores de la violeta, disfrutaremos de un amor fiel, que nos querrá con humildad y sencillez, durante toda la vida.

Violín: Oír sus acordes supone sentimientos románticos, nostalgia y, a la vez, deseos de vivir. Estar tocando el violín o asistir a un concierto de este instrumento, como siempre que aparecen instrumentos musicales en un sueño, señala afición por la música.

Visita y visitar: Si estamos de visita en casa de alguien, conocido o no, supone un deseo de volver a ver a personas que queremos y de las que, hace tiempo, no sabemos nada. Si nosotros recibimos la visita, señala que somos acogedores y que nos gusta recibir y conversar. Pero si la visita nos resulta incómoda o molesta, puede que personas que no nos gustan traten de meterse en nuestra vida privada.

Volar: Este sueño, que suele ser muy frecuente, refleja nuestro deseo de elevarnos por encima de la realidad que nos está tocando vivir, ya sea a nivel psicológico, espiritual, moral o de circunstancias sociales. Dependiendo del ambiente general del sueño descifraremos a qué área de nuestra vida se refiere. Algunos autores subrayan el matiz de huida que representan estos sueños por lo que será bueno analizar qué es lo que en nuestra vida cotidiana no somos capaces de superar.

Volcán: Psicológicamente representa las pasiones reprimidas, pero no domadas, que pueden estallar causando nuestra perdición. Pero sublimadas y domadas son fuente de energía espiritual que quedan simbolizadas por la extraordinaria fecundidad de las tierras volcánicas.

Volver: Regresar a un lugar, a unos afectos, a unas amistades, es siempre la realización de un deseo de recuperar todo aquello que nos vimos obligados a abandonar, en un momento dado, muy a nuestro pesar. Pero a veces, algunos autores lo interpretan como un ansia de cambio, en el sentido de volver una cosa del revés, de arriba abajo, como si lo que íntimamente queremos es trastocarlo todo, de manera radical, para que nada sea como ha sido hasta el momento.

Vomitar: Necesitas sacar lo que te molesta, y también puede simbolizar sentimientos de culpa que te hacen sentirte sucio por dentro. Puede ser que sintamos un malestar físico y se manifieste en el sueño.

Y

Yacer: Estar echado suele representar cansancio o enfermedad. Si nos vemos tendidos en una cama, bien hecha, con sábanas limpias y lujosas, supone en descanso placentero y pronta curación si estamos delicados, pero si la cama es un lecho pobre augura problemas de salud y época de necesidades económicas.

Yacimiento: Ganancias con posterioridad a sacrificios y a penosos momentos de soledad y esfuerzos. Si el yacimiento es de algún metal precioso ha merecido la pena tanto esfuerzo. Si es de cualquier otro mineral, representa que viviremos sin agobios, aunque nunca nos sobrará nada. Si es un yacimiento arqueológico, interés por el pasado, curiosidad por el arte y las costumbres de nuestros ancestros lejanos.

Yate: Revela un amor irreflexivo a la libertad, el rechazo a toda limitación y atadura. Si el sueño sirve de advertencia e invita a ser más realistas y reflexivos habrá sido útil, pero de no ser así, será una muestra más de inmadurez. Es un aspecto menos trascendente, también puede simbolizar el gusto por el mar y por los deportes náuticos.

Yegua: El significado es igual que el de caballo: si un enfermo sueña que galopa en un caballo a través de bosques puede empeorar la enfermedad. Si el enfermo galopa por una ciudad pronto se curará. Montar a caballo indica éxito y prosperidad. Caer del caballo señala pérdidas. Si el caballo está ensillado pero no lo monta nadie augura reunión de mujeres. Vender un caballo amenaza pérdida de bienes. Castigarlo, falsas acusaciones. Verlo herrar, debemos prepararnos para un viaje. Darle pienso, riqueza. Si tiene la cola muy larga, podemos contar con nuestros amigos. Si el caballo es blanco augura buenas noticias. Negro, problemas. Bayo, dignidades. Alazán, dificultades. Gris, obstáculos. Pero además, la yegua, como hembra, simboliza también la figura de la madre y el poder de procreación.

Yelmo: El personaje que aparece con el yelmo intenta ocultar sus intenciones o personalidad a los demás o a nosotros mismos. Si el yelmo es de líneas anatómicas y sin decoraciones deja ver que se ocultan pensamientos prácticos y relacionados con la acción directa. Un yelmo bellamente decorado se puede interpretar que lo que se oculta son pensamientos de grandeza y aventura fuera de la realidad.

Yema: Si en el sueño vemos árboles o plantas, con sus yemas como promesa de futura floración es sinónimo de renacimiento, de nueva vida, de felicidad tras momentos de tristeza y aflicción. Se acerca una primavera del alma en la que recuperaremos las ilusiones y las esperanzas. Si lo que vemos es la yema de un huevo, es posible que pronto veamos colmados nuestros deseos de maternidad o paternidad.

Yerno: En este sueño la acción sucede aquí y ahora. Si no es así se trata de otro sueño, por ejemplo, si vemos parientes y personajes de nuestra infancia nos referimos a "niños". Ver en sueños algún pariente anuncia sorpresas o noticias. Soñar vivos a parientes ya fallecidos anuncia algún acontecimiento bueno o malo según sea la expresión tranquila o agitada de los mismos.

Yesca: Un sueño en que manejemos yesca para encender un fuego, nos advierte de que debemos tener mucho cuidado con lo que hacemos, con lo que comentamos y con quién, no vaya a ser que provoquemos un "incendio" que luego no sepamos cómo apagar. Precaución con la toma de decisiones, y con ser demasiado arrebatados en nuestros juicios de valor.

Yeso: El yeso anuncia tristeza y pesadumbre. Tener un miembro enyesado indica riesgo de accidente. Si se trata del material de construcción y estamos pensando en comprarnos una casa, pronto lograremos nuestros propósitos. Si somos aficionados a las bellas artes, el yeso representa la escultura, la posibilidad de que esculpamos nosotros, aunque no seamos profesionales.

Yoga: Tu capacidad de decisión impondrá respeto y disciplina. Serás reconocido, apreciado y estimado. Tu ánimo equilibrado, sereno y ecuánime, te hace ser especialmente sensible a los requerimientos de los demás, a los que no dudas en ayudar si te lo piden.

Yugo: Simboliza el servicio y la disciplina en sus dos acepciones opuestas, la de servidumbre y esclavitud, y la de servicio y unidad. La de servidumbre y esclavitud siempre es impuesta a la fuerza. La de servicio y unidad es asumida libremente como un medio de realización personal, de unión con una idea, causa o divinidad. Los sentimientos dominantes en el sueño será lo que aclare cuál de las dos opciones es la correcta en cada caso.

Yunque: El yunque significa el principio pasivo frente al martillo que es el principio activo. Cuando en sueños aparece un yunque es que en estos momentos nuestra actitud en la vida sólo puede ser pasiva, que nos vemos obligados a soportar los golpes del destino sin poder hacer nada por evitarlos.

Z

Zafarse: Tienes una baja autoestima y te crees débil, por lo que también en sueños intentas huir de las situaciones difíciles. Por otra parte, eres habilidoso y, con frecuencia, logras "esquivar" las situaciones complicadas.

Zafiro: Se le considera una piedra celestial y tradicionalmente se cree que tiene grandes propiedades benefactoras, por lo que soñar con ella simboliza también buenos augurios como: aumento de la energía y vitalidad, protección y fuerza para defenderse de calumnias o manipulaciones, y ayuda para salir de problemas económicos.

Zagal y zagala: Ver a chicos y chicas adolescentes puede ser añoranza de la juventud y si tenemos alrededor hijos, sobrinos, nietos, en esta edad puede simbolizar las preocupaciones que producen en esta época de su vida.

Zambullirse y zambullida: No nos preocupa lanzarnos de cabeza a cualquier aventura, aunque, en ocasiones, no salgamos muy bien parados. Nos gustan las decisiones arriesgadas, pero a veces, nos zambullimos para ocultarnos de situaciones de las que queremos huir. Capacidad para interesarnos, en profundidad, en los temas que nos interesan.

Zancadas: Dar grandes zancadas suele representar nuestras prisas por comernos la vida. Vamos demasiado deprisa persiguiendo nuestros objetivos vitales, sin darnos cuenta que, con frecuencia, es mejor ir lentos pero seguros.

Zancadilla: Soñar que nos ponen la zancadilla es temor justificado a que nos obstaculicen nuestra buena marcha, especialmente, en el terreno laboral. Pero si somos nosotros los que la ponemos, deseos de venganzas, de quitarnos de en medio a personajes que creemos nos van a complicar la vida.

Zanja: Ver una zanja excavada en el campo o en la ciudad, tanto puede augurar que estamos preparando los cimientos de un negocio importante, o de un asunto vital para nosotros como puede ser el matrimonio o la separación, como representar nuestro miedo a caer en tentaciones de las que nos va a ser difícil salir.

Zapatos: En algunas culturas es costumbre aún, descalzarse para entrar en el templo o en casa de otra persona como indicación de que nos ponemos a disposición del dueño de la morada. El zapato nos representa, y lo dejamos fuera como símbolo de que no reivindicamos ningún tipo de autoridad personal. De ahí que algunos sueños con zapatos indiquen un deseo de poseer al dueño del calzado. Pero también los zapatos son símbolo de marcha y camino. Soñar que tenemos los zapatos puestos pero sucios y descuidados, puede significar sentimientos de culpabilidad. Si en el sueño nos vemos andando descalzos puede simbolizar el miedo a vernos sometidos por las circunstancias a situaciones no deseadas de humillación. Si en el sueño los zapatos no nos resultan cómodos, están reflejando alguna situación en la vida cotidiana que nos incomoda, quizás nos falta libertad de acción o autoridad para imponer nuestro criterio.

Zarpar: Todavía estás a la búsqueda de tu verdadero hogar, pero los compromisos continuamente te retienen. Necesitas encontrar tu propio sitio. También puede simbolizar que queremos dejar atrás momentos no demasiado buenos. Queremos poner tierra de por medio, alejándonos, especialmente, de amores o afectos que nos han dañado profundamente.

Zarza: Dificultades, problemas y situaciones que no nos permiten avanzar, sobre todo si en el sueño la zarza nos engancha la ropa. Pero las zarzas también dan un fruto delicioso y, así viene a representar que, aun en las condiciones más adversas, pueden extraerse conocimientos y enseñanzas útiles.

Zorro y zorra: Ver estos animales representa la astucia y la capacidad de ganarse la vida con habilidad. También representa el hogar y la familia, pues los zorros son magníficos padres que colaboran en la crianza de su prole a partes iguales.

Zozobrar: Estar en un buque y sentirse en peligro de irse a pique, es augurio de que tememos que las circunstancias de la vida, acaben con nuestras ilusiones. Nos sentimos desazonados, preocupados, llenos de incertidumbre ante el porvenir, pero si en el sueño la embarcación se mantiene a pesar de estar zarandeada por el viento y la mala mar, lograremos salir indemnes de los malos momentos.

Zumo: Simboliza lo que extraes de la vida, la intuición, la memoria, la creatividad y también la tenacidad y la constancia. Estate muy atento a los detalles del sueño que te ayudarán en su interpretación, pues si tú estás haciendo el zumo, supone que eres el que maneja su propio destino, pero si lo estás bebiendo y otros lo han preparado para ti, puede simbolizar cierta apatía, cierta desgana en un momento dado, cuando más te convendría tomar las riendas.

Zurcido y zurcir: Si vemos ropa zurcida o estamos zurciendo, demuestra que tenemos un ánimo discreto, que nos gusta recomponer las cosas y las situaciones de manera sutil y provechosa. Es posible que hayamos pasado unos momentos de estrechez económica y, aunque ahora ya no hay nada en este terreno que nos inquiete, conservamos el espíritu ahorrativo con el que salimos de ellos.

Zurdo: Hacer algo con la mano izquierda, o ver cómo lo hacen otros, escribir, segar, planchar… y si nosotros no somos zurdos, es augurio de que sabremos salir de situaciones comprometidas con habilidad y destreza. Pero no debemos confiarnos demasiado, pues la izquierda también puede representar que estamos haciendo las cosas al contrario de cómo deberíamos llevarlas a cabo. Hay que ver si la labor que desempeñamos, o desempeñan, queda bien realizada.

Zurrón: Esta bolsa grande, generalmente de piel, en la que se llevan multitud de cosas, señala que somos prevenidos, y en época de abundancia, hacemos acopio por si vienen mal dadas. También puede simbolizar un viaje que estamos preparando, así como un ánimo caritativo, dispuesto a sacar del zurrón aquello que otros nos demandan.